O MANIFESTO SOCIALISTA

BHASKAR SUNKARA

O MANIFESTO SOCIALISTA

Em defesa da política radical numa era de extrema desigualdade

TRADUÇÃO
Artur Renzo

© Boitempo, 2021
© Bhaskar Sunkara, 2019

Traduzido do original em inglês *The Socialist Manifesto: The Case for Radical Politics in an Era of Extreme Inequality* (Nova York, Basic Books, 2019)

Direção-geral	Ivana Jinkings
Edição	Tulio Kawata
Tradução	Artur Renzo
Coordenação de produção	Livia Campos
Assistência editorial	Carolina Mercês
Preparação	Maísa Kawata
Revisão	Sandra Kato
Diagramação	Nobuca Rachi
Capa	Gabriela Heberle

Equipe de apoio: Débora Rodrigues, Dharla Soares, Elaine Ramos, Frederico Indiani, Heleni Andrade, Higor Alves, Ivam Oliveira, Kim Doria, Luciana Capelli, Marina Valeriano, Marissol Robles, Marlene Baptista, Maurício Barbosa, Pedro Davoglio, Raí Alves, Thais Rimkus, Tulio Candiotto

CIP-BRASIL. CATALOGAÇÃO NA PUBLICAÇÃO
SINDICATO NACIONAL DOS EDITORES DE LIVROS, RJ

S955m

Sunkara, Bhaskar, 1989-
O manifesto socialista : em defesa da política radical numa era de extrema desigualdade / Bhaskar Sunkara ; tradução Artur Renzo. – 1. ed. – São Paulo : Boitempo, 2021.

Tradução de: *The socialist manifesto: the case for radical politics in an era of extreme inequality*
Inclui índice
ISBN 978-65-5717-040-3

1. Socialismo. 2. Socialismo – Estados Unidos. 3. Igualdade - Estados Unidos. I. Renzo, Artur. II. Título.

20-68073

CDD: 320.5310973
CDU: 330.84(73)

Leandra Felix da Cruz Candido – Bibliotecária – CRB-7/6135

É vedada a reprodução de qualquer
parte deste livro sem a expressa autorização da editora.

1ª edição: janeiro de 2021

BOITEMPO
Jinkings Editores Associados Ltda.
Rua Pereira Leite, 373
05442-000 São Paulo SP
Tel.: (11) 3875-7250 / 3875-7285
editor@boitempoeditorial.com.br | www.boitempoeditorial.com.br
www.blogdaboitempo.com.br | www.facebook.com/boitempo
www.twitter.com/editoraboitempo | www.youtube.com/tvboitempo

Para meus irmãos e minhas irmãs Jayaa, Priya, Sumant e Sunil

Sumário

Prefácio 9

1 | Um dia na vida de um cidadão socialista 13

Parte I

2 | Coveiros 43

3 | O futuro que perdemos 61

4 | Os poucos que venceram 91

5 | O deus que fracassou 115

6 | A revolução no Terceiro Mundo 139

7 | O socialismo e os Estados Unidos 169

Parte II

8 | O retorno 201

9 | Como faremos para ganhar 227

10 | "Eu sei voar" 251

Posfácio à edição brasileira 257

Agradecimentos 265

Referências bibliográficas 267

Índice remissivo 277

Sobre o autor 293

Prefácio

É evidente que as coisas estão mudando. Na época do meu ensino médio, quando eu dizia que era socialista, as pessoas me olhavam como se fosse um louco. Hoje, quando digo isso, elas simplesmente assentem e continuam tocando o dia, sem demonstrar indício algum de repulsa física.

Descobri o socialismo praticamente por acaso. Meus pais imigraram para os Estados Unidos vindos de Trinidad e Tobago com quatro filhos, logo depois do meu nascimento. Minha mãe trabalhava à noite como operadora de *telemarketing* e meu pai, um trabalhador não qualificado, acabou assumindo um cargo como servidor público da cidade de Nova York.

Depois de rodarem um pouco pelo país, meus pais acabaram alugando uma casa numa cidade suburbana com um bom distrito escolar. Mesmo não possuindo muito, eu tinha o suficiente – um lar decente, uma boa educação, quadras de basquete e uma biblioteca pública onde passei tempo demais da minha juventude. Minha vida foi muito mais confortável se comparada à de meus pais no mundo no qual nasceram, ou mesmo à dos meus irmãos mais velhos. O motivo, para mim, era claro: os esforços incansáveis da minha família, certamente, mas, mais do que isso, o ambiente à minha volta. E aquele ambiente não teria sido possível sem o Estado.

Temos uma social-democracia nos Estados Unidos – mas ela é excludente e é financiada por um sistema regressivo de tributação sobre propriedade (no caso dos meus pais, alugar foi a brecha que encontraram). Já nos meus treze anos de idade, eu via a diferença que fazia ter acesso a bens públicos de qualidade, e me enxergava como um comprometido liberal, no melhor sentido estadunidense do termo.

Minha passagem ao socialismo pode ter sido orgânica, mas certamente não foi um despertar. Tal como ocorreu com muitos jovens de classe média antes de mim, foi através dos livros que encontrei o radicalismo. A biblioteca pública que frequentava tinha bastante literatura socialista, em larga medida graças a doações de associações culturais judaicas e dos chamados *Red Diaper Babies**. Por um acaso, nas férias de verão da sétima série, retirei um exemplar de *Minha vida,* de Leon Trótski – a leitura não me agradou particularmente (ainda não me agrada), mas me deixou intrigado o bastante para ir atrás das biografias de Trótski escritas por Isaac Deutscher, as obras de pensadores socialistas democráticos como Michael Harrington e Ralph Miliband, e, por fim, até as do misterioso Karl Marx.

Vejo pessoas dizerem que seus corações são socialistas, mas que suas mentes, ao se tornarem mais pragmáticas com o passar do tempo, são liberais moderadas. Talvez eu tenha trilhado o caminho oposto. Pude constatar a importância das reformas cotidianas, tendo sido inclusive beneficiário direto dessas conquistas graduais. Na minha mente, contudo, estava o marxismo. Os atentados de 11 de setembro de 2001 e a subsequente "guerra ao terror" apenas reforçaram essas tendências, à medida que eu e muitas pessoas da minha geração fomos apresentados aos protestos de massa através do movimento antiguerra.

O marxismo forneceu um arcabouço teórico para compreender por que as reformas conquistadas no interior do capitalismo eram tão difíceis de sustentar e por que havia tanto sofrimento em sociedades de muita abundância. Por fim, combinei meu coração social-democrata e meu ainda rudimentar cérebro marxista de modo a formar a política à qual hoje me filio: um radicalismo ciente da dificuldade da transformação revolucionária e, ao mesmo tempo, de quão profundos podem ser os ganhos com as reformas.

O que se segue é um livro que eu pretendia escrever quando estivesse com 68 anos. Estou redigindo-o com quarenta anos de antecedência, e talvez algum dia queira modificar muito do que está aqui. Tenho certeza, no entanto, de que vivemos em um mundo marcado por uma desigualdade extrema, por dor e sofrimento desnecessários, e de que é possível construir um mundo melhor. Essa convicção não vai

---

* *Red Diaper Baby,* literalmente "bebê de fraldas vermelhas", é um termo popular usado para se referir a filhos de membros ou simpatizantes do Partido Comunista dos Estados Unidos (Communist Party USA – CPUSA). (N. T.)

mudar, a não ser que o mundo mude – isto é, a não ser que sejamos capazes de transformá-lo.

Nossa política atual não parece oferecer nenhum futuro. A escolha que se impõe diante de nós parece ser entre, por um lado, um neoliberalismo tecnocrático que abraça a retórica da inclusão social mas não a igualdade, e, por outro, um populismo de direita que canaliza a raiva nas piores direções possíveis. Ser um socialista hoje significa crer que é mais, e não menos, democracia que nos ajudará a resolver os males sociais – significa acreditar na capacidade das pessoas comuns de dar forma aos sistemas que dão forma às suas vidas.

1
Um dia na vida de um cidadão socialista

Estou escrevendo este livro em 2018, então, se você está pegando um exemplar empoeirado em algum dia do futuro, é bom que saiba que Jon Bon Jovi é o músico mais popular e mais aclamado pela crítica desta era. Com isso em mente, passemos a um experimento de pensamento[1].

Digamos que você seja um grande fã de Bon Jovi (e, afinal, por que não seria?). Você está procurando um emprego, decide escrever uma cartinha a Jon Bon Jovi anexando seu currículo e ele se mostra gentil o suficiente a ponto de o indicar para trabalhar na empresa de molho de macarrão da família dele. Agora, como os leitores contemporâneos sem dúvida saberão, o molho de macarrão da marca Bongiovi é considerado por muitos o melhor da categoria. Você assume seu posto lá engarrafando com muito orgulho sucessos ítalo-americanos como o molho Curry Clássico.

Você recebe quinze dólares a hora para trabalhar das nove às cinco todo dia. Não é uma maravilha, mas você tem uma pilha de boletos e *hobbies* esquisitos que precisam ser pagos. É certamente melhor do que estar desempregado e ter de roubar o sinal de *wi-fi* do seu vizinho Fred, um pediatra que acabou de se divorciar pela segunda vez e chorou no final do filme *Um sonho possível* (*The Blind Side*, 2009).

Apesar da qualidade ímpar do produto, a Bongiovi é ainda uma empresa pequena. Você é rapidamente treinado para engarrafar e selar o molho de macarrão da maneira

---

[1] Peguei o título deste capítulo emprestado de um ensaio de Michael Walzer, "A Day in the Life of a Socialist Citizen", *Dissent*, v. 15, n. 3, maio 1968, p. 243-7.

mais eficiente possível. A tarefa é um tanto maçante, mas, tirando isso, as coisas vão razoavelmente bem. Você passa a gostar dos seus colegas de trabalho e faz amigos.

Com o passar dos meses, você se torna cada vez melhor no seu trabalho. Pode até soar bobo, mas você se orgulha do que faz. Acredita no Curry Clássico e na capacidade que ele tem de trazer alegria e satisfação a pessoas em todo o mundo. Também se dá muito bem com seus chefes – trata-se de uma fábrica de molho de macarrão, e não um porão dickensiano de trabalho. Quando está cabisbaixo, seu supervisor lhe pergunta o que há e procura deixá-lo mais animado. O sr. Bongiovi às vezes até leva os funcionários para assistir a uma partida do Trenton Thunder, um time de beisebol da segunda divisão, depois do expediente.

Quando você completa um ano trabalhando na empresa, decide colocar algumas contas no papel. Quando entrou, você engarrafava 100 vidros de macarrão por dia – hoje, sua média subiu para 125. Orgulhoso, você compartilha a informação com seus chefes. Eles dizem que estão cientes de como você está indo bem e que realmente apreciam os serviços prestados. Chegam até a nomeá-lo Funcionário do Mês. Você agradece, mas sugere que talvez fosse justo passar a receber 25% a mais, de modo a refletir sua produtividade aumentada.

Seus gerentes pensam a respeito e o lembram que a economia está passando por uma recessão e que muitas pessoas estão procurando emprego. Também evocam a carta de princípios da empresa, segundo a qual um molho de macarrão inovador pode mudar o mundo algum dia. A marca Bongiovi não é uma fabricante de alimentos; é uma cultura, um etos, uma filosofia, um modo de vida.

É difícil argumentar contra isso, e você está disposto a deixar a questão para lá e continuar tocando as coisas com seu salário atual. Mas, por sorte, seus chefes concluem o discurso deles propondo um meio-termo: eles passarão a pagar-lhe dezessete dólares por hora, e garantem que, se você continuar nessa toada, há uma promoção com seu nome aguardando daqui a algum tempo.

A sensação de entusiasmo é difícil de conter. Você está tão feliz que sua colega de trabalho Debra comenta: "Ei, como você está radiante!". E você lhe diz que isso é por conta do aumento para dezessete dólares a hora que acaba de receber. Ela hesita por um breve instante e logo o parabeniza – mas algo parece estranho.

Mais tarde, naquele mesmo dia, você está atravessando o departamento de rotulação e vê a Debra chorando. Todo mundo na Bongiovi acaba ficando com os olhos um pouco lacrimejantes por conta da grande quantidade de *curry* incinerada no local, mas isso parece diferente.

"Ei, você não assistiu a um drama esportivo de 2009, escrito e dirigido por John Lee Hancock, com uma atuação arrasadora da Sandra Bullock, não é?"

"Assisti, mas, na verdade, estou chorando porque trabalho aqui há três anos e só ganho treze dólares a hora."

Engarrafar molho não é nem um pouco mais difícil do que rotulá-lo – você fica indignado com a disparidade e promete levar a questão à gerência.

No dia seguinte, faz exatamente isso e diz: "Escuta, sei que sou uma espécie de queridinho aqui por conta da minha personalidade, mas é realmente injusto que a Debra receba tão menos do que eu fazendo basicamente o mesmo trabalho". Seus chefes dizem que, na verdade, você nem é queridinho – até tem certa fama de esquisito. Eles explicam que a discrepância salarial baseia-se no fato de que o antigo emprego de Debra pagava 7,50 dólares a hora, e que por isso entrou recebendo 11 dólares, o que já foi uma grande melhoria. Além disso, ela nunca chegou a pedir um aumento da forma que você fez.

Todas essas informações parecem precisas, então você vai em frente e pergunta se ela também poderia receber um aumento. Seus gerentes respondem que adorariam fazer isso, mas que são tempos difíceis e que, para ser honesto, a Debra não é tão produtiva quanto alguns dos outros colegas de setor dela. Eles não têm condições de conceder aumento para todo mundo. Você fica sabendo que um grande rival corporativo vem abocanhando uma fatia cada vez maior do mercado ao cortar seus custos com mão de obra, reduzindo assim o preço final do molho deles. "A melhor coisa que podemos fazer pela Debra é garantir que ela terá um emprego nos próximos anos."

Você vê que eles não vão ceder, então desiste do assunto e diz a Debra que fez o que pôde.

Mas o que aconteceu com a Debra torna-se um catalisador de transformações na Bongiovi. Primeiro, os funcionários passam a se reunir depois do trabalho para falar sobre quanto eles recebem e como são as condições na fábrica. Importam-se com a empresa, mas também querem receber benefícios, como não sofrer desconto salarial em caso de falta por motivo de saúde. Os encontros se aprofundam e, por fim, os trabalhadores formam um sindicato.

O sindicato ajuda as coisas por um tempo, mas os anos seguintes são duros para o mercado de molho de macarrão com sabor de *curry*. Concorrentes na Índia – uma terra de *curry*, tomates e mão de obra barata – estão bem posicionados para

16 | O manifesto socialista

complicar a situação da indústria. Há boatos de que a empresa será vendida ou que algumas funções serão terceirizadas, mas a gerência se mantém em silêncio. Finalmente, o sr. Bongiovi se pronuncia a respeito das especulações: "Estamos comprometidos para valer e, a longo prazo, acreditamos em molho de macarrão, mas, mais do que isso, acreditamos nas pessoas".

As coisas teriam que mudar para que fosse restaurada a rentabilidade da marca Bongiovi, mas o contrato sindical limita as opções do sr. Bongiovi. Ele ama seus empregados, mas às vezes é necessário decepar uma perna para salvar uma vida. Sem a liberdade de dispensar unilateralmente trabalhadores em excesso, Bongiovi bola um outro plano: consegue uma linha de crédito com seu filho Jon e a utiliza para melhorar a maquinaria da fábrica.

Num primeiro momento, você vê com bons olhos o desenvolvimento – engarrafar molho de macarrão é um trabalho duro e o sistema novo será semiautomatizado. Se antes você dava conta de cem vidros por hora, agora talvez consiga chegar a duzentos. Mas, ao invés de tornar sua vida mais fácil, as mudanças acabam dificultando seu trabalho. Seus chefes são mais amigáveis do que nunca, mas também estão, eles próprios, sob muita pressão. Dizem que, para que o molho possa ser comercializado a um preço competitivo, todo mundo precisa produzir 250 vidros por hora, e depois 300. A empresa, inclusive, tenta encontrar mais tempo para que você engarrafe molho – primeiro reduzindo os intervalos de almoço, e depois esticando em uma hora a jornada de trabalho.

O sindicato barra a segunda tentativa, mas os funcionários querem evitar problemas e provar quão produtiva a mão de obra americana pode ser. Além disso, pegaria muito mal para os líderes sindicais se uma fábrica fechasse as portas poucos anos depois de se tornar sindicalizada – imagine quantos trabalhadores nas demais empresas se sentiriam desencorajados a trilhar o mesmo caminho!

O resultado é que você se sente impotente. Mesmo antes do regime de trabalho mais exigente, já sentia que não tinha muita voz no que diz respeito à forma pela qual as coisas eram tocadas e foi ficando de saco cheio de ter de obedecer ordens todos os dias. Você sabe que sua empresa se encontra em uma posição precária, mas também sabe que quem está nos cargos de chefia recebe cinquenta vezes mais que você. Será que eles estão mesmo trabalhando cinquenta vezes mais? Será que você também não conseguiria fazer o trabalho deles?

Ao final de cada dia, você está física e emocionalmente exausto e incapaz de fazer as coisas que sempre gostou de fazer fora do trabalho: escrever, nadar, pegar empréstimos em nome do gato do Fred. Você pensa em se demitir, mas, sem umas economias ou uma família para servir de amparo, é impossível.

Quem o colocou nesta situação? Jon Bon Jovi? Aqueles indianos apaixonados por *curry*?

* * *

A resposta não é quem, mas o quê: o capitalismo. Capitalismo não são os produtos de consumo que você usa todos os dias, ainda que essas mercadorias (lenços umedecidos, tabaco, perucas) sejam produzidas em locais capitalistas de trabalho. Capitalismo tampouco é a troca de bens e serviços através do mercado. Existem mercados há milhares de anos, mas, como veremos, o capitalismo é um fenômeno relativamente novo.

O capitalismo é diferente porque você não escolhe participar dele – você precisa participar dele para sobreviver. Seus ancestrais eram camponeses, mas não eram menos gananciosos que você. Tinham seu quinhãozinho de terra e o cultivavam tanto quanto fosse possível. Comiam parte da colheita e depois repassavam um tanto do que sobrava para algum suserano local a fim de evitar ser assassinados. Se ainda sobrasse algo, esse excedente era geralmente levado à cidade e vendido no mercado[2].

Mas você, proletário dos condimentos de macarrão, enfrenta um cenário diferente. Pode até ter dito em seu perfil do Tinder que curte comida sustentável, produzida localmente, mas o fato é que não possui terra alguma para chamar de sua. Tudo de que você dispõe é sua capacidade de trabalhar e muitos objetos pessoais que eu havia listado aqui em grande detalhe, mas que foram cortados pelo meu editor.

Agora, isso não é nada. Você é um aluno acima da média, um trabalhador dedicado, capaz de pensar criativamente e resolver problemas. Mas essas habilidades não são o bastante – elas não lhe fornecem aquilo de que precisa para sobreviver. É aí que entra o sr. Bongiovi.

Por conta de possuir um local de trabalho, um chefe detém algo de que qualquer empregado em potencial precisa. Sem terra para semear, sua força de trabalho por si só não vai produzir mercadoria alguma. Então você se aluga ao sr. Bongiovi, combina seu trabalho com as ferramentas que ele possui e com o empenho das outras

---

[2]   Ellen Meiksins Wood, "The Question of Market Dependence", *Journal of Agrarian Change*, v. 2, 2002, p. 50-87.

pessoas que ele contratou, e em troca recebe um salário, que na verdade é simplesmente uma forma de obter os recursos de que você precisa para sobreviver.

Os desequilíbrios de poder são evidentes quando você discute seu contrato de emprego. Embora o sr. Bongiovi precise de trabalhadores, ele precisa de você enquanto funcionário individual menos do que você precisa de dinheiro para fazer o mercado do mês. Mas isso não significa que o acordo não seja mutuamente benéfico. É melhor ser explorado em uma sociedade capitalista do que estar desempregado e na miséria[3].

À noite e nos fins de semana, você pode fazer quase tudo que quiser. É claro, não pode desrespeitar a lei, mas você vive em uma democracia e teoricamente pode influenciar essas leis. Mas, quando está na fábrica de molho de macarrão, deve sujeitar-se às determinações dos seus chefes. Eles são sujeitos a regulamentações estatais e federais e inclusive um contrato sindical, mas a situação não deixa de ser opressiva.

Você aguenta, em parte dizendo-se que se reconciliar com a autoridade constitui uma parte necessária da vida adulta. Mas, se tivesse uma alternativa razoável que não envolvesse se submeter ao poder de outra pessoa, você não iria atrás dela?

Seu primo Tito trabalhava numa lanchonete Subway, mas depois juntou uma grana e lançou uma revista nacionalista hindu de ioga. Algumas pessoas certamente conseguem, em virtude de seu caráter ou talento, passar de trabalhadores a pequenos empresários que, por sua vez, empregam funcionários. Mas é impossível que todos trilhem esse caminho – não sobraria ninguém para contratar! Sem uma sorte dessas ou uma herança na qual se apoiar, sobra apenas subordinar-se a capitalistas que detêm propriedade privada e podem produzir riqueza contratando você ou outra pessoa.

Mas isso não significa dizer que o dinheiro é literalmente produzido a partir do seu suor. O lucro não é garantido – e o risco de empreender é uma das justificativas para os lucros capitalistas. O molho de macarrão que você está engarrafando precisa ser comercializado a um preço superior ao seu custo direto de produção, acrescido de alguma margem para cobrir despesas adicionais. Depois de tudo isso, se o sr. Bongiovi quiser permanecer competitivo, ainda precisa investir em novas tecnologias e reparar o desgaste da maquinaria existente.

---

[3] G. A. Cohen, "The Structure of Proletarian Unfreedom", *Philosophy & Public Affairs*, v. 12, n. 1, 1983, p. 3-33.

No feudalismo, fica claro que há um senhor feudal explorando o camponês – o camponês está realizando todo o trabalho. No capitalismo, as coisas se complicam: os capitalistas contribuem com a produção enquanto gestores e agregadores de mão de obra, e seus esforços são necessários para criar novos locais de trabalho. E os próprios capitalistas são reféns do mercado. O sr. Bongiovi é um homem gentil e quer pagar a seus trabalhadores o dobro do que recebem atualmente, mas sabe que, se seus custos com mão de obra forem duas vezes maiores, seus concorrentes irão desbancá-lo.

Quando está tocando seu negócio, toda a complexidade do sr. Bongiovi – sua compaixão, seu bom humor, sua paixão por observação de aves – fica necessariamente subordinada à busca pelo lucro. Mas ele também enriquece ao longo desse processo, então não fique com pena dele.

Podemos fazer melhor do que essa realidade capitalista na qual você está preso.

* * *

Imagine que você nasceu em Malmö, na Suécia, em vez de Edison, Nova Jersey. Trata-se de uma versão ligeiramente idealizada da Suécia, uma mistura do que a social-democracia realmente realizou naquele país e aquilo que ela poderia (ou até deveria) ter realizado. A comida é pior do que a de Nova Jersey – mais peixe seco, menos pizza. ABBA não é nenhum Bon Jovi. Seu vizinho Frederick vive pelado, mas, tirando isso, parece ser um cara de boa.

Quando você nasceu, seus pais puderam tirar uma licença remunerada do trabalho. Na juventude, teve acesso a uma série de serviços sociais efetivos – escolas gratuitas, ótimo atendimento de saúde, moradia acessível. Depois de terminar a universidade, você avalia suas opções. Será que faz um PhD em História da Arte (é de graça), candidata-se a uma bolsa do Estado para começar a escrever o Grande Romance Sueco, ou simplesmente encontra algum trabalho que pareça interessante e espera para ver o que acontece em seguida?

Você pega o jornal *Arbetet* e confere os classificados. O desemprego está baixo e há muitos trabalhos bem pagos para escolher. Um, em particular, chama a sua atenção. Trata-se de um anúncio de uma banda sueca de *death metal* que precisa de alguém para manter seus integrantes plenamente estocados de indumentária espetada e cabeças de bode para a próxima turnê, além de cuidar da conta deles no Twitter.

Você manda muito bem em mídias sociais – tipo, bem mesmo. Então naturalmente consegue o emprego – 20 euros por hora, 35 horas por semana, com seis semanas de férias remuneradas. Você começa a trabalhar e avalia que as coisas vão bem. Seus chefes estão muito ocupados fazendo música para supervisioná-lo demais, de modo que você tem bastante autonomia. As vendas de ingressos *on-line* crescem 12% em seu primeiro ano e isso lhe rende um belo aumento, mas você não está tão feliz assim com o trabalho. Então pede demissão.

Na Suécia, diferente de em Nova Jersey, há mais esferas desmercantilizadas da vida – isto é, retiradas do mercado e usufruídas enquanto direitos sociais. Mesmo estando desempregado – de fato, você não teria pedido demissão se assim não fosse –, você pode contar com benefícios, participar da vida cívica, e tirar um tempo para pensar no que fazer em seguida.

Com o Estado de bem-estar social sueco você até poderia continuar sobrevivendo acima do patamar da mera subsistência, mas precisa de uma renda que lhe permita se preparar para a próxima etapa da sua vida: constituir uma família, construir seu próprio apartamento e por aí vai. Com isso em mente, você assume um trabalho na Koenigsegg, uma montadora de automóveis esportivos de alta performance.

Depois de alguns quadrimestres loucamente bem-sucedidos, a Koenigsegg decide expandir e se aventurar na indústria automotiva de consumo. Ela constrói uma nova fábrica, adquire equipamentos de primeira linha. A empresa tem a expectativa de sair em vantagem em relação aos seus dois principais concorrentes, a Saab e a Volvo, ao manter uma força de trabalho mais enxuta e capitalizando em cima do reconhecimento da marca entre entusiastas automobilísticos.

Como sua praia não é tanto o trabalho braçal, você se candidata a um posto de gestão de inventário. Não ganha muito mais do que os trabalhadores da linha de montagem, que estão contemplados pelo mesmo acordo coletivo do setor como um todo. Mas recebe trinta euros por hora, tem férias longas, e não precisa mais ouvir *mixtapes* satânicos. É um bom negócio.

No seu primeiro ano, a empresa não dá lucro, mas produz um concorrente bem avaliado do Volvo S60, e há esperança de que ela consiga ampliar sua fatia de mercado. Sua moral oscila um pouco. Você não gosta muito dos seus gerentes e do que considera ser uma falta de liberdade no local de trabalho. Você é bem pago e tem bastante tempo livre, mas passar 1,6 mil horas por ano contemplando planilhas não é exatamente algo que o deixa realizado.

Em um primeiro momento, as vantagens pessoais pesam mais que seu mal-estar profissional. Você conhece alguém com quem quer passar o resto da sua vida e, mesmo que ter filhos não seja o seu negócio, você agora tem outro motivo para valorizar suas férias frequentes.

Contudo, à medida que se acomoda em casa, seu trabalho torna-se mais precário. A empresa não vai bem – ela produz carros de qualidade, mas não há muito retorno por parte dos consumidores. A gerência despeja mais dinheiro no setor de *marketing*, mas, ao fazê-lo, reduz ainda mais a já apertada margem de lucro. Sustentada pelos grandes lucros dos carros esportivos tradicionais da Koenigsegg, a empresa decide continuar trabalhando na esperança de conseguir virar o jogo na sua operação no mercado de massas.

Você está aliviado, mas o contrato sindical que cobre boa parte do seu local de trabalho está prestes a expirar. O acordo não se aplica apenas à sua fábrica, ou mesmo à Koenigsegg como um todo, mas a boa parte do setor automotivo sueco. Ainda que a Koenigsegg esteja batalhando, outros fabricantes estão indo bem, amparados por vendas de exportação e condições favoráveis de mercado.

A federação sindical nacional assume uma postura agressiva, baseando suas demandas nos salários de uma montadora mais eficiente, a Volvo. O princípio da federação: salários iguais para trabalhos equivalentes. A Saab e outras empresas ainda mais eficientes que a Volvo podem facilmente arcar com os novos salários e usar os lucros restantes para expandir, mas aumento nos custos com mão de obra é sinônimo de desastre para a Koenigsegg. Você pensava que receberia um aumento; em vez disso, perdeu o sono. Às vezes é a Eurodance bombando nas festas do Frederick que o mantém acordado, mas, no mais das vezes, é o temor a respeito do seu futuro.

Esses medos são logo realizados. A Koenigsegg decide interromper a produção de seu concorrente do Volvo S60. A empresa sobrevive, mas não dá mais conta de acomodar todo o quadro existente de funcionários. Sua rescisão é generosa, mas só basta para sustentá-lo por um ano.

Se você fosse um trabalhador de colarinho branco na América – que dirá um humilde engarrafador de molho de macarrão sabor *curry* –, estaria em apuros. Como sueco, no entanto, você cai de pé graças ao generoso Estado de bem-estar social. Mais importante que o seguro-desemprego, você e outros colegas demitidos passam por um processo de requalificação profissional financiado pelo Estado. As empresas que sobreviveram à elevação salarial estão investindo em tecnologia poupadora de mão de obra, mas também estão expandindo, o que significa que há postos de trabalho a ser preenchidos.

E agora? Talvez você acabe trabalhando na Volvo, quem sabe até num cargo mais elevado. Não resolve todos os seus problemas; você não está satisfeito com sua vida em todos os aspectos dela. Mas está vivendo no sistema social mais humano jamais construído. Sendo de uma espécie que passou a maior parte de sua existência se escondendo de predadores em cima de árvores ou espremida em cavernas para se esquentar, você poderia estar em uma situação bem pior do que nessa Suécia social-democrata, apenas parcialmente ficcional. Mas existe outra alternativa, superior a essa nossa social-democracia idealizada?

* * *

É aqui que você precisa começar a exercitar sua imaginação. Digamos que você é novamente um engarrafador de molho de macarrão de Nova Jersey, e que o estado é o epicentro de um levante político radical. Seus problemas não podem ser resolvidos por meio de ações tomadas apenas na fábrica Bongiovi, mas há esperança de mudança por meio de um movimento mais amplo.

Aquela luta adquire dimensão nacional com sua retórica de democracia e equidade. Logo na sequência, um novo movimento populista de esquerda capitaneado por Bruce Springsteen conquista a presidência e assegura uma maioria no Congresso (Bon Jovi se atém à música, pois tem respeito demais pelo seu ofício). Com a ajuda de uma ressurgência da militância de base no movimento trabalhista, o presidente e o Congresso aprovam os tipos de reformas das quais seu *Doppelgänger* sueco já usufrui. Saúde e educação tornam-se direitos sociais; moradia e serviços de creche passam a ser financeiramente acessíveis.

A social-democracia é tão boa que seu vizinho Fred nem se incomoda de trabalhar em um hospital público. Mas nem todos estão contentes. Muitas pessoas se beneficiavam do sistema antigo – as grandes corporações hospitalares e farmacêuticas, por exemplo, travaram uma tremenda batalha quando foi criado o Serviço Nacional de Saúde dos Estados Unidos, e ainda estão tentando ensaiar um retorno fornecendo serviços ambulatoriais "personalizados". E a economia ainda é movida pela iniciativa privada. Os capitalistas se queixam dos impostos mais altos que precisam pagar, não querem cumprir as novas regulações ambientais e odeiam ter que lidar com empregados mais empoderados e insubmissos.

Especialmente durante momentos de baixa no ciclo econômico, os capitalistas conseguem apresentar um argumento crível para o eleitorado: a economia como um todo só funciona se estivermos ganhando dinheiro, e só assumiremos riscos para trazer novos produtos e serviços ao mercado se houver uma recompensa grande o suficiente para justificar esse tipo de empreitada. Além disso, são aqueles banqueiros que vocês ficam algemando que nos concedem os financiamentos necessários para manter a máquina toda operando.

Por sorte, ao longo de boa parte da década seguinte, a nova coalizão política da classe trabalhadora – sindicatos trabalhistas, movimentos sociais feministas e antirracistas, ativistas ambientais – defende um programa político capaz de fazer os capitalistas recuarem. Ainda assim, há cisões entre os apoiadores do sr. Springsteen. Alguns, como o próprio sr. Springsteen, querem preservar ganhos já conquistados fazendo concessões táticas aos capitalistas. Ele e outros políticos da mesma opinião defendem que, com um patamar mínimo de lucratividade assegurado, é possível persuadir um segmento da elite de que seria mais vantajoso aderir à social-democracia americana do que fechar as portas das suas fábricas ou se deslocar para fora do país. Outros já adotam uma postura menos conciliadora, mas, embora forcem o sistema aos seus limites, não acreditam que ele possa ser superado. Estes se contentam com o máximo de socialismo que o capitalismo aguentar, apoiando cooperativas e ajudando a ampliar o setor público a fim de diminuir o poder das grandes corporações. Por fim, há os radicais que querem romper completamente com o capitalismo e criar uma sociedade ainda mais democrática e igualitária.

Essas ideias e debates circulam por aí, enquanto as circunstâncias fornecem uma abertura para os radicais. Não apenas uma minoria considerável da nação manifesta um claro desejo por mais reformas de esquerda por motivos ideológicos (oposição à hierarquia e à exploração, mesmo em patamar mais moderado), como outros chegam a apoiar os socialistas por motivos práticos. Você está entre estes últimos, pois avalia que até mesmo para preservar as conquistas já atingidas é preciso enfrentar diretamente a fuga de capitais e a continuada resistência política por parte de elites que, embora estejam em minoria numérica, não deixam de ser poderosas.

A nação entra em convulsão com ondas grevistas, respondidas na mesma intensidade por locautes patronais. Movimentos sociais dão voz a demandas, há muito silenciadas, por justiça e igualdade, e pessoas inteiramente novas na política vão às ruas. Ocupam-se locais de trabalho, e alguns trabalhadores mais radicalizados chegam inclusive a sequestrar seus patrões. Até o Fred encontra um grupo socialista disposto a aceitá-lo (o Comitê Internacional dos Trabalhadores da Sexta Internacional, composto de um total de seis integrantes). Organizações religiosas e outros preocupados com a instabilidade conclamam um retorno à lei e a ordem.

Mas, no fim das contas, uma coalizão socialista garante um mandato para mudar a sociedade. Ela não possui um receituário minucioso, e haverá necessidade de improvisação e pensamentos novos. Mas tem o benefício tanto das lições recentes da governança da esquerda springsteenista quanto das lições da experiência muitas vezes trágica do socialismo no poder no século XX. A história não costuma oferecer segundas chances, então o que faríamos com uma?

* * *

Nos anos que antecederam esse movimento, houve discussões no interior do movimento socialista americano – do qual agora você faz parte – sobre quais aspectos, mais precisamente, do capitalismo nós somos contra e quais podemos tolerar. O capitalismo é um sistema social baseado na propriedade privada dos meios de produção e no trabalho assalariado. Ele depende de uma série de mercados: mercados de bens e serviços, o mercado de trabalho e o mercado de capitais.

A ala esquerda do movimento springsteenista se opõe à propriedade privada da produção e ao trabalho assalariado por conta do poder que isso confere a algumas pessoas sobre outras. Seus membros acreditam que a riqueza socialmente criada não deveria ser expropriada privadamente. Já a posição do movimento a respeito dos mercados é menos evidente.

Fora da esfera teórica, não existe "livre mercado" – o capitalismo requer planejamento e a existência de um mercado regulado. Mas a questão a respeito de qual papel cada um desempenharia sob um regime socialista está em aberto. Você passa longas noites comendo pizza havaiana e discutindo essa questão com o Fred. Na condição de médico que vê quão bom é o funcionamento da saúde pública gerida pelo governo, e como um ávido fã de *SimCity 2000*, Fred propõe que é possível se livrar dos mercados e substituí-los por um planejamento centralizado. Nesse sistema, planejadores regionais ou nacionais decidem o que a economia deverá produzir e em seguida solicitam às empresas que produzam certa quantidade de bens. Elas podem até ter certa autonomia a respeito de como o fazem, mas precisam cumprir suas cotas.

Você levanta a questão de esse sistema ter fracassado na União Soviética. Mas Fred insiste que dessa vez será diferente. Diferentemente da velha URSS, a sociedade civil seria livre e o plano poderia ser construído democraticamente.

Você permanece cético, pois sabe que, no passado, economias planificadas andaram de mãos dadas com autoritarismo e corrupção. Além disso, elas tinham problemas "informacionais". Países atrasados foram capazes de se industrializar rapidamente usando economias de comando. Mas, com o tempo, os problemas cresceram à medida que se multiplicava a variedade de bens a serem produzidos – sendo que todos precisavam ser precificados pelos planejadores sem o *feedback* dos consumidores fornecido pelos mercados.

Essas economias planificadas tinham "dedões fortes, mas nenhuma destreza"[*]: saíam-se muito bem em tarefas de rotina, como realizar campanhas de vacinação, educar cidadãos ou produzir tanques em massa, mas não conseguiam se adaptar a condições locais ou mudanças inesperadas[4].

Considere uma mercadoria como um iPhone. Ele é composto de centenas de partes, cada qual exigindo dezenas de matérias-primas, todas elas mineradas, produzidas e transportadas por milhares de pessoas. Como coordenaríamos todas elas? Agora multiplique esse dilema a uma combinação quase infinita de bens, serviços e preferências de consumo[5].

"O que garante que os gestores das fábricas não desperdiçarão matérias-primas, exigindo mais do que o necessário para a produção, por conta de incertezas, como fizeram no bloco soviético?" "Olhe o Walmart e a Amazon!", rebate Fred.

"Eu pensava que você só 'comprava do produtor local'", você responde.

Mas o argumento dele até faz sentido. Se o Walmart fosse um país, ele teria um produto interno bruto (PIB) maior do que toda a Alemanha Oriental em 1989, e boa parte de sua atividade é planejada conscientemente, sem uma ineficiência comprometedora[6].

Você continua cético, mas responde que mesmo que novas tecnologias resolvessem os problemas de cálculo e ainda que fosse possível simular mercados para pautar planejadores e produtores, não deixariam de existir problemas de incentivo. Em

---

[*] A expressão "*strong thumbs, no fingers*" foi cunhada originalmente pelo cientista político Charles Lindblom para descrever como as economias planificadas eram muito eficientes para enfrentar objetivos mais estreitos (como desenvolver a base industrial de um país atrasado), mas careciam da destreza e flexibilidade necessárias para encarar problemas mais complexos e variados. Ver Charles Lindblom, *Política e mercados: os sistemas políticos e econômicos do mundo* (trad. Ruy Jungman, Rio de Janeiro, Zahar, 1979). (N. T.)

[4] Charles Ziegler, *Environmental Policy in the USSR* (Amherst, University of Massachusetts Press, 1987), p. 132.

[5] Seth Ackerman, "The Red and the Black", *Jacobin*, inverno 2013.

[6] Para uma boa perspectiva alternativa sobre o planejamento, ver Leigh Phillips e Michal Rozworski, *People's Republic of Wal-Mart: How the World's Biggest Corporations Are Laying the Foundation for Socialism* (Londres, Verso, 2019).

26 | O manifesto socialista

uma condição de relativa escassez, e ainda sem poder contar com robôs para realizar todo o trabalho por nós, não seria necessário que as empresas ineficientes falissem? Não precisaríamos compelir uns aos outros, de alguma forma, a inovar e a trabalhar de maneira produtiva? Os mercados já oferecem respostas a essas questões.

Sim, um conselho de planejamento poderia, com supervisão da sociedade civil, fechar as piores empresas e oferecer benefícios aos trabalhadores mais eficientes, mas esse processo parece vulnerável a *lobby* político, ou pior. Na sua cabeça, a versão idealizada de planejamento central do Fred parece exigir que a população geral desenvolva uma consciência socialista.

Ainda assim, alguns socialistas estão discutindo formas mais democráticas, locais e não mercadológicas de as pessoas comunicarem suas preferências de consumo. Conselhos de bairro poderiam apresentar suas necessidades de consumo e reconciliar tais demandas com aquilo que os locais de trabalho democráticos têm condição e disposição de produzir. Mas esses conselhos correm o risco de serem entediantes, o tipo de coisa de que só pessoas que curtem reuniões intermináveis gostariam de participar. Isso para não falar na complexidade da negociação entre todos os partidos em um sistema desses[7].

Seu debate com Fred se desenrola na sociedade como um todo. Em termos ideológicos, legisla-se que os trabalhadores deveriam controlar suas firmas e que eles não deveriam mais receber um salário (embora ainda houvesse renda mínima baseada na classificação ocupacional), tornando-se em vez disso verdadeiros acionistas de suas empresas[8].

Dois mercados-chave sob o capitalismo são assim abolidos: o mercado de trabalho tradicional e o mercado de capitais. Mas permanecem os mercados de bens e serviços. Há demasiados problemas informacionais para que se possa abrir mão deles. As empresas também ainda precisarão competir entre si – firmas ineficientes quebrarão (embora o tombo dos acionistas individuais em uma empresa fosse amortecido pelo Estado de bem-estar social, ainda mais do que em nossa Suécia idealizada)[9].

---

[7] Michael Albert, *Parecon: Life after Capitalism* (Nova York, Verso, 2003).

[8] Jan Vanek, *Economics of Workers' Management: A Yugoslav Case Study*, v. 3 (Londres, Routledge, 1972, coleção Routledge Library Editions, Employee Ownership and Economic Democracy, v. 15).

[9] Para uma versão elaborada do modelo no qual isso se baseia, ver David Schweickart, *Against Capitalism* (1. ed., Boulder, Westview, 1996).

Essas medidas provocam desordem à medida que os capitalistas passam a tomar atos desesperados de resistência. Mas, no final, os bancos acabam sendo nacionalizados e o Estado toma controle de todas as empresas privadas. Você testemunha em primeira mão como as coisas se desenrolam na fábrica de molho de macarrão.

* * *

Seu local de trabalho tem se mostrado mais estável do que a maioria. Como vocês tinham um sindicato, os salários na empresa já eram mais elevados do que a média da indústria antes do springsteenismo, de modo que a Bongiovi teve menos dificuldade de lidar com a nova legislação nacional de salário mínimo. Só se perderam três dias por conta de paralisações de trabalho no último ano, um milagre considerando todo o rebuliço no país como um todo.

O setor cooperativista, num primeiro momento, não passava de um concorrente menor ao setor privado, capitalista. Foi aprovada uma legislação no Congresso para socializar empresas fechadas ou já ocupadas por trabalhadores. Mas a política se provou popular e foi uma forma de erodir o poder dos capitalistas que ainda buscavam reverter reformas. Ela foi ampliada para empresas que empregassem mais de cinquenta trabalhadores, o que era o caso da fábrica do sr. Bongiovi. Junto com outros acionistas, ele foi expropriado com compensação proporcional ao tempo de contribuição à empresa. Na verdade, ele ainda recebeu mais do que outros por ter aceitado cooperar com o processo de transição.

Não que o sr. Bongiovi apoiasse o processo; ele simplesmente estava resignado, desgastado depois de anos de sucessivas incursões em seus direitos de propriedade. Com o dinheiro que recebeu, pôde se aposentar confortavelmente e se reconciliar com a nova ordem. Outros capitalistas foram mais resistentes. Eles tinham liberdade de se organizar na sociedade civil, mas os sociais-democratas moderados formavam uma oposição muito mais poderosa aos radicais no governo. Uma pequena minoria de membros da elite, incluindo um excêntrico neto de George W. Bush, chegou até a abraçar sinceramente a causa socialista.

É 1º de maio de 2036 e as coisas têm mudado aos poucos à sua volta ao longo dos anos. Mas, neste dia, tudo mudará decisivamente. As últimas ações da marca Bongiovi passam para as mãos do Estado. Mas não se preocupe: você não está trocando um conjunto de gestores privados sem voto por burocratas governamentais distantes. Agora, você e seus colegas de trabalho controlam coletivamente sua empresa. Vocês são mais cidadãos de uma comunidade do que proprietários.

Só precisam pagar uma taxa sobre os ativos de capital da empresa (a construção, a terra sobre a qual ela foi erguida, a maquinaria e por aí vai), efetivamente alugando-a da sociedade como um todo. (Para preservar o valor do capital social sob seus cuidados, é preciso estabelecer um fundo de depreciação para consertos e melhorias[10].)

Esse imposto vai para um fundo público, que investe em novas empreitadas. Daqui a pouco falaremos mais sobre isso. Mas o imposto que vocês pagam também resolve o problema de diferentes processos de produção terem proporções radicalmente diferentes de capital-trabalho. Se os trabalhadores simplesmente detivessem o capital das suas empresas, aqueles situados em indústrias capital--intensivas receberiam muito mais lucros do que os situados em indústrias trabalho-intensivas. Ter "aluguéis" diferentes previne que isso aconteça. Você também precisa pagar um imposto de renda progressivo, assim como antes, sobre a renda que leva para casa. Isso financia serviços sociais e outras despesas estatais[11].

É convocada uma reunião logo no início do dia, e todos veem com novos olhos a desgastada fábrica que você passou a desprezar, mas que agora pertence a você e a seus colegas de trabalho. O senso de orgulho rapidamente se reduz à medida que começam as questões práticas.

Apesar de as novas leis postularem que todos deveriam participar na gestão como iguais, na prática isso acaba sendo aplicado de maneiras variadas de empresa para empresa. Por ser uma empresa maior, aprova-se um sistema representativo de governança na Bongiovi. Os trabalhadores de cada departamento elegem representantes para um conselho de trabalhadores proporcionalmente eleito. Esse conselho supervisiona todo o empreendimento e é incumbido de apontar os gerentes, incluindo o diretor executivo.

Você acaba sendo eleito membro do conselho e, ao escolher a nova gerência, vota a favor de uma mistura entre gerentes intermediários experientes e trabalhadores de chão de fábrica. Boa parte deles já foi treinada, ao passo que os outros demonstraram aprender rápido. Os selecionados têm um mandato de três anos que pode ser prorrogado, embora sejam obrigados a passar ao menos duas semanas por ano no chão de fábrica.

---

[10] David Schweickart, *After Capitalism* (2. ed., Lanham, MD, Rowman & Littlefield, 2011), p. 48.

[11] Ibidem, p. 50.

O conselho dos trabalhadores também redige coletivamente um novo acordo operacional da empresa e sugere introduzir diferenças de remuneração, sujeitas a aprovação por parte da associação em geral e a uma revisão anual. No novo sistema, os trabalhadores não recebem um salário; em vez disso, recebem uma parcela dos lucros. Contudo, é decidido que as pessoas deveriam receber mais compensação por cargos que envolvem mais estresse, responsabilidade ou treinamento. Do outro lado do espectro, cargos considerados indesejados são remunerados suficientemente bem para garantir que sejam adequadamente preenchidos. Esta é uma das planilhas de compensação que você ajuda a montar[12]:

Cargo	Instrução necessária	Habilidade/ experiência	Autoridade	Responsabilidade	Esforço físico	Esforço mental	Condição de trabalho	Total
Direção geral	100	170	150	200	10	100	10	740
Direção técnica	130	140	140	160	10	90	10	680
Gerente de produção	90	130	100	100	10	90	30	550
Supervisão setorial	80	100	50	50	10	40	40	360
Agente de vendas	100	100	0	50	10	50	10	320
Engarrafador(a)	40	40	0	30	40	30	50	230
Zeladoria	20	10	0	10	50	10	100	200
Etiquetador(a)	40	20	0	30	30	20	50	190

Parece um pouco arbitrária, mas a escala foi determinada depois de extensas discussões e estudos. Junto com o acordo operacional, ela é aprovada por 70% dos trabalhadores. Antes do springsteenismo, a média nacional de compensação CEO-trabalhador era de 354:1; depois, caiu para 89:1. Em seu local de trabalho, o diferencial mais extremo é de 4:1. Ele é semelhante nos outros.

---

[12] Feita com base em um sistema de atribuição de pontos-trabalho iugoslavo, citado em Richard L. Carson, *Comparative Economic Systems*, v. 2 (Armonk, NY, M. E. Sharpe, 1990).

O trabalho fica melhor, mas não parece como se algo monumental tivesse ocorrido. Você recebe mais, tem um pouco mais de voz a respeito do que ocorre no trabalho, seu emprego está garantido, seus gerentes são atenciosos, há mais camaradagem no escritório, mas ainda assim, no fim do dia, todo mundo só quer sair de lá.

Isso não porque as coisas estejam ruins no trabalho, mas porque as coisas estão melhores lá aonde estão indo: para lares não mais esmagados por problemas financeiros, onde o trabalho doméstico é dividido mais equitativamente (mulheres mais bem pagas têm poder de negociar combinados diferente com seus maridos), e para comunidades onde entretenimento, esportes e lazer são acessíveis a todos. É um mundo transformado, onde a vida não é perfeita, mas milhões têm mais tempo livre e menos estresse.

Essa recém-adquirida liberdade advém de serviços sociais e garantias públicas abrangentes. Sob o capitalismo, as lideranças das empresas constantemente combatiam reformas sociais. Mas, agora, essas políticas estão em compasso com os valores de empresas geradoras de riqueza controladas por trabalhadores.

Claro, da mesma forma que ainda há muitos problemas sociais para confrontar, não deixa de haver questões no trabalho também. Receber uma parcela dos lucros em vez de um salário fixo motiva boa parte das pessoas na empresa, mas alguns de seus colegas de trabalho experimentam dificuldades. Kiran, seu colega engarrafador, muitas vezes chega atrasado e negligencia tarefas importantes.

Você gentilmente dá um toque nele, mas não parece haver muito em jogo. Kiran é uma pessoa amigável, e quanto dano será que um único trabalhador provoca? Contudo, a gerência toma conhecimento do comportamento dele. Um dia, Kiran recebe uma advertência escrita por conta de violações de segurança decorrentes de sua negligência. Ele se ressente de receber ordens sobre como fazer seu trabalho – trabalho do qual ele está claramente se cansando.

"O capitalismo é a exploração de uma pessoa por outra; o socialismo é exatamente o oposto", ele lamenta.

É compreensível que alguém ficaria cansado de um trabalho que, independentemente do grau de controle por parte dos trabalhadores, não deixa de ser trabalho. Mas, da perspectiva da supervisora da unidade, ela tem o dever de garantir que todos estão fazendo sua parte. E, diferentemente da época em que a propriedade e gestão da fábrica eram privadas, se alguém acredita que um supervisor está agindo de maneira indevida ou quer que as coisas sejam tocadas de maneira diferente, essa pessoa tem recursos democráticos para fazer algo a respeito.

Nesse caso, Kiran está claramente em falta, e seu comportamento não muda. Ele não é tratado de maneira desumana, mas de modo muito semelhante com o que ocorreria em uma social-democracia altamente sindicalizada. Kiran é protegido de discriminação e demissão injusta por uma robusta legislação estatal. Passa por um processo disciplinar progressivo – primeiro uma advertência, com sugestões concretas de melhoria, seguida de uma suspensão remunerada, e finalmente a demissão com três meses de indenização compensatória.

É quando Kiran é desligado da Bongiovi que a diferença entre a Nova Jersey de 2019 e a Nova Jersey de 2036 se mostra mais evidente. No passado, Kiran teria ficado desesperado sem emprego, e toda sua existência dependeria de ele conseguir convencer um empregador a lhe conceder uma outra chance. Agora, consegue se virar com o programa de renda básica do Estado e complementá-la assumindo um emprego garantido no setor público, realizando trabalho socialmente necessário. Tem acesso a todas as necessidades básicas da vida, e, quando opta por se tornar um barbeiro, a escolha é dele.

Uma verdadeira escolha, não uma escolha "trabalhe ou morra de fome". As pessoas não têm meramente voz em seu local de trabalho; elas têm a liberdade de deixá-lo. Por que é que mais pessoas não decidem cair fora do mercado de trabalho? A chance de ganhar mais dinheiro, que lhes permitiria acesso mais fácil a bens de consumo ou a viagens exóticas, desempenha um papel aí. Mas outros realmente se orgulham de seus empregos ou gostam de colaborar no trabalho.

Enquanto isso, na Bongiovi, você constata que a democracia da fábrica é mais do que simbólica. Em 2019, tecnologias poupadoras de trabalho tinham o efeito de fazer que todos tivessem que trabalhar mais rápido. Agora, quando uma nova tecnologia é introduzida, seus colegas de trabalho fazem um cálculo diferente. Se podem produzir 20% mais por empregado, por que não reduzir a jornada semanal de trabalho a 28 horas? (Para todos os setores, a legislação estabelece que a jornada de trabalho não pode ultrapassar 35 horas semanais[13].)

---

[13] Os problemas também se resolvem à medida que o sistema evolui por meio de deliberações. Para dar um exemplo: no final das contas, um modelo puro de compartilhamento de lucros tem suas desvantagens. Algumas pessoas só tinham uma segurança limitada de renda. Também havia o risco de que técnicas ineficientes permanecessem por muito tempo por conta de práticas de autoexploração nessas firmas. Os trabalhadores estavam aceitando remunerações mais baixas como forma de compensar a ineficiência – competindo assim com empresas mais eficientes quando seria melhor para todos se eles

Ainda há concorrência de mercado, e as empresas ainda entram em falência, mas o imperativo "crescer ou perecer" não se aplica quando o objetivo de sua empresa não é mais maximizar os lucros totais, mas sim maximizar o lucro-por--trabalhador. E, em vez de uma corrida para reduzir os custos de qualquer jeito, há pressão para garantir que trabalhos de faxina e outros "trabalhos sujos" sejam bem compensados. Com o tempo, muitas dessas tarefas serão automatizadas. As pessoas temiam que as máquinas provocariam desemprego em massa, mas agora você e muitos outros aguardam ansiosamente os impactos sociais das inovações tecnológicas[14].

* * *

A essa altura, você vem engarrafando molho há vinte anos; viu a empresa se adaptar a novas preferências de consumo e manter uma parcela constante do mercado por boa parte desse tempo. Embora o futuro pareça favorável, você decide fazer outra coisa com sua vida. Por conta dos revezamentos de postos de trabalho e reuniões, você já tem uma boa noção da operação da Bongiovi como um todo, e sente que poderia se candidatar a um cargo de gerência. Mas já está meio de saco cheio da indústria toda. Você não entrou no ramo do molho de macarrão porque tinha paixão por esse universo. Nos idos de 2018, você precisava mesmo era de uma grana.

Agora, com metade da sua vida à frente, você tem opções. Um dia, trocando ideia com o agora aposentado e crescentemente tolerável Fred, você bola uma ideia de um suspensório com utilidades médicas. Como faria para levantar capital para uma nova empreitada em regime socialista?

Diferentemente do que ocorre no capitalismo, as *startups* não são movidas a investimento privado, mas pelo imposto de bens de capital mencionado anteriormente. Os fundos são investidos na economia de diversas maneiras. Projetos nacionais de planejamento – como renovação da rede elétrica ou de malhas ferroviárias de alta velocidade – são a primeira prioridade. O que sobra é redistribuído por região com base nos índices *per capita*. Sob regime capitalista, as pessoas eram forçadas a abandonar cidades em busca de empregos em mercados em expansão. Agora as pessoas ainda se movimentam, mas não serão obrigadas a fazê-lo se as indústrias de suas regiões quebrarem[15].

---

se retirassem ou adotassem tecnologias ou técnicas de trabalho melhores. Estabelecer remunerações mínimas resolveu boa parte dessas questões.

[14] Peter Frase, *Four Futures* (Londres, Verso, 2016).

[15] David Schweickart, *After Capitalism*, cit., p. 72.

Os fundos são canalizados via bancos regionais de investimento (públicos, é claro) que realizam um planejamento mais local e em seguida repartem o restante entre empresas novas ou já existentes. Os candidatos são avaliados com base em rentabilidade, criação de empregos e outros critérios, incluindo impacto ambiental. Se não houver uma quantidade suficiente de empresas rentáveis sendo abertas ou expandindo, sempre há a possibilidade de repassar parte do dinheiro diretamente de volta aos contribuintes a fim de estimular a demanda[16]. Todos esses desfechos implicam *trade-offs*, e esses *trade-offs* são decisões políticas. Cidadãos de uma área podem optar por um equilíbrio de políticas diferente dos de outra região, e seriam feitos ajustes constantemente, emulando os experimentos bem-sucedidos.

Os parceiros que você introduz na sua empresa serão exatamente isso – acionistas, e não funcionários. Mas, como a iniciativa de abrir a empresa é sua, você possui alguma liberdade no que diz respeito a estabelecer o acordo operacional inicial. A fim de atrair trabalhadores, você precisa manter diferenças de remuneração relativamente niveladas. Mas, no final das contas, para você acaba valendo a pena – você e Fred são recompensados pela nova invenção com um prêmio na forma de pequena quantia de dinheiro do Estado, e você até acaba ganhando mais como gerente eleito no seu novo emprego do que ganhava no seu antigo. Mas o que é mais significativo é o fato de que seus suspensórios se popularizam e tornam-se uma tendência de moda para além do ofício médico. Você finalmente deixou sua marca no mundo.

As décadas passam e você por fim se aposenta, acolhido pela sociedade com a qual contribuiu tanto, e aproveitando o amor de amigos e familiares. Observando o mundo mais amplo, você constata que as coisas estão tão dinâmicas quanto estavam em 2036. Com mais decisões nas mãos das pessoas comuns, a vida civil está repleta de debates políticos e novas ideias. Mesmo as questões distributivas ainda não estão plenamente resolvidas: um partido de centro-direita defende mais incentivos de mercado e uma redução na renda mínima; um partido de centro-esquerda questiona as métricas tradicionais de crescimento, propondo em seu lugar um índice de felicidade; uma esquerda internacionalista defende um apoio mais vigoroso ao movimento dos trabalhadores no resto do mundo e um aprofundamento do planejamento democrático no interior do país. E sim, há uma direita defendendo a restauração do capitalismo, mas o apoio a ela diminui com

---

[16] Idem, "Is Sustainable Capitalism Possible?", *Fórum de Pequim*, 2008.

o tempo, um pouco como o monarquismo foi lentamente perdendo apoiadores nos séculos XIX e XX.

Trata-se, portanto, de um ponto de partida para uma sociedade melhor, não necessariamente um final feliz. Você viverá o bastante para ver em que medida, com o avanço da abundância e da automação, haverá menos necessidade de incentivos materiais. Verá se há possibilidade de os mercados serem ainda mais erodidos, e se perguntará, como muitos outros o farão, se isso seria desejável.

Há uma esfera maior para participação, visto que a democracia foi radicalmente alargada para os domínios social e econômico. Isso traz consigo alguns riscos. Serão necessárias lutas contra disparidades raciais e batalhas mais profundas contra a divisão sexual do trabalho. Cidadãos informados terão de permanecer atentos a novas formas de exploração e opressão, e vigilantes para que pequenas desigualdades não se avolumem tornando-se grandes desigualdades. Mas esses são os riscos da democracia, um preço modesto para se pagar para viver na primeira sociedade verdadeiramente democrática do mundo.

* * *

Embora esteja longe do padrão "jovens ricos do Instagram em um iate", em todos os exemplos aqui citados você está razoavelmente bem de início. Mesmo sob um regime capitalista, usufruiu de uma boa educação e encontrou emprego. Ainda teve tempo livre. Há, contudo, milhões de pessoas vivendo hoje nas sociedades mais ricas da história que não podem dizer que têm tanta sorte.

Para essas pessoas – sem falar nos bilhões de pessoas no Sul Global –, a luta por reforma é urgente. O crescimento capitalista produziu maravilhas e, especialmente quando coordenado por Estados fortes, continua a fazê-lo. Mas também se provou não ser amigo natural da democracia, das liberdades cívicas, do meio ambiente ou das vidas daqueles para os quais ele não encontra uma forma lucrativa de explorar.

No fundo, ser socialista significa afirmar a dignidade moral de cada pessoa, não importa quem seja, de onde venha, ou o que tenha feito[17]. Com alguma sorte, as gerações futuras poderão contemplar com espanto e aversão o tempo em que as trajetórias de vida das pessoas eram acidentes de nascença, da mesma forma que hoje vemos as formas mais extremas de exploração e opressão do passado – escravismo, feudalismo e por aí vai – que já foram abolidas. Se todos os seres humanos

---

[17] Backstreet Boys, "As Long As You Love Me", *Backstreet's Back* (Jive Records, 1997).

possuem a mesma dignidade inerente, então eles precisam ser livres para realizar seu potencial, florescer em toda sua individualidade.

A fim de realizar esse tipo amplo de liberdade, precisamos garantir ao menos o básico de uma vida boa para todas as pessoas. E sendo-lhes dada a oportunidade para se desenvolver, as pessoas podem contribuir com a sociedade e criar as condições nas quais outros possam fazer o mesmo. Contudo, hoje, liberdade para o povo trabalhador significa limitar a liberdade daqueles que se beneficiam das desigualdades inerentes a uma sociedade de classes. O socialismo não se resume tanto a trocar liberdade por igualdade, e sim colocar a questão: "liberdade para quem?".

Agora, imagine que mudança não seria para um jovem negro estadunidense crescer em uma sociedade na qual ele não tivesse que se contentar com as piores escolas, o pior atendimento de saúde, o pior trabalho, e possivelmente ser sujeitado ao pior sistema carcerário do planeta Terra. Imagine o que significaria para as mulheres se elas pudessem sair de relacionamentos abusivos com maior facilidade ou escapar de assédios no local de trabalho com o auxílio de fortes garantias de um Estado de bem-estar social. Imagine nossos futuros Alberts Einstein e Leonardos da Vinci liberados da pobreza e miséria opressoras, e capazes de contribuir para a grandeza humana. Ou melhor, esqueça Einstein e Leonardo: imagine pessoas comuns, com habilidades comuns, com tempo disponível ao fim de sua jornada semanal de trabalho de 28 horas, para explorar quaisquer interesses ou *hobbies* que lhes der na telha (ou simplesmente gozar do direito de estar entediadas). A enxurrada de poesia ruim, estranhos blogues filosóficos e arte abstrata medonha certamente será um sinal de progresso.

Mas, se já estamos em nossa versão idealizada de Malmö, Suécia (uma que talvez estivesse perto da realidade em 1976), por que desejaríamos ir mais adiante? Uma boa social-democracia já satisfaz vários dos pontos levantados, e, supostamente, onde deixa a desejar poderia ser melhorada sem ter que abrir mão completamente da propriedade privada[18].

Há uma motivação ideológica por um socialismo mais radical, a ideia moral de que a exploração das pessoas por outras pessoas é um problema que pede desesperadamente uma solução. O capitalismo tanto cria as precondições para o florescimento radical da humanidade quanto obstrui sua plena realização. Para os socialistas, na medida em que algumas hierarquias permanecem, elas precisam ser

---

[18] Irving Howe, "From Sweden to Socialism: A Small Symposium on Big Questions", *Dissent*, inverno 1991.

36 | O manifesto socialista

constantemente justificadas e contidas. Pense na autoridade que um pai exerce sobre um filho. Para a maior parte das pessoas (incluindo a maioria dos socialistas), essa autoridade é razoável, mas é também regulada por lei. Você não pode espancar seu filho, nem deixá-lo fora da escola ou impedir que ele saia de casa quando chegar à idade adulta[19].

Hoje, quase todo mundo concordaria que formas extremas de exploração, como escravidão, deveriam ser proibidas. Os socialistas defendem que o trabalho assalariado também é de fato uma forma inaceitável de exploração e que temos alternativas que irão dar poder às pessoas para controlar seus destinos dentro e fora do local de trabalho. Mas mesmo eu tenho certa dificuldade de imaginar que as abstrações da ideologia serão suficientes para encorajar um salto arriscado de um mundo social-democrático humanizado a um mundo socialista desconhecido. Se vier a ocorrer, provavelmente seremos conduzidos ao longo do caminho rumo ao socialismo por meio de necessidades práticas, pelas lutas cotidianas de preservar e expandir reformas.

Como veremos no panorama histórico do socialismo a que se dedica a primeira parte deste livro, a social-democracia de fato fortaleceu o poder dos trabalhadores a patamares que poucos pensavam ser possível, mas ainda deixou o capital numa posição estruturalmente dominante. Com o poder de reter investimento, com a economia ainda dependente de seus lucros, os capitalistas foram capazes de manter governos democráticos reféns e reverter reformas. O poder econômico deles se traduziu em poder duradouro sobre o processo político.

A social-democracia constitui um passo na direção correta, mas um passo em última instância insuficiente, por conta de sua vulnerabilidade. É claro, quem dera estarmos vivendo sob uma social-democracia hoje. O neoliberalismo é a palavra de ordem de nossa era. Boa parte das pessoas está se afundando em dívidas, possui poucas proteções empregatícias, não tem condições financeiras de bancar confortavelmente saúde e moradia, e não acredita que seus filhos se sairão muito melhor do que eles. Nessa nova era dourada, são filantropos involuntários, bancando os estilos extravagantes de vida dos ricos.

O socialismo faz melhor – mas não alego que ele é capaz de consertar tudo. Mesmo sob regime socialista, a vida seria repleta de adversidades. Por vezes, ela ainda parecerá perturbadora, você provavelmente terá seu coração partido, e as pessoas

---

[19] Erik Olin Wright, *Approaches to Class Analysis* (Cambridge, Cambridge University Press, 2005).

ainda morrerão tragicamente em acidentes e não deixarão de sofrer revezes. Mas mesmo que não pudermos resolver a condição humana, podemos transformar um mundo repleto de miséria lancinante em um mundo onde imperam infelicidades comuns da vida. Quem sabe ainda consigamos fazer algum progresso nessa frente. Como dizia Marx, com nossos problemas animais resolvidos, podemos começar a resolver nossos problemas humanos[20].

* * *

Livros como este geralmente começam dizendo a você, leitor ou leitora, o que há de errado com o mundo hoje. Por boa parte da história do capitalismo, os radicais se apoiaram menos em uma visão clara do socialismo do que em uma oposição visceral aos horrores à sua volta. Em vez de argumentarmos em prol do socialismo, concentramo-nos no ataque ao capitalismo. Tentei fazer algo distinto ao apresentar como poderia ser um sistema social diferente e como podemos chegar lá.

Naturalmente, é fácil comparar uma sociedade existente, complexa, com outra que vive apenas em nossa imaginação. Na época de Marx, os socialistas utópicos não faziam mais do que escrever "receitas para o cardápio da taberna do futuro". Mas, hoje, trata-se de uma tarefa crucial para convencer as pessoas da ideia de que as coisas podem ser diferentes, mesmo que não possamos dizer precisamente o que as gerações futuras decidirão construir[21].

A primeira parte deste livro desenha a história do socialismo, desde Marx até os dias atuais. Qualquer um que se pretenda socialista, ou que se interesse por ideias socialistas (mesmo que apenas para saber como o outro lado pensa), precisa travar um diálogo com as diversas vertentes dessa história. Frequentemente tachados de utópicos com olhos voltados apenas para o futuro, os socialistas, na verdade, foram desde o início estudiosos da história. Os socialistas de hoje precisam seguir essa tradição.

Em questão de décadas, o socialismo passou de um sonho marginal a regime que vigorava em uma grande parte do mundo. Conto essa história, desde o surgimento do capitalismo e da criação de uma classe trabalhadora, passando pela

---

[20] Corey Robin, "Socialism: Converting Hysterical Misery into Ordinary Unhappiness", *Jacobin*, 10 dez. 2013; disponível em: <https://www.jacobinmag.com/2013/12/socialism-converting-hysterical-misery-into-ordinary-unhappiness/>.

[21] Karl Marx, "Afterword to the Second German Edition", *Capital*, v. 1 (1873). [Ed. bras.: "Posfácio da segunda edição", *O capital: crítica da economia política*, Livro I: *O processo de produção do capital* (trad. Rubens Enderle, São Paulo, Boitempo, 2013, coleção Marx-Engels), p. 88.]

maturação e posterior implosão da política dessa classe nos partidos da Segunda Internacional. Em seguida, temos a ascensão dos bolcheviques na Rússia. O coletivismo autoritário que o experimento soviético produziu não apenas custou milhões de vidas como passou a ser associado a qualquer contestação do capitalismo. Não me esquivo de considerar o que deu errado na experiência soviética, que abriu mão da democracia e das liberdades civis que se encontram no âmago do sonho socialista.

Em outros lugares, os socialistas eventualmente conquistaram o poder em democracias capitalistas, construindo sociedades que permitiram que milhões de pessoas vivessem vidas decentes e gratificantes. Apesar de não terem sido capazes de implantar um sistema sucessório, suas reformas tiveram implicações radicais. Veremos por que a social-democracia fracassou, mas também como ela abriu novos caminhos para um socialismo para além do capitalismo. Vamos considerar tentativas ambivalentes realizadas no Terceiro Mundo, isto é, pelos revolucionários chineses, de utilizar o socialismo como ideologia de desenvolvimento nacional. Finalmente, chegamos à política socialista nos Estados Unidos, que aparece episodicamente e apoiou reformas importantes, mas não chegou a efetivamente lançar raízes firmes como em outras partes do mundo.

O século XX, para o bem e para o mal, deixou muitas lições aos socialistas. A história que se segue não é exaustiva, e sim seletiva, buscando extrair esses aprendizados, tanto da ala revolucionária quanto da ala reformista do socialismo, para os dias de hoje. Podemos aprender com essa história que o caminho em direção a um socialismo para além do capitalismo passa pela luta por reformas e pela social-democracia, que não se trata de caminhos completamente diferentes. Também podemos aprender que não podemos depender das declaradas boas intenções de líderes socialistas: a forma de prevenir abusos de poder é tendo uma sociedade civil livre e instituições democráticas robustas. Esse é o único "socialismo" digno do nome.

Hoje fala-se muito sobre "socialismo democrático", e eu de fato enxergo essa expressão como sinônimo de "socialismo". O que distingue a social-democracia do socialismo democrático não é simplesmente a convicção de se haveria ou não um lugar para a propriedade privada capitalista em uma sociedade justa, mas a forma pela qual se escolhe levar a cabo a luta por reformas. Os melhores social-democratas de hoje podem querer lutar por políticas macroeconômicas de cima para ajudar trabalhadores. Mas, embora não rejeite todas as formas de *expertise* tecnocrática, o socialista democrático sabe que serão necessárias rupturas complicadas e uma luta de massas vinda de baixo para produzir um tipo de transformação mais duradoura e radical.

Na segunda parte deste livro, discuto o mundo de hoje e por que há novas oportunidades para que esse tipo melhor de socialismo aflore. Como veremos, Jeremy Corbyn, no Reino Unido, e Bernie Sanders, nos Estados Unidos, trabalharam uma social-democracia da "luta de classes", liberando uma energia popular que revitalizou a esquerda como um todo. Eu ofereço uma estratégia preliminar para tirarmos vantagem dessa inesperada segunda chance e explico por que a classe trabalhadora ainda pode ser um agente de transformação social.

Mesmo nos capítulos mais sombrios deste livro, é importante que fique claro um compromisso urgente: se há um futuro para a humanidade – liberta da exploração, do holocausto climático, da demagogia e da guerra de todos contra todos –, ele passa por confiar na capacidade de as pessoas comuns salvarem a si mesmas e umas às outras.

Parte I

2
Coveiros

O capitalismo parece ser nosso destino. Desde que começamos a matar animais a pedra, temos comercializado suas peles. Adam Smith escreveu sobre a "propensão [da humanidade] a permutar, escambar e trocar uma coisa por outra"*. Temos feito isso em mercados por milênios.

Será que os germes do capitalismo sempre existiram, não apenas nas nossas sociedades, mas em nossa própria natureza? Um olhar mais detido sobre a ascensão do sistema revela outra coisa. Isto é, que foi um acidente.

Na maior parte das narrativas explicativas, o capitalismo teria surgido em algum lugar entre os séculos XIV e XVI, à medida que nossa tendência de buscar oportunidades de mercado finalmente fez que as pessoas começassem a se libertar dos grilhões do feudalismo, e que Florença, Veneza e outras cidades-Estado disruptivas arrancavam, com suas práticas de comércio e inovação, a Europa do lamaçal da Idade Média. Mas essa história não está nada correta. O capitalismo não surgiu porque os mercados se expandiram para além de determinado ponto. Na verdade, o que hoje entendemos por capitalismo é decorrência de uma transformação societal marcada pela transição de uma situação em que utilizávamos os mercados de tempos em tempos para outra em que passamos a produzir para o mercado como tarefa primordial[1].

---

* Adam Smith, *A riqueza das nações*, v. I, cap. 2: "O princípio que dá origem à divisão do trabalho" (trad. Luiz João Baraúna, São Paulo, Nova Cultural, 1988). (N. T.)

[1] Ellen Meiksins Wood, *The Origins of Capitalism: A Longer View* (Londres, Verso, 2003), p. 11.

44 | O manifesto socialista

E o capitalismo não começou nas grandes cidades do Renascimento italiano, e sim nos encharcados campos de uma ilha atrasada. A Inglaterra, em virtude de alguns fatos particulares a respeito de sua agricultura, tornou-se a maior potência mundial e posteriormente o primeiro lar do proletariado industrial sobre o qual Marx e gerações de socialistas depositaram suas convicções[2].

Antes do capitalismo, o feudalismo era o sistema dominante em boa parte do mundo. Sob esse regime, as pessoas eram divididas entre uma maioria que trabalhava no campo para sobreviver e uma pequena minoria que se apropriava do trabalho daquela maioria por meio de coerção política. Os camponeses tinham acesso a suas próprias terras, portanto aos meios de sua sobrevivência. No entanto, os senhores feudais se valiam de leis e da força das armas para extrair uma parte de sua produção. Com esses proventos, eles obtinham luxos que os produtores não tinham condição de adquirir e ampliavam seu poderio militar. Isso os ajudava não apenas a cimentar sua posição diante dos outros senhores feudais e do monarca do reino, como também a impedir revoltas camponesas. O sistema não estimulava crescimento nem inovação – os camponeses sabiam que, se produzissem mais para a troca, boa parte desse excedente iria para os senhores. Eles também se dedicavam, no geral, ao cultivo de uma variedade de alimentos, seguindo um modelo de agricultura de subsistência, em vez de se especializarem no cultivo de determinado alimento mais rentável, como na agricultura comercial[3].

O feudalismo passava periodicamente por crises demográficas. A maior delas, a Peste Negra, devastou a Eurásia no século XIV: praticamente 20% de toda a população mundial, e quase metade de todas as pessoas da Europa, foi dizimada. Assim que se recuperou, o continente mergulhou em um período de guerras e revoltas[4].

A classe dominante reafirmou seu controle na Europa oriental, onde os camponeses tiveram sua autonomia arrancada através de um sistema ainda mais extremo de feudalismo, denominado servidão, que em meados do século XVII os circunscreveu a glebas e criminalizou a migração. Na França, por contraste, os camponeses conseguiram assegurar uma posse efetiva de suas terras e passaram a ceder uma parcela menor de sua produção aos senhores feudais. Os próprios senhores

---

[2]   Robert Brenner, "Agrarian Class Structure and Economic Development in Pre-Industrial Europe", *Past & Present*, v. 70, 1976, p. 30-75.

[3]   Ellen Meiksins Wood, *The Origins of Capitalism*, cit., p. 96.

[4]   Ole L. Benedictow, *The Black Death 1346-1353: The Complete History* (Woodbridge, NJ, Boydell, 2008).

feudais franceses se tornavam cada vez mais funcionários de um Estado centralizado, absolutista.

Na Inglaterra prevaleceu um meio-termo. Os camponeses conseguiram impedir que sua classe dominante extraísse um excedente ainda maior deles por meio da força bruta, mas não conseguiram conquistar direitos legais sobre suas terras. Os senhores feudais ingleses, buscando novas formas de gerar excedentes para além da exploração do campesinato já exaurido, estabeleceram as bases para a passagem de uma produção de camponeses-proprietários a um sistema de arrendamento. Os arrendatários recebiam terrenos arrendados por um período de um ou dois anos e, assim, tinham incentivo a serem sempre mais produtivos, visto que guardariam para si todo o excedente após o pagamento do aluguel. Os senhores feudais, por sua vez, tinham todos os motivos para apoiar esse desenvolvimento, que permitia que eles criassem um mercado para arrendamento de terras (quanto mais produtivos fossem os agricultores, mais elevados podiam ser os valores do arrendamento). Os agricultores arrendatários eram compelidos pelo mercado a maximizar a produção de uma forma que não ocorria com os camponeses. Esses agricultores, por sua vez, começaram a contratar camponeses sem terra e outros como trabalhadores assalariados.

Pode parecer uma mudança pequena, mas foi, na verdade, uma transformação muito importante. Cada vez mais terras na Inglaterra foram sendo incorporadas a esse sistema. O processo gerou um setor agrícola altamente produtivo, capaz de sustentar uma grande população não envolvida em atividades de cultivo. Também significou que se havia criado uma maioria populacional desprovida de propriedades e que poderia ser obrigada a fornecer trabalho em troca de salário e se tornar um mercado para bens de consumo baratos[5].

Pela primeira vez na história, uma sociedade tornou-se subordinada a mercados e elites regidos, nas palavras de Karl Marx, pela "coerção muda exercida pelas relações econômicas"[*], em vez da coerção política. Aliás, já existiam mercados antes disso tudo milhares de anos antes, mas a nascente Inglaterra moderna foi a primeira sociedade de mercado do mundo. Os velhos costumes e obrigações que ligavam as pessoas ruíram, junto com a estabilidade oferecida pelo acesso hereditário à terra e pelos direitos comunais. Boa parte das pessoas resistiu à sua

---

[5]   Ellen Meiksins Wood, *The Origins of Capitalism*, cit., p. 103.

[*]   Karl Marx, *O capital: crítica da economia política*, Livro I: *O processo de produção do capital* (trad. Rubens Enderle, São Paulo, Boitempo, 2013, coleção Marx-Engels), p. 808. (N. T.)

conversão em trabalhadores assalariados, preferindo até mesmo a vadiagem ao novo e estranho modo de vida. O Estado buscou eliminar outras vias de sobrevivência ao banir a caça, a pesca e o forrageamento em terras até então comuns. O Ato de Vadiagem de 1744 prescreveu punições severas para aqueles que "se recusarem a trabalhar pelos salários usuais e comuns". Uma série de atos de cercamento privatizou a propriedade comunal, erodindo mais ainda a possibilidade de se viver da terra[6].

Impulsionada pelo acidente do capitalismo, a população inglesa aumentou em 7 vezes entre 1520 e 1850, e o tamanho do proletariado se multiplicou por 23. Os perdedores desse processo seriam, por fim, transformados em uma classe trabalhadora industrial com um incrível poder latente[7].

* * *

Outros países logo começaram a emular os impressionantes aumentos de produtividade da Inglaterra. Mas o país ainda tinha tremendas vantagens sobre seus concorrentes.

Mesmo antes da Revolução Industrial, a Inglaterra foi a terra de importantes avanços tecnológicos. O motor a vapor de Newcomen revolucionou a mineração, e, em 1721, o moinho de seda de Lombe – a primeira fábrica da Inglaterra – prenunciou as mudanças radicais por vir. A década de 1780 testemunhou o início do que veio a ser conhecida como a Revolução Industrial. Surgiram novos métodos de manufatura. A começar pela fiação mecanizada, a indústria têxtil foi uma das primeiras a ser transformada, processando algodão cru colhido pelos escravos negros nas Américas. Finalmente, a produção manual em outros setores foi substituída por máquinas[8].

Nunca houve dúvida de que a Inglaterra era a ponta de lança do processo de industrialização – em 1800, o país produziu 10 milhões de toneladas de carvão, ao passo que a França, seu rival mais próximo, produziu apenas 1 milhão. Mesmo antes da Revolução Industrial, mais da metade da população inglesa já estava envolvida em outros trabalhos que não os agrícolas, mas levou mais muitas

---

[6] Paul Heideman e Jonah Birch, "In Defense of Political Marxism", *International Socialist Review*, v. 90, jul. 2013.

[7] David McNally, *Monsters of the Market: Zombies, Vampires and Global Capitalism* (Leiden, Brill, 2011), p. 51.

[8] Michael Andrew Zmolek, *Rethinking the Industrial Revolution: Five Centuries of Transition from Agrarian to Industrial Capitalism in England* (Leiden, Brill, 2013).

décadas para que a paisagem fosse verdadeiramente transformada por ferrovias, embarcações a vapor e indústrias pesadas. Os capitalistas utilizaram as novas tecnologias para erguer grandes fábricas, que por sua vez exigiam uma força de trabalho centralizada e disciplinada[9].

Mas o proletariado urbano em potencial precisava primeiro ser atraído às cidades. Por sorte dos capitalistas, a revolução agrícola e a decorrente explosão demográfica deixou muitos na pobreza. Fugir do campo para a cidade era uma das possíveis saídas. O trabalho assalariado era tão desagradável para eles quanto o era para o proletariado agrário, mas os empobrecidos tinham pouca chance de sobrevivência que não essa. Juntaram-se a eles nas novas fábricas imigrantes irlandeses que fugiam da devastadora Grande Fome, que matou 1 milhão de pessoas e forçou a emigração de outro milhão para a Inglaterra, Estados Unidos e Canadá.

Uma vez nas cidades, os trabalhadores precisavam passar por um processo radical de retreinamento. O emprego sob o relógio capitalista não se assemelhava em nada com o trabalho sazonal ao qual muitos estavam acostumados no campo nem com o ritmo menos metódico das oficinas artesanais. A disciplina dura e os salários baixos transformaram os humanos – muitos deles mulheres e crianças – em criaturas com energia para pouco mais do que apenas o trabalho. Quando não acorrentados a máquinas em turnos de doze horas, eles viviam em meio a brumas de fumaça e poeira espremidos em aposentos estreitos e totalmente insalubres[10].

Ao visitar a Manchester de meados do século XIX, um polo da indústria inglesa, o sociólogo francês Alexis de Tocqueville fez a seguinte observação: "Aqui a humanidade atinge o seu mais completo desenvolvimento e sua maior brutalidade, aqui a civilização faz seus milagres e o homem civilizado converte-se quase em selvagem". Mais ou menos na mesma época, Friedrich Engels descreveu um capitalista inglês (decente e respeitável, um bom marido com virtudes privadas) que escutou educadamente as queixas a respeito das condições dos trabalhadores antes de responder, "e, apesar disso, aqui se ganha um bom dinheiro"[11].

---

[9] E. J. Hobsbawm, *The Age of Revolution: Europe 1789-1848* (Londres, Phoenix, 2000), p. 43. [Ed. bras.: *A era das revoluções: Europa 1789-1848* (trad. Maria Tereza Lopes Teixeira e Marcos Penchel, São Paulo, Paz e Terra, 1981).]

[10] Ibidem, p. 50.

[11] Friedrich Engels, *A situação da classe trabalhadora na Inglaterra: segundo as observações do autor e fontes autênticas* (trad. B. A. Schumann, São Paulo, Boitempo, 2008), p. 308.

Engels foi um sujeito tão notável quanto seu famoso parceiro, Karl Marx. Ele nasceu em 1820 em uma família rica de comerciantes e aos dezessete anos de idade foi enviado a Bremen – uma das maiores cidades comerciais da Alemanha – para assumir um cargo administrativo. Engels se rebelou contra seu pai, um manufatureiro têxtil "fanático e despótico", e procurou se libertar por meio da filosofia radical. Quando, mais tarde, prestou serviço militar no Grupamento de Artilharia de Berlim, Engels demonstrou ser um péssimo soldado, mas ter uma mente afiada e enérgica. Nas cervejarias da cidade, ele se associou a um grupo tempestuoso de jovens hegelianos e foi atraído a uma espécie de republicanismo democrático, de espírito jacobino (isto é, radical)[12].

Seu pai achou por bem tentar curá-lo de seus sentimentos políticos ao condenar o jovem Friedrich a um posto de gerente intermediário em uma fábrica têxtil que ele possuía em Manchester. A cidade havia recentemente ganho proeminência como um centro nevrálgico da Revolução Industrial. Sem instrução ou acesso a saneamento básico e cientes de estarem a um passo da indigência total, os trabalhadores atraídos a Manchester temiam perder seus empregos. Pouco da enorme riqueza que contribuíam para gerar era efetivamente revertida para eles. Mas Engels os via como destinados a algo maior do que a pobreza[13].

Entre 1842 e 1844, Engels investigava em primeira mão a produção capitalista durante o dia e, à noite, mergulhava nas entranhas obscuras da cidade. Ele renunciou "ao mundanismo e às libações, ao vinho do Porto e ao champanhe da classe média" e fez conexões francas com os trabalhadores, discutindo suas queixas e agindo em solidariedade com suas lutas[14].

Engels viveu uma vida dupla no sentido de que gozava de uma bela moradia localizada em uma região boa da cidade, mas passava a maior parte de seu tempo em aposentos alugados em distritos da classe trabalhadora. Sua lealdade, contudo, nunca esteve em discussão. Em Manchester, Engels conheceu e se apaixonou por uma irlandesa, Mary Burns, que desde criança trabalhou em chão de fábrica. Mary e outros amigos foram seus guias para a região sul da cidade, onde viviam dezenas de milhares de trabalhadores irlandeses, e para outros bairros nos quais poucos outros burgueses tinham pisado.

---

[12] Idem, Carta a Marx, 17 mar. 1845, em *Letters of the Young Engels 1838-1845* (Moscou, Progress Publishers, 1976), p. 231.

[13] David Riazanov, *Karl Marx and Friedrich Engels: An Introduction to their Lives and Work* (trad. Joshua Kunitz, 1927; reimp. Nova York, Monthly Review, 1974), p. 38.

[14] Friedrich Engels, *A situação da classe trabalhadora na Inglaterra*, cit., p. 37.

Aos 24 anos de idade, Engels escreveu *A situação da classe trabalhadora na Inglaterra*. O título simples não transmitia que esse era um trabalho tanto de *insight* quanto de raiva: ainda mais do que Charles Dickens, Benjamin Disraeli e outros críticos sociais da época, Engels capturou a vida do proletariado industrial. Ele descreveu os aposentos de um bairro miserável londrino, "onde a sujeira e o barulho superam a imaginação" e "as portas são inúteis", pois "nada há para roubar"*. Ele escreveu sobre lixo e cinzas, líquidos fétidos escorrendo pela rua, e os moradores "que ainda não submergiram completamente no turbilhão da degradação moral que os rodeia a cada dia mais se aproximam dela, perdendo a força para resistir aos influxos aviltantes da miséria, da sujeira e do ambiente malsão". Um Engels claramente indignado lembrava os leitores de que tudo isso estava ocorrendo na "cidade mais rica do mundo"**. A mesma barbárie era evidente em Liverpool, onde 45 mil pessoas viviam apinhadas em menos de 8 mil porões mal ventilados, e em Glasgow, uma cidade preponderantemente de classe trabalhadora. Mas as passagens mais vívidas do livro tratam dos horrores de Manchester, cujos mais de 350 mil trabalhadores eram "desumanizados, degradados, fisicamente doentios e intelectual e moralmente reduzidos à bestialidade"***. Dentro da fábrica que enriqueceu sua família, trabalhavam "mulheres incapacitadas para procriar, crianças aleijadas, homens exauridos, membros quebrados, gerações inteiras doentes, debilitadas e desgastadas"[15].

No entanto, Engels pensava que a classe sofrida e oprimida que ele passou a conhecer poderia vir a ter um enorme poder político. Nem todos os trabalhadores eram passivos diante da miséria e do abuso. Os "luditas", os quebradores de máquinas que ocupam um lugar de malditos no imaginário oficial, lutavam contra a aceleração do trabalho, reconhecendo que o avanço tecnológico não significava progresso algum para eles. Em 1830, os trabalhadores agrícolas em Kent destruíram debulhadoras e enviaram cartas a membros da elite local demandando aumentos salariais, assinadas sob o intimidante pseudônimo de "Captain Swing". Menos provocativos, mas ainda mais ameaçadores aos capitalistas foram os esforços iniciais de sindicalismo e cartismo, movimento que surgiu em 1838 e deflagrou uma luta por sufrágio universal. Revoltas pipocaram ao longo de boa parte da Inglaterra e foram brutalmente reprimidas pelas autoridades estatais.

---

* Ibidem, p. 71. (N. T.)

** Ibidem, p. 40. (N. T.)

***Ibidem, p. 105. (N. T.)

[15] Ibidem, p. 203.

50 | O manifesto socialista

Em janeiro de 1851, a *Economist*, uma revista fundada para promover o livre comércio, versou efusivamente sobre como havia sido "uma alegria e um privilégio ter tido a sorte de viver os primeiros cinquenta anos deste século", um período que havia "testemunhado um salto adiante em todos os aspectos de bem-estar material, tal como nem a visão científica nem a fabulação poética jamais haviam concebido"[16]. A avaliação do período da Revolução Industrial era parcialmente verdadeira. Mas o capitalismo, aquele acidente da história, havia conjurado uma perigosa combinação: indústrias imensas, lucrativas, e uma classe destituída e descontente de pessoas trancafiadas no interior delas. Essa era a realidade sobre a qual a teoria marxista foi inicialmente construída.

* * *

Pelé e Pepe, Sonny e Cher, Marx e Engels. Uma das grandes parcerias da história nasceu de uma semana de conversas regadas a bebidas em Paris. Assim como Engels, durante a adolescência, Karl Marx não ambicionava nada além de fugir do tédio e do conservadorismo da Renânia – com a vantagem, é verdade, de ter um pai liberal que se limitava a impor repreensões leves às bebedeiras e aos duelos de esgrima de seu brilhante filho. Embora respeitado pelos seus pares, Marx nutria companhias radicais na universidade, a ponto de atrair a atenção das autoridades prussianas e afundar suas chances de seguir uma carreira acadêmica. Trilha então outro caminho: casa-se com a aristocrata rebelde Jenny von Westphalen e se muda para Paris para dedicar-se a uma carreira no jornalismo.

Marx teve a sorte de trombar com Engels na capital francesa. Com seu novo amigo, aprendeu sobre as realidades do capitalismo industrial e deslocou sua atenção da filosofia para a economia política. E o mais importante, Engels estava disposto a ajudá-lo financeiramente para que ele pudesse se dedicar à escrita e à política. Expulsos de Paris pelos seus escritos, moraram em Bruxelas entre 1845 e 1848, onde integraram a Liga dos Comunistas e organizaram trabalhadores germanófonos. Também continuaram polemizando com radicais mais proeminentes, incluindo Karl Grün, Pierre-Joseph Proudhon, Wilhelm Weitling e os seguidores de Louis Auguste Blanqui. Marx e Engels defendiam consistentemente uma política democrática, movida pela própria massa dos trabalhadores, a ponto de os insurrecionalistas da época os verem como moderados. Seus talentos, contudo, ainda impunham respeito, e o par foi convocado pela Liga dos Comunistas a redigir o *Manifesto comunista*, publicado às vésperas das revoluções de 1848.

---

[16] *Economist*, 18 jan. 1851.

A versão final do documento articulou as ideias de ambos, mas foi redigida inteiramente por Marx. A burguesia, defendia o *Manifesto*, "foi a primeira a provar o que a atividade humana pode realizar: criou maravilhas maiores que as pirâmides do Egito, os aquedutos romanos, as catedrais góticas; conduziu expedições que empanaram mesmo as antigas invasões e as Cruzadas"*. Impulsionados para expandir e encontrar novos mercados, os capitalistas descritos por Marx são revolucionários, dissolvendo "todas as relações sociais antigas e cristalizadas, com seu cortejo de concepções e de ideias secularmente veneradas"**. (Talvez esta seja uma descrição melhor daquilo que o capitalismo produziu até 2018 do que de sua ficha corrida em 1848.) Por mais maravilhados que estivessem diante desses novos desenvolvimentos, Marx e Engels alegavam que as contradições do sistema só estavam se avolumando à medida que ele maturava. Junto com a indústria moderna, a burguesia produziu também "seus próprios coveiros": os proletários. Esses trabalhadores tinham motivo para derrubar o capitalismo e substituí-lo por um sistema produtivo governado conforme seus interesses.

Embora tenha sido debatido e examinado como nenhuma obra desde a Bíblia, o *Manifesto comunista* é um documento curto escrito às vésperas de uma revolução internacional, com o objetivo de popularizar um programa político. Seu legado mais importante foi ter estabelecido as definições de capitalismo e comunismo ("uma associação na qual o livre desenvolvimento de cada um é a condição para o livre desenvolvimento de todos"***), e descrito a classe trabalhadora como o agente situado no coração das futuras transformações. Socialismos anteriores haviam abraçado a causa dos de baixo, recorrido à filantropia das elites, elaborado esquemas utópicos, ou voltado seu olhar para o passado agrário. Marx e Engels propuseram, ao invés disso, galopar para a frente junto com a modernidade.

Marx e Engels tinham a esperança de que as revoluções de 1848 seriam o "prelúdio imediato de uma revolução proletária"****. Os levantes haviam começado na França, mas rapidamente se espalharam para a Alemanha, para a Itália, para a Hungria e para mais meia dúzia de outros países europeus. O contágio alcançou inclusive a Colômbia e o Brasil. Mas o que rondava o mundo capitalista não era

---

* Karl Marx e Friedrich Engels, *Manifesto comunista* (trad. Álvaro Pina, São Paulo, Boitempo, 1998), p. 42-3. (N. T.)

** Ibidem, p. 43. (N. T.)

*** Ibidem, p. 59. (N. T.)

**** Ibidem, p. 69. (N. T.)

o "espectro do comunismo", e sim o republicanismo radical. Trabalhadores, artesãos e até mesmo alguns camponeses exigiam reformas como salário mínimo, sufrágio e educação pública garantida pelo Estado. Mesmo quando suas demandas concentravam-se em desafiar o poder da aristocracia, eles tinham dificuldade de encontrar aliados na burguesia. Se é que se pode dizer que Marx errou aqui, talvez tenha sido em superestimar o interesse político dos capitalistas em varrer os vestígios arcaicos do feudalismo. No rescaldo de 1848, ele defendeu que os trabalhadores deveriam lutar pelos seus direitos em novas organizações, por vezes aliados com a burguesia, outrora "liberal", mas independentes dela.

Alguns governos foram derrubados, mas muitos dos regimes sobreviveram ou se reergueram. Nos anos que se seguiram, enquanto outros socialistas responderam às derrotas de 1848 recuando a um radicalismo conspiratório, Marx esposou sinceramente a causa dos trabalhadores. Envolveu-se com os cartistas e mais tarde ajudou a fundar a Associação Internacional dos Trabalhadores (AIT). Com a difusão do sindicalismo nas décadas de 1850 e 1860, Marx viu potencial no movimento. O anarquista russo Mikhail Bakunin e outros rejeitavam os sindicatos, muitas vezes politicamente conservadores, mas Marx os interpretou como sinal de um movimento cada vez mais dotado de consciência de classe e autogestão – pré-requisitos para as lutas que poderiam tirar os trabalhadores da miséria.

* * *

Ao mesmo tempo, Marx, Jenny e sua família cada vez maior passavam por um aperto, um "caos infernal" de pobreza e desgraça. Ele estava morando em Londres com o que Engels lhe enviava e a ninharia que lhe rendia seu trabalho jornalístico para a *New York Daily Tribune*. Marx era constantemente atormentado por cobradores e padecia de uma saúde precária quando começou a escrever sua obra-prima, *O capital*, em 1852[17].

Nesse momento, seu pensamento havia amadurecido. Ele era um materialista histórico, o que significava que pensava que diversas formas de sociedade refletem diferentes possibilidades e entraves materiais. Modos de produção se movimentavam em etapas, e cada etapa engendrava certo conjunto de relações sociais. Como Marx escreveu em *Miséria da filosofia*, "o moinho movido pelo braço humano nos dá a sociedade com o suserano; o moinho a vapor nos dá a sociedade com o capitalista industrial"*. Tal como ocorreu com os modos de produção

---

[17] Francis Wheen, *Karl Marx: A Life* (Nova York, Norton, 2000), p. 179.

* Karl Marx, *Miséria da filosofia* (trad. José Paulo Netto, São Paulo, Boitempo, 2017), p. 102. (N. T.)

anteriores, o modo de produção capitalista acabaria tornando-se um entrave para o desenvolvimento e teria que ser substituído por outro. Esse não era um argumento necessariamente determinista. Marx acreditava que "os homens fazem a sua própria história; contudo, não a fazem de livre e espontânea vontade, pois não são eles quem escolhem as circunstâncias sob as quais ela é feita, mas estas lhes foram transmitidas assim como se encontram"*. A ação política, por meio da luta de classes, era o motor da história, embora fosse moldada pelo contexto. Nas "Teses sobre Feuerbach", Marx criticou o "materialismo vulgar" dos jovens hegelianos, que subestimavam o papel dos atores políticos na transformação da sociedade e descreviam a história como um jogo recíproco entre circunstância e ação humana[18].

Mesmo sem os *insights* do materialismo histórico, qualquer pessoa que vivia em meio à Revolução Industrial tinha a consciência de que sua época era profundamente diferente das anteriores. Em *O capital*, Marx explicou, de maneira mais convincente do que qualquer um, como foi que ela surgiu, além de expor suas características definidoras. A empreitada levou quinze anos. Nesse processo, ele lembra a "A obra-prima ignorada", seu conto predileto de Honoré de Balzac. Nele, um pintor, Frenhofer, passa uma década aprimorando um retrato concebido para ser "a representação mais completa da realidade". Quando se dá conta de que tudo que produziu foi um pé feminino e um confuso emaranhado de cores, ele destrói sua obra e morre[19].

Quando finalmente foi publicado em 1867 o primeiro livro de *O capital*, a obra não foi recebida com grande clamor. Tal como Frenhofer, deve ter batido um desespero em Marx, uma sensação de que ele seria um fracasso. Mas, como apontou o falecido estudioso Marshall Berman – e Balzac não tinha como saber –, a "grande obra do pintor é de fato uma descrição perfeita de uma pintura abstrata do século XX". *O capital* foi muito mais amplamente consagrado após a morte de Marx, e a obra certamente se assemelha a uma obra modernista, na medida em que é composta por camada sobre camada de sátiras, metáforas e alusões. Se você

---

* Idem, *O 18 de brumário de Luís Bonaparte* (trad. Nélio Schneider, São Paulo, Boitempo, 2011), p. 25. (N. T.)

[18] Ver G. A. Cohen, *Karl Marx's Theory of History: A Defence* (Oxford, Oxford University Press, 1978); Karl Marx, *The Eighteenth Brumaire of Louis Bonaparte* (1852). [Ed. bras.: *O 18 de brumário de Luís Bonaparte*, cit.]; Michael Harrington, *Socialism* (Nova York, Saturday Review, 1972), p. 40.

[19] Marshall Berman, *Adventures in Marxism* (Londres, Verso, 1999), p. 34. [Ed. bras.: *Aventuras no marxismo* (trad. Sonia Moreira, São Paulo, Companhia das Letras, 2001).]

54 | O manifesto socialista

perscrutar sua teia de notas de rodapé, encontrará críticas a economistas "nanicos" e referências a Dom Quixote e a Sófocles.

Isso pode ter feito o volume mais confuso do que o necessário, mas o núcleo de *O capital* é uma clara desmistificação do capitalismo. Marx mostrou como recursos naturais, capital e trabalho humano foram controlados por meio da organização para criar grande riqueza.

Sob modos anteriores de produção, as pessoas negociavam trocando mercadoria (M) por mercadoria (M). Mais tarde, o dinheiro (D) nos ajudou a mediar essas transações: passamos a vender mercadorias em troca de dinheiro, que em seguida usávamos para adquirir outro bem (M-D-M). Os capitalistas, contudo, encaram a troca de maneira diferente. Eles usavam o dinheiro proveniente das vendas de mercadorias para investir na produção a fim de produzir mais bens, que por sua vez eram compelidos, por conta da concorrência, a vender com uma margem de lucro (D-M-D'). Boa parte dos rendimentos resultantes era reinserida no processo de produzir mais mercadorias, no "incessante movimento do lucro". Se os capitalistas diminuíssem o ritmo ou demonstrassem qualquer piedade, seriam engolidos pelos seus rivais[20].

Mas Marx, é claro, não enxergava apenas mercados e mercadorias ao examinar o capitalismo. Via também o trabalho de milhões de pessoas aferrolhadas por ele. Em todas as sociedades, exceto as mais primitivas, o trabalho que ultrapasse um patamar mínimo de subsistência criava um excedente, e qualquer excedente era apropriado, consumido ou então controlado por membros da elite. Sob o feudalismo, a exploração era evidente. Se os camponeses tinham que dar 40% do que produziam para o seu senhor feudal, eles tinham a clareza de que dos cinquenta dias que trabalhavam no campo, só estavam colhendo os frutos de trinta deles. Marx apontou que havia dinâmicas semelhantes em operação no interior do capitalismo. Os trabalhadores não podiam simplesmente ser empregados pelo "tempo de trabalho necessário" exigido para garantir sua existência. Os capitalistas mantinham suas empresas rentáveis extraindo "mais-valor" por meio do prolongamento da jornada de trabalho, ou aumentando o ritmo e a eficiência da produção[21].

---

[20] Karl Marx, "The General Formula for Capital", cap. 4, em *Capital*, v. 1. [Ed. bras.: "A transformação do dinheiro em capital", cap. 4, em *O capital*, Livro I, cit., p. 223-51.]

[21] Idem, "The Working Day", cap. 10, em *Capital*, v. 1. [Ed. bras.: "A jornada de trabalho", cap. 8, em *O capital*, Livro I, cit., p. 305-83.]

É fácil compreender esse conceito nas linhas de produção. Se você está engarrafando 100 vidros de molho *curry* por hora, 60 desses talvez sejam suficientes para cobrir seu salário e outros custos adicionais, mas cada vidro engarrafado depois desse passa a configurar um excedente. Parte dele vai diretamente aos bolsos do capitalista, mas boa parte é reinvestida na produção para manter a competitividade das empresas. Os socialistas chamam esse fenômeno de "exploração".

Marx acreditava que havia formas de diminuir a exploração sem abolir completamente o capitalismo. Ele foi um vigoroso defensor do Factory Act de 1847 no Reino Unido, pois este restringia a dez horas diárias as jornadas de trabalho de mulheres e jovens e crianças nas fábricas têxteis. Era um limite imposto politicamente sobre a quantidade da exploração capitalista e portanto um "triunfo da economia política da classe trabalhadora".

O capital estava apresentando uma teoria e, como toda teoria, seu objetivo era simplificar uma realidade quase infinitamente complexa a fim de chegar a certas verdades. A obra é uma crítica da economia política em ascensão na época, e não pretende ser um tratado alternativo de economia política plenamente esmiuçado, e abordava os contornos gerais do capitalismo, não de seus detalhes mais particulares. Ainda assim, *O capital* permanece um profundo feito. Marx escreveu sobre um sistema propenso a crises, sempre perto de sair completamente de controle, mas ainda assim incrivelmente dinâmico. O livro traz à luz o conflito e a subordinação de uma pessoa a outra, mas também a subordinação de todas as pessoas ao mercado. Podemos reconhecer as mesmas forças agindo sobre nós hoje sempre que ficamos aflitos com os boletos, preocupamo-nos com nossa relação com nossos chefes, ou nos perguntamos por que afinal tantos deles parecem ser sociopatas. O mercado assim exige. A esperança de Marx, todavia, era de que um sistema com pessoas em seu centro podia ser transformado conscientemente.

* * *

Marx deu somente indicações vagas sobre que cara teria um sistema que sucedesse ao capitalismo. Ele não queria cair na mesma armadilha dos socialistas utópicos, tais como Henri de Saint-Simon, na França, e Robert Owen, na Inglaterra, que gastaram suas energias projetando esquemas detalhados para o futuro, mas careciam de estratégia para realizá-los, dependendo apenas da boa vontade das elites. E mais: padeciam de uma sensibilidade profundamente antidemocrática. Marx acreditava que o socialismo vinha das lutas dos trabalhadores, não dos planos de um punhado de intelectuais.

Em *A ideologia alemã*, Marx chegou a descrever um "fim da história": o comunismo. Ele escreveu sobre um mundo sem Estados, no qual as divisões de classe haviam sido superadas, em que "a sociedade regula a produção geral e me confere, assim, a possibilidade de hoje fazer isto, amanhã aquilo, de caçar pela manhã, pescar à tarde, à noite dedicar-me à criação de gado, criticar após o jantar, exatamente de acordo com a minha vontade, sem que eu jamais me torne caçador, pescador, pastor ou crítico". Essa passagem é frequentemente ridicularizada pelo seu utopismo, mas ela é uma provocação para que se imagine um futuro no qual reina a abundância e as pessoas são libertas de amarras sociais[22].

Marx reconhecia a necessidade de haver um período de transição – o socialismo, ou aquilo que ele denominou a "ditadura do proletariado". Isso ocorreria depois de a classe dominante ser expropriada, mas também com o mundo "trazendo de nascença as marcas econômicas, morais e espirituais herdadas da velha sociedade de cujo ventre ela saiu". Contrariamente ao comunismo pós-político, socialismo significava essencialmente democracia radical. A palavra "ditadura", que deixou a frase aberta a críticas, foi utilizada por Marx com um significado muito específico. A distinção significativa para ele era entre ditaduras pessoais e ditaduras sociais, em que uma classe inteira tinha voz na governança. Em linhas gerais, a tarefa de uma ditadura do proletariado seria a de introduzir novas medidas econômicas e sociais e, gradualmente, estabelecer as bases para o futuro comunista[23].

Embora Marx tenha introduzido o conceito em seus escritos sobre a Revolução de 1848, boa parte de suas ideias sobre o governo da classe trabalhadora aparece em suas discussões sobre a Comuna de Paris. A Comuna foi um governo radical que floresceu brevemente em 1871, depois do colapso do regime de Napoleão III. "A Comuna", escreveu Marx, "era formada por conselheiros municipais, escolhidos por sufrágio universal nos diversos distritos da cidade, responsáveis e com mandatos revogáveis a qualquer momento." Tratava-se "não de um corpo parlamentar, mas um órgão de trabalho, Executivo e Legislativo ao mesmo tempo". Em outras palavras, não se tratava de uma ditadura autoritária; Marx descrevia uma democracia igualitária, participativa. Quando ela foi brutalmente esmagada pelo governo de

---

[22] Karl Marx e Friedrich Engels, *The German Ideology* (1846). [Ed. bras.: *A ideologia alemã: crítica da mais recente filosofia alemã em seus representantes Feuerbach, B. Bauer e Stirner, e do socialismo alemão em seus diferentes profetas* (trad. Rubens Enderle, Luciano Cavini Martorano e Nélio Schneider, São Paulo, Boitempo, 2007), p. 38.]

[23] Karl Marx, *Critique of the Gotha Programme* (1875). [Ed. bras.: *Crítica do programa de Gotha* (trad. Rubens Enderle, São Paulo, Boitempo, 2012).]

Versalhes, Marx fez o elogio da Comuna, escrevendo que ela "será eternamente celebrada como a gloriosa precursora de uma nova sociedade". Lamentou que os *communards* não tinham ido longe o bastante na destruição do governo capitalista nem tomado controle de mais alavancas do poder econômico[24].

No *Manifesto comunista* e em outros escritos, Marx apresentou um conjunto imediato de demandas para o movimento socialista. Se bem-sucedidas, elas teriam produzido uma sociedade na qual um Estado democrático, radicalmente transformado, fosse detentor da propriedade até então privada e a utilizasse de maneira racional sob a direção do povo e em benefício dele. Como isso funcionaria na prática era algo que estava para além do escopo ambicionado por Marx, e, de qualquer forma, a questão nunca chegou perto de efetivamente atingir relevância durante sua vida.

Não se pode esperar que Marx antevisse perfeitamente o futuro. Mas ele mostrou ter uma visão notavelmente ampla. Adam Smith escreveu *A riqueza das nações* em 1776 e morreu em 1790. Ele só testemunhou o início do capitalismo. Foi Marx que contemplou as grandes cidades fabris, as embarcações a vapor e as ferrovias, e suspeitou que mais maravilhas ainda estavam por vir. Foi também Marx que nunca perdeu de vista o custo humano do progresso. Sua indignação moral o fez um socialista, mas passou muito mais tempo de sua vida examinando o capitalismo do que concebendo uma alternativa a ele.

* * *

Pode até ser que a humanidade sempre tenha permutado uma coisa por outra, mas nós também sempre sonhamos com cooperação e igualdade ao mesmo tempo. Na revolta de Buda contra o sistema de castas, na ira da Bíblia hebraica contra aqueles que privam "os pobres da justiça", no humanismo revolucionário do cristianismo e em gerações de revoltas campesinas, vimos ideias igualitárias surgirem e se disseminarem. A Revolução Francesa de 1789 apregoou o sonho iluminista de "liberdade, igualdade e fraternidade". Seu apelo nunca se esvaiu, mas foi frustrado pelo capitalismo – o próprio sistema que cria as riquezas necessárias para torná-lo alcançável[25].

Por mais presciente que fosse, e a despeito de sua crença na capacidade do capitalismo de se transformar e se adaptar, Marx não podia ter antevisto os Estados de

---

[24] Idem, *The Civil War in France* (1871). [Ed. bras.: *A guerra civil na França* (trad. Rubens Enderle, São Paulo, Boitempo, 2011), p. 56-7, 79.]

[25] Michael Harrington, *Socialism*, cit., p. 20.

bem-estar social do século XX ou como os trabalhadores comuns poderiam se erguer da pobreza e ainda se tornarem consumidores de bens de luxo. Mas a essência do sistema que ele descreveu mudou pouco. O capitalismo tem uma propensão a produzir crises, é erguido sobre a dominação e a exploração, e por toda sua microrracionalidade produziu macroirracionalidades na forma de destruição ambiental e social. É também um sistema verdadeiramente universal. Quando Marx escreveu no *Manifesto* que "tudo que é sólido se desmancha no ar" ante a potência do capital, este mal havia se disseminado para além do Ocidente. Agora, finalmente, o capitalismo reina soberano em todos os cantos do mundo[26].

Mais improvisador do que profeta, o que Marx nos deixou não foi uma escritura, mas um método de investigar o mundo e um conjunto de preocupações para nos animar. Ao longo dos anos, ele revisou e questionou constantemente seu próprio pensamento, mas permaneceu consistente como um democrata e na sua convicção de que a maioria era interessada na sua autoemancipação. Se é que podemos culpá-lo por algo, é pela falta de ressalvas nessa convicção e por ter subestimado como o capitalismo seria capaz de encontrar formas de mitigar, se não resolver, suas contradições.

O destino de Marx ao longo do século passado foi triste. Ele disse certa vez que seu lema predileto era "De tudo duvidar" [*De omnibus dubitandum*], mas, sob regimes autoritários, o marxismo foi transformado em uma ciência que deixava pouco espaço para a dúvida. O "materialismo dialético" tornou-se rígido, uma caricatura dogmática utilizada para produzir *insights* sobre toda e qualquer coisa, da genética à arte teatral. Mas Marx também deve ser salvo de se tornar inócuo pelos acadêmicos da atualidade. Ele não era um observador inocente, simplesmente interessado em tentar entender o capitalismo.

"Os filósofos apenas *interpretaram* o mundo", escreveu Marx; "o que importa é transformá-lo." Fiel a sua palavra, Marx foi tanto panfletista e ativista quanto teórico. Ele legou milhares de páginas de anotações, correspondência e intervenções políticas apaixonadas.

Havia um motivo pelo qual Marx foi perseguido de país em país por agentes estatais. Em 1883, quando seu amigo estava sendo enterrado, Engels lembrou os enlutados que "Marx era, antes de tudo, um revolucionário. Contribuir, de uma maneira ou de outra, para o declínio da sociedade capitalista e das instituições

---

[26] Ralph Miliband, *Socialism for a Sceptical Age* (Londres, Verso, 1995), p. 13.

estatais criadas por ela, contribuir para a libertação do proletariado moderno [...], essa era a verdadeira tarefa de sua vida"[27].

As ideias contagiantes de Marx foram concebidas para serem utilizadas em lutas futuras – vulgarizadas, quiçá necessariamente, mas ainda assim verdadeiras em sua essência radicalmente democrática. Nos doze anos entre o falecimento de Marx e sua própria morte, Engels ajudou a refinar e propagar a "concepção materialista da história" entre movimentos de trabalhadores que estavam se voltando para o socialismo. Nenhum movimento foi maior, mais influente ou mais leal aos fundadores do marxismo do que os sociais-democratas de sua terra natal.

---

[27] Karl Marx, "Theses on Feuerbach", em Karl Marx e Frederich Engels, *Selected Works*, v. 1 (Moscou, Progress Publishers, 1969), p. 15. [Ed. bras.: Karl Marx, "Ad Feuerbach (1845)", em *A ideologia alemã*, cit., p. 535.] Friedrich Engels, "Speech at the Grave of Karl Marx", Cemitério Highgate, Londres, 17 mar. 1883. [Ed. bras.: "O sepultamento de Karl Marx (1883)", em André Albert (org.), *Marx pelos marxistas* (trad. Claudio Cardinali, São Paulo, Boitempo, 2018, p. 22.]

3
O futuro que perdemos

Rosa Luxemburgo já era uma teórica notável quando começou a dar aula para ativistas e sindicalistas na escola do Partido Social-Democrata da Alemanha (Sozialdemokratische Partei Deutchlands – SPD) em Berlim. Em uma fotografia da sala de aula tirada em 1907, ela aparece sorrindo e não muito longe de onde senta Friedrich Ebert, futuro presidente da Alemanha. Outro aluno dela, Wilhelm Pieck, se encontra na mesma fileira, ainda mais perto dela. Ele também veio a ser presidente alemão.

Ebert, um social-democrata, governou a República de Weimar pré-guerra; Pieck ficou à frente do Estado comunista do pós-guerra na Alemanha Oriental. As trajetórias de ambos os conduziram ao poder. A de Rosa Luxemburgo a levou ao fundo do canal Landwehr.

Em 15 de janeiro de 1919, no mesmo dia em que ela foi martirizada, um necrotério dava entrada ao corpo de seu camarada Karl Liebknecht, coberto de ferimentos por arma de fogo. O pai de Liebknecht foi cofundador do SPD, um partido ao qual Luxemburgo havia se filiado vinte anos antes.

Ambos conheciam intimamente os homens responsáveis pelas suas mortes – Friedrich Ebert e Gustav Noske. Em 1891, os quatro haviam estado no crucial Congresso de Erfurt, onde se estabeleceram as bases para uma geração de políticos da classe trabalhadora. August Bebel, dirigente do SPD, declarou no encontro, com uma confiança amplamente compartilhada entre os presentes: "estou convencido de que há apenas uma porção de pessoas neste salão que não viverão o grande dia [do socialismo]". Como recordou Luxemburgo, "um

62 | O manifesto socialista

caloroso, elétrico, fluxo de vida, de idealismo, de segurança em alegre ação" atravessou os delegados[1].

Nos anos que se seguiram, os socialistas europeus tiveram fartos motivos para ser otimistas. De eleição em eleição, seus partidos viram seu eleitorado crescer à medida que as massas trabalhadoras conquistavam o direito ao voto e se voltavam para eles. Parecia natural – não menos para os industriais apavorados – que os direitos políticos da classe trabalhadora estavam se traduzindo em uma mudança no equilíbrio de poder. Mas já estavam surgindo as pressões que iriam ceifar a vida de muitos dos revolucionários democráticos, corromper aqueles que sobreviveram e converter outros em defensores da lei e da ordem.

Os movimentos socialistas do século XIX e início do XX nunca chegaram a herdar o mundo. Não apenas mal liderados, eles se deparavam com um problema recorrente de ação coletiva. Embora os trabalhadores só pudessem garantir conquistas por meio da luta de classes, eles tinham mais do que seus grilhões a perder na política revolucionária: dependiam do capital para sobreviver e não podiam romper tão facilmente com o sistema que os oprimia e os despachava para a guerra.

Ainda assim, como veremos, a era da Segunda Internacional ensejou partidos de massa da classe trabalhadora que pela primeira vez ameaçaram tomar o poder estatal dos capitalistas. Os debates e as formas políticas que surgiram durante esse período moldaram a esquerda desde então – assim como o fizeram questões sobre como o século XX teria se desenrolado caso essas organizações tivessem assumido um curso diferente.

* * *

Em meados do século XIX, a Alemanha passava por uma transformação caótica que a tornaria uma potência industrial. Os *junkers*, a classe de proprietários de terra aristocráticos do país, estavam paradoxalmente comprometidos com o processo alucinado de modernização. A classe capitalista emergente, por sua vez, não se comprometeu plenamente com a Revolução de 1848, deixando o poder político em larga medida nas mãos da velha elite e abandonando cada vez mais a luta pela democracia a cargo dos trabalhadores.

Tal como milhares de outros, August Bebel, o futuro líder da social-democracia, passou da política sindicalista ao socialismo depois de ter lido a obra de Ferdinand

---

[1] Michael Harrington, *Socialism: Past and Future* (Nova York, Arcade, 1989), p. 50.

Lassalle, que foi o fundador improvável da Associação Geral dos Trabalhadores Alemães (Allgemeiner Deutscher Arbeiterverein – Adav). Com apenas vinte aninhos de idade, Lassalle havia ganho notoriedade defendendo a condessa Sophie von Hatzfeldt em um longo e arrastado processo de divórcio. Seu primeiro instinto foi desafiar seu marido a um duelo, mas, depois de ter sido recusado, levou a cabo uma batalha jurídica de oito anos, travada em 36 diferentes tribunais. No final, saiu vitorioso, arrematando para a condessa e para si mesmo uma bela fortuna.

Pouco depois disso, ele ainda garantiria um lugar mais permanente na história. Depois de 1848, os trabalhadores alemães começaram a considerar o liberalismo inadequado para seus interesses, e Lassalle abraçou a causa deles. Em uma época na qual socialistas alemães veteranos se encontravam em uma aliança problemática com o Partido Progressista de classe média, Lassalle se valeu de seus consideráveis talentos para conduzir o movimento em uma direção diferente. Em 1863, ele ajudou a fundar a Adav, que adotou como plataforma seu longo tratado que defendia sufrágio universal e apoio estatal para cooperativas de produtores.

Para levar a cabo essas pautas, Lassalle tentou forjar uma aliança com Otto von Bismarck, buscando partir da oposição que ambos compartilhavam em relação ao liberalismo. A tentativa de conseguir apoio fracassou, e Lassalle acabou morrendo em um duelo pouco depois, aos 39 anos de idade.

Do ponto de vista intelectual, Lassalle bebeu muito do marxismo, mas era alvo de ferozes críticas por parte de Marx e Engels (apesar de que Marx, sempre sem dinheiro, costumava pedir-lhe empréstimos de vez em quando). Ele considerava o Estado uma instância autônoma, e não um instrumento da dominação de classe, e sua crença na existência de uma "lei de bronze do salário", a ideia de que nada poderia evitar que os salários caíssem ao nível de subsistência o levou a subestimar as possibilidades das vitórias sindicais no interior do capitalismo. Mais importante, Marx e Engels rejeitavam sua proposta de reformas de cima para baixo, ao invés de defender uma luta de massas para produzir mudanças. No entanto, depois da morte de Lassalle, mesmo seus detratores mais famosos tiveram que admitir que seus esforços haviam "despertado a classe trabalhadora alemã" para outro destino que não aquele do liberalismo[2].

Com a morte repentina de seu recém-apontado líder, o futuro do movimento dos trabalhadores alemães era incerto. Bebel acabou adotando um pensamento marxista

---

[2]   Correspondência de Marx a Ferdinand Lassalle em Berlim, Londres, 6 nov. 1859; disponível em: <marxists.catbull.com/archive/marx/works/1859/letters/59_11_06.htm>.

mais convencional e em 1869, com Wilhelm Liebknecht, amigo pessoal de Marx, fundou o Partido Social-Democrata dos Trabalhadores (Sozialdemokratische Arbeiterpartei – Sdap). Diferentemente do Adav, o partido tinha programa claro, baseado em dez demandas definidas e seis princípios gerais que apresentavam a injustiça da situação presente, o objetivo de libertar a classe trabalhadora do sistema de trabalho assalariado em particular e da sociedade de classes como um todo, e um compromisso com a liberdade política e a democracia.

As sementes do que viria a ser o marxismo da Segunda Internacional estavam presentes no programa do Sdap. Mas quando, seis anos depois, o partido se fundiu com a Adav para formar o Partido Socialista Operário da Alemanha (Sozialistische Arbeiterpartei Deutschlands – SAP), o documento fundador da nova organização, que arregimentava 20 mil filiados, tinha um tempero claramente lassalliano. Como era de se esperar, ele provocou a ira de Marx. O texto alegava que "o trabalho é a fonte de toda a riqueza e toda a cultura" (e a natureza?, Marx questionou) e estabelecia um princípio resoluto de independência da classe trabalhadora: "A libertação do trabalho tem de ser obra da classe trabalhadora, diante da qual todas as outras classes são *uma só massa reacionária*". O Programa de Gotha, como se denominou o manifesto do SAP, se propunha "alcançar o Estado livre e a sociedade socialista, a supressão [*Aufhebung*] do sistema salarial juntamente com a lei de bronze do salário e da exploração em todas as suas formas, a eliminação de toda desigualdade social e política". Além de sua continuada oposição teórica à tese lassalliana da "lei de bronze do salário" e à ideia de que até mesmo outras classes oprimidas constituíam uma "massa reacionária", Marx questionou com razão o que afinal seria esse almejado "Estado livre". Apenas uma década havia se passado desde a fracassada tentativa lassalliana de aproximação com Bismarck, e ele considerava vital que o SAP tivesse uma visão clara do que era o Estado. Como Marx e Engels escreveram no *Manifesto comunista* (1848), "o executivo no Estado moderno não é senão um comitê para gerir os negócios comuns de toda a classe burguesa"*. Um partido cujas ideias socialistas fossem mais do que superficiais teria que superar esse Estado e lutar por um período de transição "cujo Estado não pode ser senão a ditadura revolucionária do proletariado". Marx não explicitou as implicações em sua *Crítica do Programa de Gotha* nem em nenhum outro lugar de seus escritos, salvo no seu breve comentário sobre a Comuna de Paris**. Essa omissão – qual forma a

---

* Karl Marx e Friedrich Engels, *Manifesto comunista* (trad. Álvaro Pina, São Paulo, Boitempo, 1998), p. 42. (N. T.)

** Ver Karl Marx, *A guerra civil na França* (trad. Rubens Enderle, São Paulo, Boitempo, 2011). (N. T.)

política deveria assumir sob o socialismo e como deveriam se estruturar as instituições estatais socialistas – será importante no século seguinte. Na época, contudo, polêmicas de Marx à parte, o Partido Socialista Operário cresceu e se desenvolveu na recém-unificada nação alemã[3].

Bismarck, agora o primeiro chanceler do Império alemão, estava mais do que ciente dos esforços organizativos do partido. É possível que ele ainda se lembrasse de suas reuniões iniciais com Lassalle e, portanto, de quão dispostos alguns trabalhadores estavam para abraçar reformas estatais. Ele implementou uma política de "cenouras e varas" no trato com o obstinado movimento dos trabalhadores.

A "vara" veio primeiro: o novo SAP conquistou 9% dos votos nas eleições de 1877, um resultado modesto, mas que já representava três vezes mais que a somatória dos votos obtidos pela Adav e o Sdap juntos em 1874. Logo surgiu um pretexto para fechar o cerco sobre o partido: em 1878, houve dois atentados à vida do Kaiser, supostamente realizados por esquerdistas. Era mais do que o bastante para que Bismarck convencesse o Reichstag a aprovar as *Sozialistengesetzen*, um conjunto de leis proibindo agitação social-democrata. O SAP ainda podia disputar eleições, mas era praticamente impossível fazer campanha. Ficaram proibidas as reuniões partidárias, fecharam-se jornais, e alguns membros chegaram a ser presos. Donos de fábricas em todo o país obrigaram seus trabalhadores a assinar juramento atestando que não eram social-democratas.

Depois veio a "cenoura", oferecendo-se aos trabalhadores uma espécie de socialismo de cima para baixo: esquemas de seguridade social e plano de saúde, sob a convicção de que "o verdadeiro mal que o trabalhador sofre é a insegurança de sua existência". Os sociais-democratas não se enganaram, nem mesmo pelas nacionalizações seletivas levadas a cabo pelo regime. Eles perceberam que o capitalismo não precisava ser *laissez-faire*, e tacharam o plano de Bismarck pejorativamente de "socialismo de Estado". Os eleitores, por sua vez, viram a situação de maneira um tanto racional: as concessões haviam sido feitas por conta da força do SAP, o que só comprovava a sua importância. Bismarck descobriu que conquistar concessões muitas vezes estimula os oprimidos a lutar por mais, em vez de apaziguá-los.

O SAP continuou a se radicalizar. Em seu primeiro congresso no exílio em 1880, ele retirou uma das cláusulas do Programa de Gotha na qual se firmava o compromisso de lutar apenas pelas vias legais. Três anos depois, os delegados foram mais

---

[3] Karl Marx, *Critique of the Gotha Programme* (1875). [Ed. bras.: *Crítica do programa de Gotha* (trad. Rubens Enderle, São Paulo, Boitempo, 2012), p. 43.]

66 | O manifesto socialista

longe e denominaram seu partido uma organização "revolucionária" desprovida de ilusões parlamentares e orgulhosa de suas raízes no "grande mestre Marx".

* * *

A social-democracia estava se tornando uma força também para além das fronteiras alemãs. A Segunda Internacional – a sucessora da Associação Internacional dos Trabalhadores da época de Marx – foi fundada em Paris no Dia da Bastilha, em 1889, cem anos após o início da Revolução Francesa. O salão em Salle Petrelle escolhido para a reunião foi coberto de tecidos vermelhos e forrado de bandeiras rubras. Acima do púlpito, em letras douradas, lia-se a exortação de fechamento do *Manifesto comunista*: "Trabalhadores do mundo, uni-vos!". O local se mostrou pequeno demais para os quatrocentos delegados de dezenove países, e foram necessários preparativos de última hora para poder realizar o restante dos trabalhos em outro lugar.

Muitas vezes tendo os alemães como modelo, foram pipocando outros partidos que se reivindicavam marxistas ao longo da Europa. É fácil, portanto, associar o triunfo do marxismo (ou mesmo do socialismo, compreendido de maneira mais ampla) à ascensão geral dos movimentos dos trabalhadores. Mas fatores objetivos e subjetivos foram igualmente importantes. Os socialistas foram capazes de explicar de maneira plausível as injustiças do sistema capitalista, convencer as pessoas de que era possível abrir mão dele e descrever um agente interessado em sua derrubada. Mas eles jamais teriam sido capazes de fazer isso sem que houvesse um descontentamento das massas em meio ao acelerado processo de urbanização e industrialização. O processo de criação de uma identidade comum da classe trabalhadora e de uma política que correspondesse a ela exigiu proezas brilhantes de adaptação e organização[4].

No decorrer de boa parte do século XIX, os movimentos radicais foram dominados por não marxistas – primeiro os socialistas "utópicos", que buscavam construir sociedades harmoniosas por meio da criação de um "novo homem" em comunas, depois os anarquistas intransigentes, que afirmavam uma oposição maximalista tanto à dominação capitalista quanto ao próprio Estado. Foi o socialismo "científico", de inspiração marxista, que deu conta de explicar de maneira mais convincente o mundo difícil no qual os trabalhadores se encontravam e apresentar uma saída plausível para tal situação.

---

[4] Ver Donald Sassoon, *One Hundred Years of Socialism: The West European Left in the Twentieth Century* (Nova York, New Press, 1996).

O futuro que perdemos | 67

Os partidos ao longo de toda a Europa se depararam com uma série de obstáculos na estrada para o socialismo. Boa parte da Segunda Internacional, russos à parte, tinha condições mais favoráveis de organização em seus respectivos países do que os alemães. No Congresso de Paris, Bebel alertou seus colegas a queimar quaisquer documentos antes de retornar à Alemanha e os aconselhou a ficar de olho em possíveis agentes estatais em seu meio. Era um lembrete de que seu sucesso inicial não tinha sido obtido sem dificuldades, incluindo o exílio de líderes partidários e a constante ameaça de detenção. Eles logo experimentaram certo alívio quando a renúncia de Bismarck, em 1890, coincidiu com a expiração das leis antissocialistas. As atividades de campanha do SAP voltaram à legalidade. Àquela altura, o recém-rebatizado Partido Social-Democrata já havia conseguido arregimentar uma considerável base de apoio – um em cada cinco eleitores alemães o apoiou em 1890.

Isso, todavia, não se traduziu em vitórias políticas. A Alemanha era um país intensamente federalizado, e cada estado tinha leis diferentes de sufrágio. Onde a social-democracia era mais forte – como na Prússia –, a representação também era menos democrática, e havia intenso favorecimento dos distritos conservadores rurais. Assim, ainda que fosse o maior partido no voto popular, o SPD acabou com a quinta maior bancada no Reichstag. Com mais de 1,4 milhão de votos, o partido só conseguiu garantir 35 cadeiras, ao passo que o Partido Conservador Alemão (Deutschkonservative Partei – DkP) arrematou 73 com apenas 895.100 votos.

E mais: embora tivesse Parlamento, a Alemanha permanecia uma monarquia semiautocrática. O imperador tinha controle sobre a política externa e nomeava diretamente um chanceler, que exercia grande poder sobre assuntos internos. E, no interior do próprio Reichstag, um *junker* conservador ainda podia ser recebido com um sonoro aplauso depois de uma declaração como: "O rei da Prússia e o imperador alemão precisam sempre ser capazes de dizer a um tenente: junte dez homens e dispare contra o Reichstag!". (Esse mesmo parlamentar desempenharia um papel na eleição de Hitler a chanceler em 1933[5].) Portanto, não é de se surpreender que o SPD considerasse a democracia alemã uma farsa. Ele ainda buscava vitórias democráticas, mas, no mais das vezes, o partido adotou uma postura de "pura oposição". As eleições eram tratadas em larga medida como

---

[5] Carl E. Schorske, *German Social Democracy 1905-1917: The Development of the Great Schism* (Cambridge, MA, Harvard University Press, 1955), p. 168.

demonstrações de força e oportunidades de propaganda. Mesmo quando o partido conquistava cadeiras, as bancadas legislativas eram tratadas principalmente como arenas para demarcar posições de classe. Os parlamentares social-democratas votavam contra orçamentos estatais; o movimento não tinha interesse em gerir o Estado capitalista, apenas em organizar a classe trabalhadora, tendo em vista um futuro período no poder.

A teoria do partido refletia seu isolamento. O Programa de Erfurt de 1891 era um documento consideravelmente mais radical – e marxista – do que o Programa de Gotha. Escrito por Eduard Bernstein e Karl Kautsky, dois teóricos que viriam a dar forma ao SPD nos anos seguintes, o texto pressagiava o colapso do capitalismo, descrevendo uma era de crises devastadoras e uma "oposição cada vez mais marcada entre exploradores e explorados". A propriedade privada, a força outrora revolucionária sobre a qual o *Manifesto comunista* havia versado, era agora apresentada como um entrave ao desenvolvimento econômico. A solução proposta pelo Programa de Erfurt era a socialização de toda a produção privada. Nas palavras de Bernstein e Kautsky, tal "transformação, no limite, equivale à emancipação não apenas do proletariado, mas de toda a raça humana".

As tarefas imediatas foram apresentadas em uma seção esboçada em larga medida por Bernstein: "Sem direitos políticos, a classe trabalhadora não pode levar a cabo suas lutas econômicas e desenvolver sua organização econômica. Ela não pode trazer à tona a transferência dos meios de produção à posse da comunidade sem antes ter obtido poder político". O Programa de Erfurt também representou uma guinada em relação ao iliberalismo lassalliano, na medida em que declarava que o partido visa "combater não apenas a exploração e opressão dos assalariados na sociedade hoje, como toda forma de exploração e opressão, quer seja dirigida contra uma classe, partido, sexo ou raça".

O programa concluía apresentando uma lista de demandas, que abarcavam desde representação proporcional e sufrágio universal até liberdades políticas e atendimento médico gratuito, passando pela substituição do Exército permanente da Alemanha por uma milícia. Também defendia uma reforma no local de trabalho, tal como a jornada de trabalho de oito horas diárias, o fim do trabalho infantil e a proibição do trabalho noturno.

Há um descompasso evidente entre a visão radical, quase apocalíptica, do capitalismo em crise e as demandas imediatas comparativamente modestas apresentadas por Bernstein e Kautsky. Havia também uma tensão mais sutil no programa, entre a urgência da crise descrita e o papel relativamente passivo conferido ao partido da classe trabalhadora: "É tarefa do Partido Social-Democrata dar um caráter consciente e unificado à luta da classe trabalhadora e apontar a necessidade inerente de seus objetivos". Esse é um conceito de partido ao qual Kautsky, em particular, voltaria – conceito este de um partido que prepara, mas não realiza, a revolução.

Mas, na época, o Programa de Erfurt funcionou. A conjunção entre maximalismo e incrementalismo mostrou-se adequada para um partido de muitos filiados. Todos os membros do SPD achavam que se deveria lutar por reformas. O debate no partido era como isso deveria acontecer (independência de classe ou alianças, ruptura ou compromisso). Todos concordavam, também, que o proletariado deveria ter o socialismo como horizonte.

Mais do que qualquer um, Kautsky encarnava a síntese erfurtiana. Esse marxista alemão por excelência nasceu na verdade em Praga e foi criado em Viena. Diferentemente do proletário Bebel, Kautsky provinha de uma família de classe média que estimulou seu interesse por arte, história e filosofia. Na adolescência, a Comuna de Paris de 1871 inflamou sua imaginação, junto com livros como *Le Péché de M. Antoine*, de George Sand, um romance oitocentista repleto de sentimentos românticos e radicais. Mas o clima intelectual no qual Kautsky e outros nasceram era tudo menos idealista. Esse era um período de avanços científicos e de concepção altamente racionalista. O jovem Kautsky estudou Charles Darwin e o biólogo Ernst Haeckel. O marxismo não era positivista, mas foi capaz de atrair intelectuais tanto por sua clara oposição moral à exploração capitalista quanto pela pretensão de conhecer as leis da história e entender para onde ela se encaminhava[6].

Kautsky se filiou ao Partido Social-Democrata da Áustria (Sozialdemokratische Partei Österreichs – SPÖ) aos 21 anos de idade, aliando-se à ala mais radical (quase anarquista) de uma organização repleta de divergências internas. Mesmo naquela época, era mais um intelectual do que um organizador, e, em 1880, seu trabalho o levou a Zurique, uma cidade repleta de socialistas exilados de toda a Alemanha e Rússia. Foi lá que conheceu Eduard Bernstein, que era só alguns anos mais velho que Kautsky. Logo se tornaram "um só coração e uma só alma". Juntos, estudaram o *Anti-Dühring*, de Engels, uma rigorosa refutação do socialismo ético e transclassista (em oposição ao movido pela luta de classes) promovido por Eugen Dühring. A experiência os converteu ao marxismo.

---

6   Gary P. Steenson, *Karl Kautsky, 1854-1938: Marxism in the Classical Years* (Pittsburgh, University of Pittsburgh Press, 1991), p. 21.

Através de Bernstein e Bebel, Kautsky passou a se corresponder com Engels. Em março de 1881, fez as malas e partiu para Londres a fim de visitar Marx e Engels por vários meses. Engels simpatizou com ele, ao passo que Marx, já nos seus últimos dias, reconhecia que Kautsky tinha "grande talento para beber", mas, do ponto de vista intelectual, o considerava "uma mediocridade" com "visões limitadas". Em suma, isso fazia dele "um sujeito decente, à sua maneira"[7].

Ao longo da década de 1880, Kautsky faria viagens a Londres, aproximando-se de Engels. A amizade dos dois duraria até a morte de Engels, em 1895, depois da qual Kautsky foi amplamente aceito como seu herdeiro. Foi através de Kautsky, e não de seus dois fundadores, que o marxismo cativou pela primeira vez um público de massa.

* * *

Kautsky era um teórico engenhoso e esporadicamente brilhante, mas seu sucesso teve muito a ver com *timing*. Ele fundou em 1883 a *Die Neue Zeit* [O Novo Tempo], uma revista teórica socialista amplamente lida. Graças à sua relação com Engels e ao apoio de Bebel, Kautsky tornou-se uma figura de autoridade no interior do SPD sem nunca ter concorrido a um cargo no partido. Depois da formação da Segunda Internacional e com seu Programa de Erfurt emulado por partido após partido, Kautsky passou a ser considerado, sem ironia, o "papa do marxismo". Na sua época, o socialismo rompeu seu relativo isolamento e fundiu-se com o movimento mais amplo dos trabalhadores. Pela primeira vez, podia-se falar de ambos como um único e mesmo fenômeno.

O fato de Kautsky estar na Alemanha, o epicentro da social-democracia, foi um fator-chave para sua proeminência. O Partido Social-Democrata transpunha novos limiares a cada ano que passava – dos 352 mil votos no ano de sua fundação em 1874, passou a 1,4 milhão de votos em 1890, até chegar aos 3 milhões (quase um terço do eleitorado) em 1903. Os trabalhadores social-democratas não estavam apenas votando no partido, estavam inseridos em suas instituições e emocionalmente comprometidos com sua causa. Apesar da importância crescente da classe trabalhadora, ela era isolada da cultura alemã oficial. O SPD não era apenas um partido: era uma cultura alternativa, que representava um espaço no qual os trabalhadores podiam se educar na escola de formação do partido ou pela leitura de 75 publicações afiliadas, participar de ligas esportivas ou clubes de ginástica, e

---

[7] Correspondência de Marx para [sua filha] Jenny Longuet em Argenteuil, Londres, 11 abr. 1881; disponível em: <marxists.org/archive/marx/works/1881/letters/81_04_11.htm>.

conhecer amigos e amores em piqueniques e tavernas do partido. Esse senso de pertencimento coletivo era cimentado por palestras, comícios e rituais[8].

Por vezes, a retórica de Bebel parecia mimetizar o apelo messiânico do cristianismo. Os cristãos sabiam que Cristo voltaria em sua glória para julgar os vivos e os mortos. Os sociais-democratas sabiam que cada momento que passava os aproximava mais da salvação na Terra.

Mas, mais concretamente, a rede de empresas cooperativas e cooperativas de crédito da social-democracia oferecia progresso para alguns trabalhadores, e, para muitos outros, suas clínicas e outros serviços preenchiam as lacunas do Estado de bem-estar social bismarckiano. Para um partido incapaz de entregar vitórias no plano legislativo, esses ganhos materiais se traduziam em legitimidade. Dito de maneira mais imponente, em teoria, o "Estado no interior do Estado" estava oferecendo aos trabalhadores o treinamento e a experiência que seriam necessários quando o "grande dia" finalmente chegasse e eles assumissem o governo.

Na prática, pode até ser que essas instituições promovessem moderação, integrando os trabalhadores à sociedade alemã oficial em vez de oferecer uma alternativa a ela. Mas aqueles que já detinham o poder – não apenas na Alemanha, mas na Europa como um todo – viam com nervosismo os sociais-democratas entre eles, multiplicando-se a cada dia que passava.

* * *

No entanto, já havia no interior do movimento quem começasse a questionar seus fundamentos. De certa forma, isso era algo de se esperar – desde o início, havia inúmeras questões que dividiam a esquerda moderna –, mas, nesse caso, a origem do questionamento foi a princípio inusitada: Eduard Bernstein, coautor do Programa de Erfurt do partido, começou a se afastar de sua ortodoxia em meados da década de 1890.

Embora em larga medida desprovido de uma formação acadêmica mais sólida, Bernstein era incrivelmente talentoso. Tanto Marx quanto Engels o consideravam intelectualmente superior ao mais jovem Kautsky. Após sua breve temporada em Zurique, Bernstein passou mais de uma década vivendo em Londres e se envolvendo com outro movimento de trabalhadores que estava em ascensão – este com menos tempo para o marxismo. Bernstein desembarcou na Inglaterra com

---

[8] Ver Vernon L. Lidtke, *The Alternative Culture: Socialist Labor in Imperial Germany* (Oxford, Oxford University Press, 1985).

credenciais marxistas impecáveis, mas, na mesma Biblioteca Britânica em que Marx havia trabalhado, ele passou longos dias batalhando para "esticar seus ensinamentos, e calibrá-los em relação às realidades práticas".

Bernstein, um sujeito geralmente sociável, foi se distanciando dos amigos e ficando cada vez mais irritadiço, atormentado por um dilema intelectual. O capitalismo estava deslanchando e se mostrando maleável, e ele não vislumbrava mais "um colapso da economia burguesa no futuro próximo".

Sem rejeitar Marx explicitamente, optando em vez disso por se valer das ambiguidades no pensamento dele a fim de defender suas novas posições, Bernstein questionou radicalmente o marxismo ortodoxo. Em uma nova série de artigos na *Neue Zeit*, ele postulou que o capitalismo havia se transformado de uma maneira que Marx e Engels não haviam antecipado. Para início de conversa, a sociedade não estava dividindo-se "cada vez mais em dois campos opostos, em duas grandes classes [...] a burguesia e o proletariado"*, como anunciava o *Manifesto comunista*, ecoado pelo Programa de Erfurt. Em vez de desaparecerem, as classes intermediárias desempenhavam um papel vital na economia moderna. O programa de 1891 também afirmava que a produção estava tornando-se cada vez mais "o monopólio de um número relativamente pequeno de capitalistas e grandes proprietários de terras", mas, como observou Bernstein, as empresas menores continuavam ativas e operantes. Quanto aos trabalhadores, embora certamente estivessem sofrendo e sendo explorados, suas condições materiais, ao invés de se deteriorarem, estavam melhorando gradualmente.

Bernstein mais se afastou de suas visões anteriores quando insistiu que o capitalismo havia encontrado formas de se autorregular e evitar crises, e que a classe trabalhadora havia conquistado os meios, na forma dos parlamentos, de moldar seu desenvolvimento e gradualmente impor reformas legislativas. Seu último golpe contra o catastrofismo e a postura revolucionária da linha oficial de seu partido foi sua proclamação de que "o fim último do socialismo não é nada, mas o movimento é tudo".

Embora estivesse errado quanto à capacidade do capitalismo de evitar as crises, Bernstein percebeu que, apesar de estar repleto de contradições internas, o capitalismo também tinha mecanismos de estabilização e adaptação. Há um motivo pelo qual nenhuma das diversas crises do capitalismo tenha se provado terminal.

---

* Karl Marx e Frederich Engels, *Manifesto comunista*, cit., p. 40-1. (N. T.)

Mais importante ainda, Bernstein oferecia uma solução para as tensões no Programa de Erfurt. "O equívoco", escreveu Bernstein, "repousa na doutrina que assume que o progresso depende da deterioração das condições sociais." O partido alegava que o capitalismo estava entrando em colapso, mas suas tarefas imediatas não pareciam nem acelerar essa derrocada nem impedi-la. Bernstein viu o capitalismo se estabilizando, e achou bom, pois era nesse ambiente que os trabalhadores poderiam arrancar conquistas. Sua opinião de que "o fim último do socialismo não é nada" não significava que ele havia abandonado o socialismo, mas sim que passara a entender que o caminho para o socialismo era gradual e não via revolução. De maneira apropriada, o nome dado à coletânea de língua inglesa de suas obras foi *Evolutionary Socialism*.

A insistência de Bernstein de que a social-democracia seria alçada a novos patamares uma vez que se libertasse da "fraseologia obsoleta" e se mostrasse "disposta a se assumir como aquilo que ela na prática hoje já é: um partido socialista-democrático de reformas" prenunciava o que viria a ser a social-democracia do pós-guerra, quando surgiram novas oportunidades para gerir o Estado capitalista conforme os interesses dos trabalhadores. Já na época de sua publicação, os artigos em *Die Neue Zeit* provocaram uma controvérsia em escala mundial, dado o estatuto de Bernstein como intelectual marxista[9].

Bernstein tinha razão de questionar a teleologia que atravessava o marxismo da Segunda Internacional. Valendo-se de uma linguagem kantiana, ele acreditava que o socialismo configurava um *dever ser* moral e ético, e não algo que era necessariamente *destinado a ser*. Mas Bernstein não levou em conta o fato de que a convicção de que a História estava de seu lado dava força aos socialistas. Também ajudava a colocar em segundo plano as diferenças entre os revolucionários e os reformistas no interior dos partidos social-democratas.

Kautsky hesitou antes de responder às posições de seu amigo. Não era só uma questão de afeto pessoal que estava em jogo, ele parecia genuinamente em dúvida quanto a como abordar os artigos de Bernstein. Quando ficaram claras suas implicações políticas, contudo, a contenda já não podia mais ser ignorada. O futuro do movimento como um todo parecia repousar sobre essa disputa doutrinal entre os dois. Quando Kautsky finalmente resolveu responder, ele entrou com tudo, tanto no privado quanto no público. Escrevendo diretamente a Bernstein, queixou-se de que

---

[9]   Joseph Hansen, "Bernstein's Challenge to Marx", *Fourth International*, v. 13, n. 4, outono 1954, p. 139-43.

seu "marxismo havia desmoronado" e que, com essa guinada moderada, Bernstein estava tentando "se tornar um representante do socialismo inglês". (Engels já havia manifestado preocupação, certa vez, quanto à afinidade de Bernstein com os socialistas fabianistas da Inglaterra, mas deixou o assunto de lado como sintoma das complicações de saúde que ele estava enfrentando na época.) Bernstein, por sua vez, se limitou a afirmar que o capitalismo inglês simplesmente se encontrava mais adiantado na mesma estrada do que a Alemanha e outras nações industriais.

Nas suas críticas mais contundentes, Kautsky chegou a dizer que seu amigo havia deixado de ser um social-democrata e não tinha mais lugar no SPD. O teórico já havia trocado farpas com o reformista bávaro Georg von Vollmar, que foi ainda mais longe que Bernstein e defendia a transformação do SPD de um partido dos trabalhadores para um mais amplo "partido do povo". Kautsky rebateu dizendo que tal desenvolvimento significaria passar de "um partido combativo do proletariado a um atoleiro eclético de sujeitos frustrados".

Mas a resposta mais poderosa contra Bernstein veio de Rosa Luxemburgo, que escreveu uma série de artigos intitulada "Reforma social ou revolução?". Eles representavam a síntese mais fina da ortodoxia marxista já escrita. Neles, Luxemburgo defende que, longe de estabilizar o capitalismo, o crescimento do capital financeiro e dos cartéis industriais exacerbariam ainda mais as crises do sistema.

A jovem radical nascida na Polônia não rejeitava a luta cotidiana por reformas, tampouco a importância dos sindicatos, considerando-os elementos vitais para a construção da consciência de classe. Mas defendia que uma sociedade socialista só emergiria após uma ruptura decisiva com o capitalismo, e comparou as lutas daqueles que buscavam levar a cabo uma transformação gradual no interior do capitalismo ao trabalho de Sísifo. Eles chegam a progredir ao subir a montanha, mas logo se veem tendo de recomeçar tudo desde o início quando suas reformas são revogadas. Em outras palavras, sem o salto estrutural para o socialismo, tudo que se conquista é a momentânea "supressão dos abusos do capitalismo, em vez da supressão do próprio capitalismo".

Havia uma diferença de ênfase entre a "martelada da revolução" de Luxemburgo e o papel mais passivo que Kautsky reservava para o partido, mas, por ora, os dois pensadores estavam de acordo. Kautsky promoveu "Reforma social ou revolução?" e contribuiu para que se desse mais atenção à obra de Luxemburgo. A grande distinção, afinal, era entre os radicais, como eles, e os reformistas (ou "revisionistas", como ficaram conhecidos) como Bernstein.

No Congresso de Stuttgart do SPD, realizado no final de 1898, o partido interveio oficialmente na crescente disputa teórica. No final, a direção partidária se colocou ao lado dos radicais e repudiou Bernstein. Mas os revisionistas ainda teriam seu momento.

* * *

Com a eleição de 1903, o SPD ampliou pela primeira vez seu apelo à classe média. Os revisionistas tentaram se aproveitar da ocasião para forçar o partido a levar mais a sério seu trabalho na frente parlamentar, propondo a formação de coalizões táticas com liberais para conquistar reformas.

Os radicais, contudo, os derrotaram no Congresso de Dresden naquele ano, amparados pelos ataques de Kautsky contra os moderados e novamente com o apoio de Bebel e boa parte dos dirigentes do partido. Em janeiro de 1905, os radicais do SPD encontraram no exterior um estímulo adicional. A Revolução de 1905 na Rússia demonstrou o poder da mobilização da classe trabalhadora: a dinastia dos Romanov, que até então parecia inabalável, foi quase arrancada do poder. Também cresceu a militância trabalhista no interior da Alemanha, com um importante aumento na atividade grevista. As condições que produziam uma postura de cautela entre os líderes sindicais – locautes, crescente organização patronal e elevação nos custos de vida – estimulavam a militância de base[10].

Os debates no interior do SPD a respeito da greve de massas (ou geral) vinham se desenrolando por muitos anos, mas os acontecimentos de 1905 lhes conferiram maior caráter de urgência. Diferentemente das paralisações localizadas em uma única fábrica ou setor, as greves de massa constituíam ferramentas políticas para se forçar concessões drásticas em todo um conjunto de indústrias. Nos Estados Unidos, a Greve Geral da Filadélfia em 1835 reivindicava aumentos salariais e uma jornada de trabalho de dez horas. Greves semelhantes ocorreram em 1877, em St. Louis, e em 1892, em Nova Orleans. Mas as greves de massas debatidas na Alemanha eram as dos trabalhadores belgas visando garantir o sufrágio universal. Rosa Luxemburgo considerava os belgas demasiadamente tímidos em termos táticos, e a revolução na Rússia havia provado quão longe a greve geral poderia ir. Se os revisionistas vislumbravam um caminho para a reforma que passava pelos parlamentos e pelas coalizões liberais existentes, os radicais, munidos dessa nova arma, podiam apresentar uma visão de democratização do Estado por meio de ação nas ruas.

---

[10] Carl E. Schorske, *German Social Democracy 1905-1917*, cit., p. 170.

Em 1905, Kautsky era a voz dos radicais. Sua análise da Revolução de 1905 – em particular seus alertas a respeito do caráter traiçoeiro do liberalismo russo e seu comentário a respeito do potencial radical do campesinato daquele império – era admirada por Lênin e acabou se mostrando profética. Foi sua aliada Rosa Luxemburgo, contudo, que considerava ser possível replicar a experiência russa na Alemanha. Quando a revolução estourou, ela fez uma viagem sob disfarce para participar do movimento na Polônia, onde testemunhou em primeira mão a radicalização de trabalhadores comuns em uma questão de semanas.

Em seu livro de 1906, *Greve de massas, partido e sindicatos*, Rosa Luxemburgo endossou as greves gerais. Mas, diferentemente dos anarquistas, ela não equiparava essa tática com a revolução, "definida no contraste com luta política cotidiana da classe trabalhadora", mas, ao contrário, a concebia como uma ferramenta para elevar a consciência de classe e exercer poder.

Luxemburgo lembrou seus leitores de que as lutas "econômicas" e "políticas" eram inseparáveis. Em vez de os sindicatos travarem greves econômicas limitadas visando a melhores salários e condições de trabalho, indefinidamente, as greves gerais permitiam conquistar fins políticos, incluindo sufrágio e democratização. Esses ganhos não tornavam a ação parlamentar dispensável, ao contrário: transformariam o Parlamento em um veículo efetivamente capaz de aprovar reformas radicais. Contrariamente a Bernstein, Luxemburgo não pensava que "o movimento era tudo"; ele tinha um objetivo claro: "a ditadura do proletariado", uma tarefa "a ser realizada durante um longo período de enormes lutas sociais". E, diferentemente de Bebel, Luxemburgo não via a greve de massas como um acontecimento pontual, dirigido pelo partido, mas uma forma de luta de base, que não poderia ser ativada e desativada por comando.

Ao romper as barreiras entre as lutas econômica e política, Luxemburgo estava buscando segurar a crescente separação entre o movimento sindical e a social-democracia. Embora os sindicatos teoricamente não exercessem poder oficial no interior do partido, na prática era cada vez mais aceita uma "teoria de igual autoridade". Os sindicatos fariam uso tático de greves nos locais de trabalho, o SPD se serviria do Parlamento para conquistar reformas políticas. Mas, com o caminho às reformas bloqueado por um Reichstag antidemocrático e com muitos trabalhadores que militavam na base insatisfeitos com sua situação econômica, era evidente para Luxemburgo a necessidade de uma abordagem mais radical.

* * *

O entusiasmo de Rosa Luxemburgo pela nova onda de militância dos trabalhadores pode tê-la levado a subestimar a força do *status quo*. Na virada do século, o número de filiados ao Partido Social-Democrata estava em franca ascensão, mas seus sindicatos afiliados estavam crescendo em um ritmo ainda mais acelerado. Foi entre os trabalhadores sindicalizados que as ideias de Bernstein foram mais bem recebidas.

Impulsionados por uma economia em expansão, os sindicatos evoluíram de corpos radicais periféricos aos grandes garantidores da segurança econômica. Em 1906, eles organizavam 1,7 milhão de trabalhadores, ao passo que o partido só podia ostentar 400 mil filiados. Os sindicatos conquistaram ganhos tangíveis para seus membros ao não aderirem à linha de "pura oposição" do SPD e negociarem com os empregadores.

Os trabalhadores batalharam por concessões ameaçando interromper a produção se as demandas não fossem aceitas. Mas a lógica do capitalismo impõe limites sobre a natureza e a dimensão dessas demandas: os trabalhadores precisam que suas empresas sejam rentáveis para que permaneçam empregados, o que ameniza as demandas salariais. E embora os capitalistas também precisem dos trabalhadores para permanecer operando, a relação entre os dois lados é assimétrica, visto que os desempregados estão sempre prontos a substituir trabalhadores insubmissos. Conquistar ganhos reais, portanto, exigia tanto ofensivas firmes quanto a astúcia de saber quando recuar. Era um ambiente que promovia moderação, não a revolução.

Havia muito em jogo nesse exercício de equilíbrio, e muitos integrantes do movimento sindical passaram a ver com maus olhos as demandas políticas mais simbólicas da social-democracia. Por exemplo, 30 mil trabalhadores sofreram um *lockout* por parte de seus empregadores em 1906 depois da tradicional greve do 1º de Maio. Ações políticas provocativas como essas ameaçavam secar os fundos sindicais necessários para as greves de caráter econômico, e abrir caminho para uma contraofensiva mais ampla por parte do patronato.

Surgiram divisões entre os trabalhadores sindicalizados mais moderados e os membros, geralmente mais ideológicos, do SPD, mas os próprios sindicatos estavam internamente cada vez mais dominados por uma liderança conservadora. Filiação sindical crescente significava uma equipe maior para poder gerir seus assuntos. Isso sem dúvida era algo necessário, mas criava uma camada burocrática de pessoas que trabalhavam em nome da classe trabalhadora porém estavam cada vez mais alienadas de sua experiência cotidiana.

O debate da greve de massas, em particular, era uma dor de cabeça constante para os sindicatos. O questionamento, afinal, não vinha apenas dos intelectuais radicais, mas também de alguns setores da militância sindical de base, tal como os mineradores de carvão da bacia do Rhur. As lideranças sindicais decidiram lidar com o problema preventivamente.

Na conferência sindical de Colônia, em maio de 1905, Theodor Bömelburg, diretor do sindicato dos pedreiros, denunciou os "*literati*" e suas pretensões radicais, e organizou uma oposição contra a tática da greve de massas. Foi um esforço de vacinar os sindicatos contra os resultados do próximo Congresso de Jena do SPD, que prometia longos debates em torno da pauta da greve de massas. Os sindicatos não apenas rejeitavam a tática como proibiram que ela fosse discutida. Os delegados insistiram na importância de sustentar uma trégua no movimento trabalhista de modo a permitir que os sindicatos se consolidassem e crescessem. Sua resposta aos esquerdistas indignados com essa posição logo se tornaria famosa: "Voltem para a Rússia".

Poucos meses depois, contudo, no Congresso de Jena, a greve de massas foi endossada pelo partido como tática legítima, embora com uma série de ressalvas. Era uma tensão típica da época: o quadro geral de filiados pressionava por medidas radicais, os sindicatos ou derrotavam ou neutralizavam essas medidas, e o executivo ensaiava um malabarismo retórico para tentar agradar ambos os lados.

Mas os lados não tinham igual força. A liderança partidária, embora teoricamente não concordasse com o revisionismo que boa parte da burocracia sindical endossava, na prática passou a ficar do lado dela. Um desdobramento crucial se deu em 1906, quando os sindicatos receberam poder de veto caso o partido votasse por anunciar uma greve geral e eles discordassem.

Mesmo tendo suas reservas, a liderança do SPD ponderava que o poder crescente dos sindicatos aliados significava que era necessário apaziguá-los pelo bem da união. Se eles tinham quaisquer dúvidas sobre esse caminho, figuras como Bebel podiam se mirar no exemplo negativo da Inglaterra, onde os marxistas da Federação Social-Democrática eram um grupo marginal, isolado, ao passo que um Partido Trabalhista reformista, não marxista, gozava de apoio de massas.

Enquanto os revisionistas dedicavam-se a questionar os objetivos revolucionários do Programa de Erfurt, os radicais buscavam novas táticas para tornar esses objetivos uma realidade. Enquanto isso, a direção do SPD batalhava para preservar a fusão, que havia sido duramente conquistada em Erfurt, entre os movimentos socialista e dos trabalhadores. No entanto, suas necessidades institucionais a levariam a desenvolver sua própria burocracia com tendências conservadoras. No final das contas, o que se verificou nesse estudo de caso da fragilidade da construção de um movimento socialista no interior do capitalismo, era que o centro não daria conta.

* * *

Friedrich Ebert chegou ao escritório do Partido Social-Democrata logo depois do Ano-Novo de 1906 e se deparou com uma instituição em estado caótico. A contabilidade estava completamente desorganizada e o partido não conseguia recolher as contribuições de que desesperadamente precisava. Ao mundo externo, já não havia quem rivalizasse com o SPD, o primeiro partido de massas, mas, internamente, era como se nada tivesse mudado desde os anos de vacas magras na clandestinidade.

Ebert era exatamente o homem capaz de virar esse jogo. Ele não era um pensador ou orador particularmente brilhante, tampouco agradava muito aos olhos: um escritor teve a bondade de descrevê-lo como um "homem gordo e baixinho, com pernas curtas, pescoço curto e uma cabeça em forma de pera sobre um corpo em formato de pera". Mas Ebert era disciplinado e sistemático, e logo se dedicou a renovar o operacional do partido[11].

Ele vinha aguardando essa oportunidade por bom tempo. Filho de alfaiate, Ebert se interessou cedo pela social-democracia, mas nunca chegou a integrar sua ala mais radical. Depois de batalhar para sobreviver como fabricante artesanal de selas, como Bebel ele encontrou segurança material por meio de seu trabalho político. Seus talentos administrativos ficaram evidentes durante sua experiência como membro do conselho municipal de Bremen e na condição de secretário trabalhista local do SPD. Foi uma surpresa, mas não muito grande, quando ele foi selecionado para integrar a direção do partido em 1905.

Apesar de seu crescimento explosivo, o SPD ainda preservava a estrutura que havia sido adotada em Gotha em 1875. Um comitê executivo de cinco membros (ampliado para sete em 1900) tinha a incumbência de gerir os assuntos cotidianos, delinear a pauta do congresso do partido e encaminhar suas decisões. O trabalho desse órgão era supervisionado por uma pequena comissão de controle, ao passo que as conexões da liderança com as seções locais espalhadas pelo país

---

[11] Sebastian Haffner, *Failure of a Revolution: Germany 1918-1919* (trad. Georg Rapp, Chicago, Banner, 1986).

eram mantidas por representantes voluntários eleitos localmente. Junto com um punhado de editores e funcionários da imprensa do partido, o escritório central comportava uma equipe de apenas algumas dezenas de pessoas.

O SPD era altamente fragmentado, reflexo tanto da composição do Estado alemão quanto do legado da legislação anti-SPD, e dependia de seus voluntários. A pressão para que isso mudasse veio inicialmente dos radicais. Algumas seções locais, tais como as da Baviera e de Baden, defenderam políticas reformistas mais adequadas às condições presentes nas áreas em que prevalecia a indústria de menor escala e ainda predominava a agricultura. Os radicais, que saíram confiantes do Congresso de Jena de 1905, viram a centralização como uma forma de disciplinar essas tendências regionais e criar uma organização revolucionária mais coerente. A ideia representava exatamente o oposto daquilo que os líderes sindicais estavam tentando fazer.

Assim como nos sindicatos, a burocracia do SPD surgiu principalmente da necessidade. Ao longo da década de 1890, à medida que o partido crescia, sua estrutura tornava-se cada vez mais complexa; foram sendo acrescentados órgãos partidários distritais e estaduais. A pequena equipe da organização central era incumbida de coordenar meio milhão de filiados e dar apoio a centenas de disputas eleitorais. Todas as alas do SPD, tanto as que defendiam o centralismo quanto as que eram a favor federalismo, reconheciam a necessidade de uma burocracia maior.

Depois de anos de postergação, em 1905 o partido finalmente acrescentou mais secretários pagos a seu comitê executivo. O número de oficiais "políticos" ficou limitado a quatro – duas cadeiras eleitas pelo congresso do partido e dois membros selecionados pela comissão de controle –, mas o número de secretários permaneceu em aberto. Ebert foi o primeiro secretário eleito, e ele utilizou sua recém-criada posição de secretário-geral para renovar o escritório do partido. Atualizou os protocolos administrativos e introduziu máquinas de escrever e armários de arquivo. Registros que jamais eram guardados – a menos que caíssem nas mãos de agentes do Estado –, eram agora devidamente armazenados. Os objetivos de Ebert eram aumentar as contribuições de filiação, expandir a imprensa partidária, desenvolver sua máquina eleitoral e, sobretudo, gerar dados a partir dos quais seria possível avaliar em que medida se estava progredindo rumo a esses objetivos. Os voluntários locais passaram a ser sobrecarregados de solicitações de relatórios pela nova infraestrutura, e naturalmente começaram a repassar cada vez mais dessas incumbências à crescente rede de profissionais pagos.

Ebert cumpriu seu trabalho administrativo excepcionalmente, mas seu papel era tudo menos apolítico. Seus esforços o levaram a entrar em contato com todos os oficiais locais do partido. Se Kautsky pensava em termos de épocas e continentes, Ebert trabalhava buscando soluções imediatas. Ele não era um revolucionário, mas tampouco o era o trabalho cotidiano do partido. Praticamente não se pode culpá-lo por construir uma máquina administrativa e ter ido atrás de eleitores indecisos de outros partidos. Mesmo se não tivesse passado uma década como moderado em Bremen, esse trabalho teria inevitavelmente levado Ebert a estabelecer uma aliança tática com os reformistas. Bebel e outros membros outrora radicais do comitê executivo trilharam esse mesmo caminho. Da sua parte, Rosa Luxemburgo e os outros radicais do SPD trabalhavam sob o pressuposto equivocado de que os líderes partidários reformistas seriam forçados a se retirar quando viesse uma grande crise política ou econômica.

Sobre um ponto os radicais tinham razão: uma burocracia mais sofisticada poderia ter melhorado a eficiência do SPD e dado mais apoio à militância de base. Maior engajamento dos filiados, supervisão geral mais ampla, mandatos de duração limitada para secretários, e outras reformas do tipo poderiam ter barrado quaisquer tendências conservadoras. Na falta de tais medidas, contudo, o fato de que a burocracia crescia em uma época na qual a liderança sindical e outras dinâmicas pressionavam por uma guinada à direita no SPD praticamente garantiu a vitória das forças mais conservadoras.

* * *

Os trabalhadores social-democratas estavam isolados do restante da sociedade alemã. Foi esse o principal motivo que os levou a se aproximar do SPD, com seus clubes e programas de assistência, em primeiro lugar. Dotados de pouca instrução formal, eles viviam em habitações apinhadas, sujas, e seus corpos estavam consumidos por excesso de trabalho e fadiga. Tinham também visões particulares a respeito da guerra. Outros alemães aplaudiam a causa patriótica durante a Guerra Franco-Prussiana de 1870-1871. Os sindicatos e os partidos da classe trabalhadora se opuseram a ela. A sociedade que havia lhes dado tão pouco não levaria "nenhum homem, nenhum centavo!".

No início, o SPD estava dividido, com os lassallianos tendendo mais a acomodar o "interesse nacional". Mas, ao longo da década de 1890, o partido representava a única força antimilitarista significativa do Reich, vendo o Exército como uma ferramenta de uma classe rival, em vez de um recurso da nação como um todo. Se houvesse qualquer dúvida quanto a isso, bastava olhar para a estrutura da instituição: comandada por generais *junkers*, supervisionada por oficiais burgueses, mas sustentada por trabalhadores na base. O Exército tinha a mesma estrutura de classe que o restante da Alemanha[12].

No lugar do velho sistema militar prussiano, o SPD propunha uma milícia cidadã. As demandas do Programa de Erfurt iam muito além daquelas encontradas nas repúblicas democráticas: "Todos devem ser instruídos no porte de armas. Milícia no lugar de um Exército permanente. Determinação pela assembleia popular a respeito de questões de guerra e paz. Resolução de todas as disputas internacionais por meio de arbitragem". Na prática, a defesa de um sistema de milícia justificava-se mais em termos econômicos do que morais. Os sociais-democratas se valiam da questão para apelar às classes populares, que, através de tributação indireta, acabavam arcando de maneira desproporcional com as despesas militares. Dessa maneira, a luta contra o Exército e a Marinha controlados pelos *junkers* estava ligada à luta por reforma tributária. A abordagem fazia sentido em termos táticos, visto que a tributação era uma das poucas áreas nas quais o Reichstag tinha poder decisório, mas praticamente não questionava o direito moral de um governante poder mergulhar uma nação em uma situação de guerra.

Na condição de internacionalistas, os socialistas acreditam que os trabalhadores de todas as nações têm mais em comum uns com os outros do que com as elites que falam a mesma língua que eles. Na prática, muitos sociais-democratas se opunham a uma forma autocrática de militarismo, mas não conseguiram apresentar uma alternativa radical ao putrefato sistema. Considerações eleitorais também forçaram o partido a ter que fazer um certo malabarismo: sustentar um discurso internacionalista e ainda assim deixar clara uma preocupação com a defesa nacional. Isso representaria um problema quando estourou a Primeira Guerra Mundial e todos os beligerantes alegavam estar travando uma guerra defensiva.

Karl Liebknecht era uma das figuras de maior relevo buscando pressionar o partido a assumir uma postura mais radical no que dizia respeito a questões de guerra e nacionalismo. Apesar do fato de ser filho de um fundador do SPD, ele era um opositor persistente da liderança. Um sujeito impaciente, guiado acima de tudo pela sua bússola moral, Liebknecht considerava o problema da guerra e do militarismo a questão central da época, defendendo que a paz somente seria possível

---

[12] Nicholas Stargardt, *The German Idea of Militarism: Radical and Socialist Critics, 1866-1914* (Cambridge, Cambridge University Press, 1994), p. 47.

se fosse abolida toda a máquina militar. Seu empenho era no sentido de promover agitação revolucionária entre os recrutas militares alemães.

Para a direção do SPD, tais provocações representavam um perigo para o avanço gradual do partido, avanço que, de qualquer forma, acabaria levando a muitas das transformações que radicais como Liebknecht almejavam. Surgiram tensões no Congresso de Stuttgart da Segunda Internacional em 1907. Na década anterior, a expansão naval alemã e as duas crises de Marrocos – a de 1905-1906 e a de 1911 – haviam tornado a guerra continental uma possibilidade real. Durante dias de debates, os delegados do SPD foram pressionados por socialistas ingleses e franceses a adotarem uma postura explicitamente antiguerra.

Antes disso, muitos radicais do SPD vinham evitando uma resolução dessas, entendendo que seria ingênuo pensar que a social-democracia tinha capacidade de mobilização suficiente para *prevenir* uma guerra entre Estados capitalistas, em vez de simplesmente *responder* à deflagração de uma guerra com uma revolução socialista. Mas agora eles adotavam a postura de Liebknecht e Kurt Eisner, que havia muito defendiam uma abordagem mais proativa. Eles eram enfrentados por figuras da ala direita do partido, como Gustav Noske, que já havia feito questão de declarar no Parlamento que os sociais-democratas não eram "vagabundos apátridas", mas sim alemães[13].

Embora a retórica de Noske fosse um exemplo extremo, boa parte da delegação alemã se opunha aos radicais. Metade dela provinha do movimento sindicalista mais conservador, e muitos dos restantes eram revisionistas. Eles insistiam no poder limitado que a Internacional tinha no que dizia respeito a assuntos domésticos e buscavam impedir qualquer resolução que favorecesse a greve de massas como instrumento contra a guerra. Apesar da resistência alemã, contudo, o Congresso de Stuttgart assumiu uma clara postura antiguerra, com a ressalva de que "a Internacional não é capaz de determinar de maneira rígida as ações antimilitaristas da classe trabalhadora, que naturalmente são diferentes em cada país"[14].

* * *

---

[13] Carl E. Schorske, *German Social Democracy 1905-1917*, cit., p. 77.

[14] "Resolution Adopted at the Seventh International Socialist Congress at Stuttgart", em *Congresso Socialista Internacional em Stuttgart*, 18-24 ago. 1907 (Berlim, Vorwärts, 1907), p. 64-6; disponível em: <marxists.org/history/international/social-democracy/1907/militarism.htm>.

A hesitação por parte da delegação alemã não era apenas ideológica. A eleição federal naquele ano havia sido um desastre para o SPD. Seu saldo eleitoral só caiu 2,7%, mas o partido perdeu quase metade de suas cadeiras no Reichstag.

A eleição era vista como um referendo sobre o Império, e os sociais-democratas – como única oposição restante à política externa imperial – se encontravam em situação de vulnerabilidade. O resultado fraco adquiriu uma dimensão ainda maior porque uma parte significativa da legitimidade do partido estava ligada à maneira pela qual ele vinha acumulando vitórias, atravessando testes de força em sua marcha aparentemente irrefreável ao poder.

A questão que se colocava agora era como proceder a seguir. Para os radicais, não havia necessidade de romper com a estratégia de "pura oposição" à sociedade burguesa: Kautsky pensava que a eleição de 1907 era prova de que a luta de classes estava se acirrando e que os setores de classe média eram aliados instáveis. Haviam sido cometidos erros, mas eles eram de cunho tático e não estratégico. Para os revisionistas, contudo, a causa do revés era um excessivo radicalismo em todas as esferas. O eleitorado da classe trabalhadora permanecia intacto, mas os eleitores progressistas de classe média que haviam apoiado o partido em 1903 agora tinham pulado fora. No decorrer de 1907, até mesmo Bebel sentiu a necessidade de se juntar a Noske e reassegurar aos críticos burgueses que o partido não era antinacional. O Congresso de Stuttgart tinha o potencial de desfazer esse trabalho.

O que tornava a situação de 1907 especialmente difícil era o fato de que as táticas do SPD começavam a ser imitadas por setores à direita. Novas organizações de filiados angariavam apoio ao imperialismo, à medida que um nacionalismo alemão mais populista passava a competir com a social-democracia pela fidelidade dos trabalhadores.

O SPD era em larga medida anticolonial, outra de suas características singulares no cenário alemão do pré-guerra. O partido condenava as atrocidades sangrentas realizadas durante as incursões alemãs nos territórios africanos conquistados e na Nova Guiné, e a posterior repressão às rebeliões Herero (1904-1908) e Maji Maji (1905-1907). É verdade que Bernstein, o editor Joseph Block, o economista Max Schippel e uma série de outros revisionistas proeminentes chegaram apoiar o imperialismo, muitas vezes adotando a ideia de uma "missão civilizatória", popular à época. Mas a opinião hegemônica do SPD a respeito dessa questão era mais próxima do firme anticolonialismo de Rosa Luxemburgo, e era assim que os contemporâneos enxergavam o partido[15].

A política doméstica ainda era a principal fonte de divisão no interior do SPD. No rescaldo da eleição de 1907, Kautsky consistentemente reivindicou posições radicais, mas tornava-se cada vez mais ciente dos perigos de um possível racha no partido. Em 1910, ele começou a defender a síntese erfurtiana contra quem se contrapunha a ela tanto pela esquerda quanto pela direita. Rosa Luxemburgo e os ativistas de sua linha à esquerda tinham uma concepção mais ativa do que seria necessário para conquistar o poder – isto é, instigar a luta de classes, em especial através de greves de massas, mesmo se isso produzisse derrotas a curto prazo. Era por meio da ação, afinal, que se forjava a consciência de classe. Kautsky, cioso do que o fracasso poderia trazer, avaliava que o tempo trabalhava a favor da social-democracia e queria adiar o conflito final até que a vitória fosse certa.

Suas posições, portanto, ainda diferiam das dos revisionistas, que não viam necessidade de tal conflito, mas Kautsky se aproximava deles em certas questões parlamentares. Se, depois de 1907, ele defendia a postura de isolamento radical do partido, depois das eleições de 1912 passou a ver potencial em trabalhar com liberais no Reichstag. Ainda se considerando um defensor do marxismo ortodoxo, ele se deslocava cada vez mais para o centro no interior do SPD. No decorrer da década seguinte, ele faria uniões táticas esporádicas com a esquerda – período durante o qual o partido iria rachar e fracassar.

* * *

É notável, olhando em retrospecto, com quanta firmeza a maioria do SPD manteve sua posição antiguerra antes da Primeira Guerra Mundial. Por décadas, os sociais-democratas alemães arriscaram muito por se colocarem contra o Estado e seu aparato militar: Bebel e o velho Wilhelm Liebknecht enfrentaram um julgamento por alta traição em 1872; Karl Liebknecht foi preso por escritos antiguerra em 1907; Rosa Luxemburgo foi condenada em 1914. Os representantes do SPD no Reichstag, que gozavam de imunidade parlamentar, eram uma fonte confiável de dissenso em um sistema político que carecia disso.

Longe de se distanciar desses compromissos, à medida que a guerra se avizinhava, o partido passou a abraçar um espírito antibelicista ainda mais estridente. No final do ano de 1912, em resposta à guerra dos Bálcãs, foram convocados

---

[15] Jens-Uwe Guettel, "The Myth of the Pro-Colonialist SPD: German Social Democracy and Imperialism before World War I", *Central European History*, v. 45, n. 3, 2012, p. 452-84.

comícios a serem realizados simultaneamente em Berlim, Londres e Paris. Em uma demonstração dramática de internacionalismo, o socialista francês Jean Jaurès foi a Berlim para discursar contra a guerra em alemão, ao passo que líderes alemães e ingleses viajaram a Londres e Paris, respectivamente. As manifestações antiguerra foram as maiores já realizadas pelo SPD e foram feitas sem o apoio dos partidos liberais[16].

O manifesto da conferência da Internacional que se seguiu anteviu a devastação da Grande Guerra: "O proletariado tem consciência de ser neste momento o portador de todo o futuro da humanidade". Sua mensagem parecia resoluta: "Oponham, portanto, ao mundo capitalista de exploração e ao morticínio em massa, o mundo proletário de paz e fraternidade entre os povos!"[17]. Mas, ainda assim, em dezembro de 1912, o SPD e seus correlatos em outros lugares na Europa mostravam que não haviam abandonado completamente a linguagem da "defesa nacional". No Reichstag, tanto Georg Ledebour quanto Eduard David, embora pertencessem a alas opostas do partido, insistiam que a Alemanha deveria deixar de cumprir suas obrigações militares ao Império austro-húngaro caso a Sérvia fosse invadida. Eles defendiam isso, contudo, ao mesmo tempo que apoiavam a ideia de uma aliança defensiva com o Império austro-húngaro contra a Rússia. Estavam postos os princípios que balizariam o debate sobre a guerra de 1914: as manifestações de massa poderiam evitar a guerra; se isso fracassasse, o SPD decidiria sua posição conforme a natureza do conflito.

Alguns sociais-democratas podem até ter previsto que milhões seriam mortos em uma guerra continental, mas muitos membros das elites alemães viram em uma situação de guerra a oportunidade de auferir ganhos rápidos ao custo de seus rivais, tanto em casa quanto no exterior. Entre o ultimato austríaco à Sérvia no dia 23 de julho de 1914 e a votação sobre os créditos de guerra do Reichstag em 4 de agosto, a classe dominante optou pelo caminho da guerra. A posição do movimento da classe trabalhadora era menos evidente.

O SPD manteve sua estratégia preventiva, demandando inicialmente, como o partido havia feito em 1912, que o Estado alemão contivesse a Áustria e investisse em negociações visando à paz. Dezenas de milhares responderam à convocação

---

[16] Nicholas Stargardt, *The German Idea of Militarism*, cit., p. 133.

[17] "To Prevent War: Manifesto of the International Congress at Basel", *British Socialist*, v. 25, dez. 1912, p. 556-60; disponível em: <marxists.org/history/international/social-democracy/social-democrat/1912/12/manifesto.htm>.

por manifestações, cantando "A Internacional" e proclamando a unidade de todos os trabalhadores, mas a mobilização foi menor do que a da crise anterior nos Bálcãs. As pessoas, assim como o partido, não estavam preparadas para a rapidez com a qual os acontecimentos se desenrolariam[18].

Em 30 de julho, um dia antes de a Rússia se mobilizar para a guerra, o SPD enviou alguns de seus mais altos dirigentes à Suíça junto com o caixa do partido. Estavam preparados para uma repressão severa caso estourasse a guerra. Talvez alguns lembrassem do alerta que Engels havia feito em 1889, de que uma guerra implicaria uma "devastação sem precedentes" e acarretaria "a supressão compulsória e universal de nosso movimento". Em meio a um surto de nacionalismo, ele previu que o movimento "seria atropelado, esmagado, destruído pela violência". Assim como Kautsky, Engels avaliava que a paz levaria a "uma vitória quase certa" para o socialismo, mas o que deveriam fazer seus seguidores em uma situação na qual fosse inevitável a guerra?

Quando chegou o momento, eles capitularam, temendo a destruição violenta daquilo que haviam passado quatro décadas construindo. Bebel ainda preservou seu legado ao falecer em 1913, mas o restante da direção não teve a mesma sorte. Havia uma disputa a respeito da posição a ser adotada pelo partido: o fato de que a Áustria era o agressor parecia dar razão ao secretário do partido Hugo Haase e outros que defendiam que a postura social-democrata correta numa situação dessas era se opor à guerra, mas Ebert podia, por um motivo igualmente convincente, insistir na ameaça representada pela mobilização russa. O partido acabou aceitando as alegações de Guilherme II de que as tentativas alemãs por paz estavam sendo rejeitadas pelo tsar Nicolau II e agiu com base nisso.

Entre os 92 parlamentares do SPD, 78 apoiavam financiar a guerra, decisão espelhada pelos sociais-democratas em outros países beligerantes. A minoria, liderada por Liebknecht e Haase, que se opunha a essa posição, não deixou de votar em bloco com a maioria, sem dúvida provocando uma confusão na militância de base a respeito do grau da divisão no interior da delegação.

Quando o Kaiser proclamou: "Não conheço mais partidos, só conheço alemães", alguns membros do SPD viram uma oportunidade. A corrente criada em torno de Ludwig Frank via explicitamente o conflito como uma chance de arrancar reformas democráticas. Nas palavras deles, "Nós venceremos o sufrágio na Prússia

---

[18] Nicholas Stargardt, *The German Idea of Militarism*, cit., p. 142.

travando uma guerra em vez de uma greve geral". No entanto, boa parte do SPD se mostrou mais apreensiva, torcendo para que fosse logo atingida uma situação de paz, mas afirmando que a guerra tinha caráter defensivo, e não de conquista. O revolucionário russo Leon Trótski capturou o espírito da esquerda da social--democracia, descrevendo o 4 de agosto de 1914 como "um dos dias mais trágicos" de sua vida[19].

A decisão do SPD e de outros partidos social-democratas de apoiar a guerra não era um desfecho predeterminado. O que era inevitável eram as tensões envolvidas em construir, no interior do capitalismo, um partido de massas que se opunha ao próprio capitalismo. Os trabalhadores queriam mais do que uma "pura oposição", queriam vitórias concretas, caso contrário deixariam de acreditar na política. Também precisavam construir organizações mais profissionais para representar seus interesses. Mas, nesse processo, produziu-se uma burocracia sindical e partidária conservadora que tinha pouco interesse em se opor a uma guerra inicialmente popular ou levar a cabo os objetivos professados pelo partido. No final das contas, a revolução não se realizaria por conta própria e a maioria (incluindo muitos trabalhadores militantes de base) não estava disposta a pôr a perder tudo que já havia sido conquistado a fim de fazê-la acontecer.

Isso não significa dizer que uma abordagem diferente não seria possível. Poderiam ter sido tomadas medidas institucionais a fim de tornar a burocracia do partido mais democrática e responsabilizável. Os sindicatos deveriam ter percebido como suas conquistas econômicas seriam minadas caso não houvesse reformas políticas radicais. O SPD construiu um exército forte, treinou suas tropas, mas aguardava seu oponente entrar em colapso em vez de forçar a ofensiva.

À medida que a Grande Guerra se arrastava, escancarando seus horrores, cada vez mais sociais-democratas passaram a se opor explicitamente a ela. Mas foi só em março de 1916 que um número significativo de militantes formou, sob a liderança de Haase, um Grupo de Trabalho Social-Democrata no interior do partido. E levaria ainda mais um ano depois disso para que ocorresse a ruptura decisiva que resultou na criação de um Partido Social-Democrata Independente da Alemanha (Unabhängige Sozialdemokratische Partei Deutschlands – USPD), que unia esquerdistas e centristas (e até mesmo aqueles revisionistas que, como Bernstein, se opunham à guerra).

---

[19] Ibidem, p. 147.

Com a guerra, veio uma maior repressão interna no país e várias lideranças políticas radicais foram presas, dificultando a organização política. Incapaz de confrontar o tamanho e a força do SPD, o USPD tinha parcas condições de pôr um fim à guerra que ceifou milhões de vidas.

O próprio USPD tinha suas divisões internas. Boa parte do partido não seguia a linha dos bolcheviques de Lênin, que viam o conflito como um motivo e um meio para se mobilizar pela ruína de todos os exércitos beligerantes e em prol da revolução dos trabalhadores. Kautsky, entre outros, simplesmente lutava pela paz.

Rosa Luxemburgo e Karl Liebknecht, por sua vez, formaram a Liga Espartaquista, como uma facção no interior do USPD dotada de uma perspectiva mais radical. Mais tarde, fundaram o Partido Comunista Alemão (Kommunistische Partei Deutschlands – KPD). Mas sua eficácia era limitada. Quando ocorria uma onda de radicalização – como quando os marinheiros se revoltaram em Wilhelmshaven e Kiel em 1918 ou quando os sovietes surgiram ao longo da Alemanha (chegou-se até a proclamar uma república soviética na Baviera) –, eles nunca conseguiram plasmar os desenvolvimentos de maneira tão hábil quanto os bolcheviques na Rússia.

Durante a Revolução Alemã que se seguiu à derrota da nação na Primeira Guerra Mundial, os espartaquistas se viram diante de uma questão: "Democracia burguesa ou democracia socialista?". Foram incapazes de fazer que prevalecesse a alternativa de sua preferência. Por meio de medidas decisivas e cruéis – incluindo soltar para cima de seus antigos camaradas grupos paramilitares de direita que assassinaram Rosa Luxemburgo, Karl Liebknecht e uma série de outros –, o Partido Social-Democrata tomou o poder e criou uma república democrática, uma "democracia burguesa".

Friedrich Ebert permaneceu no cargo até sua morte em 1925, mas, apesar de seus esforços, a República de Weimar se tornaria sinônimo de fracasso. Tal como ocorreria com o futuro "Estado dos trabalhadores" comunista ao leste, o Estado social-democrata dos trabalhadores veio a ser considerado adversário por milhões de trabalhadores. O SPD só deteve o poder durante um breve período na década de 1920, buscando sobretudo garantir o apoio de outros partidos para a jovem república. (Mesmo esse era um caminho demasiadamente radical para Noske, que rompeu com a linha partidária e apoiou o herói de guerra conservador Paul von Hindenburg em 1925 e em 1932.) Sob ataque tanto à esquerda quanto à direita, Weimar caiu nos braços dos horrores do nazismo.

Depois da Segunda Guerra Mundial, os sociais-democratas europeus, liderados pelos herdeiros de Eduard Bernstein, desenvolveram algo que depois da Primeira eles não tinham condição de fazer: um programa para efetivamente governar o Estado capitalista. Ao mesmo tempo, o socialismo à moda soviética chegou à Alemanha Oriental de cima para baixo, com os democratas radicais Luxemburgo e Liebknecht tornados mártires e usados como ícones de uma ordem autoritária. Em seu período mais formativo, isolado nas duras condições da Rússia, o socialismo tornou-se sinônimo de coletivismo ensanguentado.

4
Os poucos que venceram

Félix Dzerjinsky era um católico polonês devoto. Certa vez, perguntaram-lhe por que ele tinha certeza de que Deus existia. "Deus reside no coração", respondeu o adolescente. "Se algum dia eu chegar à conclusão de que não existe Deus, colocarei uma bala na minha cabeça."

Alguns anos depois, ele se deu conta do quão solitária a humanidade de fato era. Mas, em vez de recorrer a uma bala, encontrou uma nova fé, jurando "lutar contra o mal até o último suspiro" como socialista revolucionário. Quando chegou aos quarenta anos de idade, ele vestia trajes de couro preto e arquitetava um reino de terror como líder da polícia secreta da União Soviética.

Essa história de fanatismo se encaixa na imagem popular do bolchevismo como uma seita conspiratória dotada de um plano único e impiedoso. Os bolcheviques se aproveitaram dos levantes democráticos de 1917 pervertendo a nobre Revolução de Fevereiro com os excessos da Revolução de Outubro. Dizer que o stalinismo já tinha suas raízes no bolchevismo não provoca espanto algum. O extremismo de homens como Dzerjinsky, seguros de que a utopia que eles estavam construindo era válida a qualquer custo, só confirma isso.

Trata-se de uma narrativa ajeitada e aparentemente verdadeira. O sistema que emergiu da Revolução de Outubro foi uma catástrofe moral. Mas, mais do que isso, foi uma tragédia – e tragédias prescindem de vilões.

Considere Dzerjinsky. Seu socialismo era ancorado na ideia humanista de que a "vida infernal do presente, com sua exploração, opressão e violência predatórias", podia ser substituída por uma ordem "baseada na harmonia, uma vida plena que abraçasse a sociedade como um todo". O futuro carrasco sofria com suas crenças – ele passou 11 de seus 20 anos na marginalidade, preso ou exilado –, "nos tormentos da solidão, ansiando pelo mundo e pela vida"[1].

Pobres, torturados, encarcerados e martirizados, os revolucionários russos pareciam fadados a ter o mesmo destino dos radicais do restante da Europa. Só que não foi isso que ocorreu. Depois de passar meia década em confinamento solitário, suportando espancamentos que desfiguraram permanentemente sua mandíbula, a última carta escrita por Dzerjinsky na cadeia era resoluta: "No momento estou dormente, como um urso em sua toca invernal; tudo que resta é o pensamento de que a primavera virá e eu deixarei de chupar a minha pata e toda a força que ainda permanece em meu corpo e alma se manifestará. Eu viverei".

Assim como os bolcheviques como um todo, Dzerjinsky de fato sobreviveu, mas muitas pessoas que caíram nas suas mãos não tiveram esse privilégio. No ambiente implacável no qual o partido se viu imerso, o socialismo converteu-se numa tarefa de gerir o racionamento de recursos escassos e espremer trabalho de operários e camponeses. O sentido socialista da história – o fato de que o movimento estava conscientemente buscando um mundo diferente – era a origem de muitos de seus triunfos. Mas, no contexto russo, ele tornou-se uma forma de justificar o terrível custo humano do desenvolvimento.

No entanto, equiparar socialismo e stalinismo – uma tática retórica comum entre centristas e conservadores – é um equívoco, e não apenas fora da Rússia. Como veremos, no período inicial da Revolução Russa lutou-se por alternativas mais humanas e democráticas no interior da tradição socialista, e estas só foram derrotadas à força.

* * *

Ambos os lados da Guerra Fria pintaram Vladímir Lênin e seu partido como fenômenos excepcionais – singulares seja em sua brutalidade, seja como modelos revolucionários. Mas, mesmo no seu período na clandestinidade, é surpreendente ver como os bolcheviques eram comuns. Lênin se via como um marxista ortodoxo que buscava adaptar o programa do SPD a um país em larga medida rural e campesino dotado de uma sociedade civil fraca e um problema de analfabetismo em massa[2].

---

[1] Felix Dzerzhinsky, *Prison Diary and Letters* (Moscou, Foreign Publishing House, 1959), p. 86.

[2] Ver Lars Lih, *Lenin Rediscovered* (Chicago, Haymarket, 2008).

Alardeado como prova irrefutável de protototalitarismo, o panfleto *O que fazer?*, escrito por Lênin em 1902, de fato possui elementos inusitados. Lênin convoca organizadores profissionais capazes de ludibriar a polícia e coloca especial ênfase sobre o papel da propaganda impressa, por exemplo. Mas o panfleto não era um receituário para um partido radicalmente diferente; na verdade, tratava-se de tática necessária para um movimento que havia sido impedido de se organizar legalmente e disputar eleições parlamentares, diferentemente dos sociais-democratas em outros lugares. Na visão de Lênin, uma vez derrubado o tsarismo, a Rússia atrasada e sua pequena classe trabalhadora se desenvolveriam na esteira dos países ocidentais. Como ele afirmou em 1899, falando do SPD: "Não temos nem um pouco de medo de dizer que queremos imitar o Programa de Erfurt; não há nenhum mal em se imitar aquilo que é bom"[3].

Tomando o partido do radical Karl Kautsky, Lênin centrou fogo em revisionistas como Eduard Bernstein por tentarem transformar "um partido de revolução social em um partido democrático de reformas sociais". Para Lênin, ser um revolucionário significava esmagar o Estado capitalista – sua política era de ruptura. Mas seu projeto, diferentemente daquele dos "blanquistas" que ele tanto criticava, visava criar um movimento dos trabalhadores e colocá-lo no centro da luta política. Ele não tinha em vista criar um núcleo duro de golpistas. A frustração de Lênin não era a de que os trabalhadores não fossem espertos o bastante para se agregar ao partido, mas sim que os socialistas estavam subestimando os trabalhadores. Seu objetivo, seguindo o exemplo alemão, era fundir as duas correntes em um único movimento socialista militante dos trabalhadores.

Assim, ainda que não como desdobramento interno de seu projeto original, os bolcheviques foram forçados pela repressão estatal a adotar uma estrutura militarista que mais tarde levariam consigo ao poder. Mas mesmo essa alegação é dúbia, visto que os bolcheviques mantiveram um nível de transparência e pluralismo que poucas organizações em condições muito mais favoráveis alcançaram.

Veja os "economistas" bolcheviques, um grupo que Lênin criticou severamente em *O que fazer?*. Ele pensava que eles, assim como todas as outras facções do movimento, mereciam poder "exigir a oportunidade de expressar e defender suas opiniões". Lênin estava longe de ser um interlocutor cordial e amistoso; como Marx, ele era adepto do deboche pessoal. Ainda assim, o dirigente tinha de lidar

---

[3] Vladímir Lênin, *Lenin Collected Works*, v. 4 (Moscou, Progress, 1964), p. 230.

com o fato de nem sempre conseguir o que queria. Entre 1912 e 1914, 47 de seus artigos foram rejeitados pelo *Pravda*, o "jornal do partido".

As divergências atravessavam a social-democracia russa; não se seguia ordem alguma sem que houvesse debate. Não eram apenas outras correntes, tais como os mencheviques e os socialistas revolucionários (SRs), mas dezenas de matizes de opiniões no interior dos próprios bolcheviques.

Quando se tratava dos assuntos políticos importantes, contudo, as principais alas da social-democracia russa não tinham grandes divergências. Quando os mencheviques e bolcheviques racharam em 1903, foi por conta de pequenos pontos de ênfase, e não por conta do suposto apelo de Lênin por um partido profissional de vanguarda. Quando veio a Revolução de 1905, todas as partes do movimento lutaram lado a lado. Boa parte dos mencheviques, assim como a maioria dos bolcheviques, se opôs à Grande Guerra, ostentando uma rara clareza a respeito da questão em comparação aos socialistas em outros cantos da Europa. Nos processos que antecederam fevereiro de 1917, eles divergiram a respeito da burguesia liberal – os mencheviques pensavam que ela conduziria a primeira etapa da revolução, os bolcheviques discordavam –, mas concordavam que a tarefa imediata da social-democracia russa era derrubar a autocracia, não realizar a revolução socialista. Foi só durante a Revolução de Fevereiro que os bolcheviques tomaram um caminho diferente.

* * *

Lênin não abandonou a social-democracia. Foi ela que o abandonou. Quando ele recebeu a notícia de que o SPD havia votado a favor dos créditos de guerra no dia 4 de agosto de 1914, inicialmente pensou se tratar de propaganda capitalista.

Sua confiança é que estava mal posta. Kautsky não era parlamentar, mas estava presente no debate sobre os créditos de guerra. Sugeriu que o SPD se abstivesse na votação, mesmo concordando que a Alemanha estava travando uma luta defensiva contra uma ameaça externa vinda do leste. Em menos de um ano mudou o tom e passou a denunciar vigorosamente a liderança pró-guerra do SPD e o Estado alemão, mas o estrago já estava feito.

Até hoje, mais de um século depois desses acontecimentos, a narrativa leninista é que Kautsky tinha sido um marxista ideal até pouco antes de estourar a Primeira Guerra Mundial, e que foi sua posição a respeito da guerra em 1914 e sua oposição à Revolução de Outubro em 1917 que o transformou do reverenciado "papa do marxismo" em um "grande renegado". No obituário que escreveu em 1939 para o socialista alemão, as palavras de Trótski parecem as de um amante magoado: "Lembramos Kautsky como nosso antigo professor a quem certa vez devíamos muito, mas que se separou da revolução proletária e de quem, consequentemente, tivemos que nos afastar"[4].

Kautsky havia compartilhado muita coisa com os radicais russos. "A sociedade moderna está madura para a revolução; e a burguesia não se encontra numa posição em que possa sobreviver a qualquer insurreição." Tal revolução seria vencida por uma "minoria bem disciplinada, enérgica e consciente do seu objetivo". Parecem palavras de Lênin, mas são de Kautsky.

Havia, contudo, uma lacuna cada vez maior entre as ideias de Kautsky e as de seus admiradores russos. Sua noção da "ditadura do proletariado" diferia da de Lênin e de Trótski. Kautsky pode ter usado uma linguagem semelhante à deles na década de 1880, apenas dez anos depois da Comuna de Paris e com seu partido ainda na clandestinidade. Mas seu pensamento mudou. Ele acreditava que os trabalhadores tinham condições de conquistar o poder por meio de eleições livres, ampliar liberdades políticas e civis, e reformar radicalmente – não esmagar – o Estado existente. Enquanto isso, Lênin continuava procurando inspiração na Comuna de Paris de 1871, e nas grandes revoluções de 1848 e 1789. Foi desse espírito que nasceu o movimento comunista[5].

* * *

Uma década antes da Grande Guerra e da apostasia de Kautsky, a Revolução de 1905 na Rússia revelou que Lênin estava em compasso com sua era. O "grande ensaio geral" chegou perto de derrubar o tsarismo e deu origem ao soviete (um conselho democrático dos trabalhadores).

A Rússia daquela época já estava vibrando por mudanças. As décadas finais do século XIX tinham testemunhado um acelerado processo de crescimento econômico e avanços sociais. Só durante a década de 1890, a produção industrial dobrou. Vastas ferrovias passavam a substituir cavalos e carroças e, em determinado momento, a Rússia chegou a liderar a produção mundial de petróleo[6].

Mas o desenvolvimento da Rússia era extremamente desigual. As modernas fábricas de São Petersburgo representavam pouco do que era a vida em um império no

---

4   Leon Trótski, "Karl Kautsky", *New International*, v. 5, n. 2, fev. 1939, p. 51.

5   Ver Massimo Salvadori, *Karl Kautsky and the Socialist Revolution 1880-1938* (Londres, Verso, 1978).

6   Alec Nove, *An Economic History of the USSR* (Londres, Penguin, 1992), p. 11.

96 | O manifesto socialista

qual, mesmo em suas regiões europeias, apenas uma em cada nove pessoas vivia em cidades. Ainda que em termos absolutos a Rússia estivesse progredindo, o país ainda estava ficando para trás da Europa ocidental. No campo, o desenvolvimento agrícola avançava em ritmo lento, sem conseguir acompanhar a velocidade do enorme crescimento demográfico. À procura de terras, camponeses se deslocavam para leste de suas comunas tradicionais em direção às estepes. A pobreza rural era endêmica. Com a estagnação econômica no campo e uma indústria capitalista crescente, mas ainda incipiente e em algumas poucas cidades, a escassez reinava e contribuía para politizar a pequena classe trabalhadora russa.

Os protestos operários de massa de 1905 pegaram os bolcheviques de surpresa. Em outubro, os trabalhadores de São Petersburgo estabeleceram um soviete a fim de coordenar suas ações. A organização logo se tornou uma espécie de parlamento dos trabalhadores, com representação de uma série de sindicatos e comitês. O soviete estava funcionando essencialmente como um governo local, disputando legitimidade com o regime tsarista.

Foi Trótski, e não Lênin, quem mais brilhou em 1905. Nem menchevique nem bolchevique, mas respeitado em ambos os campos, ele imediatamente captou o significado da revolução. Durante a breve vida do soviete de São Petersburgo, o delegado de 26 anos de idade despontou como orador e teórico ímpar. Ao final de novembro, ele foi eleito seu presidente.

A situação àquela altura era insustentável. Como se temia, o tsar Nicolau II esmagou a revolução e voltou atrás nas concessões prometidas às forças liberais. Em abril de 1906, 14 mil pessoas já haviam sido executadas e 75 mil estavam presas.

Mas os revolucionários agora tinham experimentado o gosto do poder real. A transformação da social-democracia russa era impressionante. Imediatamente antes da Revolução de 1905, os bolcheviques tinham apenas 8,4 mil membros. Na primavera seguinte, esse número havia saltado para 34 mil. Os mencheviques também arregimentaram milhares de novos militantes.

O movimento revolucionário finalmente tinha algo a que havia anos Lênin vinha aspirando: uma base de massa de trabalhadores. As tentativas de superar a divisão entre bolcheviques e mencheviques fracassariam, mas ambas as facções tinham uma sensação de que haviam adentrado uma nova era e que o tsar logo cairia.

No entanto, ninguém conseguiu adivinhar com tamanha precisão quanto Trótski o que ocorreria a seguir. Captando as implicações de 1905, Trótski elaborou uma nova teoria da "revolução permanente". Os marxistas tradicionalmente pensavam que a revolução ocorreria em etapas. A primeira seria "democrático-burguesa", pavimentando o caminho para a reforma agrária camponesa e para uma maior industrialização urbana, e criando uma república capitalista que contemplasse liberdade de expressão e direito de reunião. A nova situação permitiria que os sociais-democratas organizassem pacientemente uma segunda revolução, esta socialista. Os bolcheviques e mencheviques concordavam na teoria, mas discordavam quanto ao papel que os capitalistas liberais desempenhariam. Os mencheviques pensavam que eles estariam no coração de uma revolução democrático-burguesa, ao passo que Lênin acreditava que os trabalhadores poderiam reconciliar seus interesses com os dos camponeses e tocar o processo por conta própria.

Trótski anteviu um cenário diferente. Em vez de uma revolução democrático-burguesa, os camponeses derrotariam a nobreza rural e os trabalhadores venceriam os capitalistas nas cidades. Essa revolução "socialista-proletária" fundiria ambições democráticas e socialistas. Na Rússia subdesenvolvida, contudo, depois da derrota das classes exploradoras, não haveria base material para uma construção socialista de larga escala. Como resultado, os objetivos da revolução teriam de ser avançados por meio de um processo revolucionário internacional.

Os dramas de 1917 confirmaram a visão de Trótski, mas com uma única exceção fundamental: a revolução internacional não veio.

* * *

Em dois anos, a Grande Guerra já havia acarretado a morte de 3 milhões de russos, a economia do império estava em frangalhos, mas o Exército continuava insistindo em novas e inúteis investidas ofensivas. Em fevereiro de 1917, o impasse no *front* foi finalmente rompido pelas suas vítimas.

Assim como em 1905, São Petersburgo (agora rebatizada de Petrogrado) e sua classe trabalhadora lideraram o caminho. No Dia Internacional das Mulheres, dia 23 de fevereiro*, as trabalhadoras têxteis iniciaram uma greve que se espalhou por toda a cidade. Ao final do dia, 90 mil trabalhadores e trabalhadoras estavam envolvidos; no dia seguinte, o número já era de 200 mil. Uma situação parecida ocorria em Moscou, onde trabalhadoras e trabalhadores protestavam contra a inflação galopante e a escassez de pão. Nicolau II se recusou a fazer concessões, até que foi forçado a abdicar no dia 1º de março. A dinastia dos Romanov, que vinha governando a Rússia por três séculos, foi varrida em apenas uma semana.

---

*   Conforme o calendário juliano, correspondente ao dia 8 de março no calendário gregoriano. (N. T.)

98 | O manifesto socialista

A queda do tsar foi celebrada por quase todos no império. Quanto ao que fazer na sequência, isso já era menos claro. A disputa doutrinária entre bolcheviques e mencheviques a respeito da burguesia liberal se provaria importante. Embora os bolcheviques concordassem com os mais moderados mencheviques que a Rússia ainda não estava pronta para o socialismo, queriam que operários e camponeses tomassem o poder e levassem a cabo as tarefas democráticas da revolução. A maioria dos trabalhadores, contudo, foi mais atraída pela proposta menchevique de reviver os sovietes, o que afirmaria os interesses dos oprimidos, mas sem tentar tomar o controle do Estado.

Para preencher o vácuo de poder, os liberais estabeleceram um comitê provisório, mas este tinha pouco apoio popular. No dia 1º de março, dia da fuga do tsar, as lideranças soviéticas e liberais chegaram a um acordo pela criação de um novo Governo Provisório que realizaria um amplo conjunto de reformas. A Rússia teria liberdades civis plenas, os prisioneiros políticos seriam soltos e os aparatos policial e estatal seriam transformados.

Questões importantes a respeito da guerra, da reforma agrária e das eleições permaneceram sem resolução, mas a Revolução de Fevereiro foi das mais avassaladoras que o mundo jamais havia visto. Contudo, não demorou para que surgissem tensões. Agora, tanto os sovietes de trabalhadores e soldados *quanto* o Governo Provisório podiam reivindicar autoridade soberana. Os socialistas moderados se empenhavam na articulação de pontes, no entendimento de que era preciso manter a burguesia dentro do acordo de fevereiro.

A Rússia, afinal, parecia longe de estar pronta para o socialismo. Ela era demasiadamente atrasada, e sua classe trabalhadora era uma pequena minoria. O socialismo não havia sido pensado como uma forma de contornar o capitalismo, mas sim como um sucessor construído a partir de seu ponto mais alto. Mas aqueles que haviam finalmente se libertado da tirania não iriam esperar pacientemente a maturação do esquema marxista. Operários tomaram controle de fábricas, e camponeses repartiram propriedades rurais. Começaram a pipocar novos comitês populares em todo o país: comitês de soldados resistiam a seus superiores e organizações camponesas passaram a realizar expropriações não autorizadas de terras. Questionava-se a autoridade em todas as suas formas: a aristocracia havia sumido, e, embora essa fosse supostamente uma "revolução burguesa", a burguesia estava vacilando.

Em fevereiro de 1917, havia 24 mil bolcheviques; em questão de meses, eles já ostentavam uma organização de massa dez vezes maior do que isso. Nesse período, contudo, os sovietes democraticamente eleitos ainda eram dominados por mencheviques e socialistas revolucionários (SRs). Muitos consideravam que aquelas organizações tinham mais legitimidade que o Governo Provisório. E não é difícil compreender o porquê. O príncipe Georgy Lvov, que representava um elo com o velho regime, era o chefe nominal de Estado, e os outubristas e cadetes conservadores que tocavam o governo estavam apavorados com a revolução que os havia levado ao poder. Até podiam aprovar decretos, buscar restaurar a ordem e dar seguimento aos empenhos de guerra, mas, na prática, poucos dariam ouvido a seus comandos.

No dia 1º de março, o Soviete de Deputados Operários e Soldados de Petrogrado publicou sua famosa Ordem n. 1. Ela declarava que deveriam ser obedecidas as ordens militares do Governo Provisório, "exceto as que contrariem as ordens e decretos emitidos pelo Soviete de Deputados Operários e Soldados". Com a Ordem n. 1, o soviete reivindicava um componente-chave de soberania. No entanto, não se colocava como a autoridade do país.

Os socialistas moderados ainda depositavam sua confiança no Governo Provisório, que havia recentemente sido recomposto de modo a incluir forças mais de esquerda, incluindo o próprio Alexander Kerensky, que era socialista revolucionário. A esperança era de que essa aliança promovesse tranquilidade em todo o país, criando um ambiente no qual os socialistas poderiam tentar impor demandas democratas e negociar um fim à guerra. Por ora, a guerra continuaria, mas ela deveria ser estritamente "defensiva e sem anexações"[7].

Os próprios bolcheviques estavam divididos a respeito do Governo Provisório. Ao retornar do exílio na Sibéria em março, Lev Kamenev e Josef Stálin acreditavam que a nova república duraria anos, se não décadas, e calibravam suas expectativas em função disso.

Lênin, ainda no exílio na Suíça, estava chocado com a complacência de seu partido e se organizou para retornar à Rússia. No dia seguinte à sua chegada, de trem blindado, na Estação Finlândia, ele apresentou suas *Teses de abril*, nas quais reafirmava sua inflexível posição antiguerra e abraçava de fato a teoria da revolução permanente de Trótski. Tal como Trótski, Lênin pensava que, em vez de deixar a revolução se

---

7   Yurii Colombo, "From the Finland Station", *Jacobin*, 16 abr. 2017; disponível em: <jacobinmag. com/2017/04/april-days-lenin-russia-world-war-one>. [Ed. bras.: "Partindo da Estação Finlândia", *Blog da Boitempo*, 8 maio 2017 (trad. Ângelo Régis e Raphael Boccardo); disponível em: <https:// blogdaboitempo.com.br/2017/05/08/partindo-da-estacao-finlandia-especial-revolucao-russa/>.]

consolidar na forma de uma república parlamentar, os socialistas deveriam forçar a construção de "uma república dos sovietes de deputados operários, assalariados agrícolas e camponeses de todo o país"*. Essa não era uma retórica vazia, dado que os sovietes tinham mais legitimidade popular do que o Governo Provisório.

Contrapondo-se à posição mais conciliatória de Kamenev e Stálin, Lênin disparou: "Nenhum apoio ao Governo Provisório, [deve-se] explicar a completa falsidade de todas suas promessas, sobretudo a da renúncia às anexações". Os dados estavam lançados – haveria outra revolução em 1917[8].

Trótski já estava no exílio quando estourou a Revolução de Fevereiro, inflamando os "trabalhadores e camponeses do Bronx" no outro lado do mundo. Depois de uma arriscada viagem de volta para casa, ele estava pronto para se juntar aos bolcheviques e desempenhar um papel crucial nos acontecimentos seguintes.

A recepção das *Teses de abril* de Lênin entre muitos bolcheviques foi inicialmente morna, mas o texto não deixou de encontrar imediatamente certo apoio popular. Lênin também podia contar, como aliado, com o jovem Nikolai Bukharin, que na época situava-se à esquerda do partido.

Os bolcheviques estavam divididos entre aqueles que, como Lênin e Bukharin, planejavam uma insurreição, e aqueles que, como Kamenev, Alexei Rykov, Viktor Nogin (que há muito buscava uma reconciliação com os mencheviques) e Gregory Zinoviev, tinham uma perspectiva mais moderada. Este último queria substituir o Governo Provisório por uma ampla coalizão de partidos socialistas.

Lênin também não queria uma insurreição prematura que deixaria os bolcheviques isolados e vulneráveis, como ocorreu com os *communards* em Paris em 1871. Em junho de 1917, ele ainda insistia que, "mesmo nos sovietes de ambas as capitais, sem falar agora dos demais, somos uma minoria insignificante [...] a maior parte das massas está indecisa, mas ainda acredita nos SRs e nos mencheviques"[9].

Mas os apelos radicais do partido estavam começando a reverberar. Trabalhadores e soldados se somavam à causa, e alguns, inspirados por palavras de ordem como

---

* Em Slavoj Žižek, *Às portas da revolução* (trad. Daniela Jinkings, Fabricio Rigout e Luiz Bernardo Pericás, São Paulo, Boitempo, 2005), p. 65.

8 Vladímir Lênin, *Lenin Collected Works*, v. 24, cit., p. 24.

9 Daniel Gaido, "The July Days", *Jacobin*, 27 jul. 2017. [Ed. bras.: "As jornadas de julho", *Blog da Boitempo*, 28 ago. 2017 (trad. Nicole Luy e Mozart Pereira); disponível em: <https://blogdaboitempo.com.br/2017/08/28/as-jornadas-de-julho-especial-revolucao-russa/>.]

"Todo o poder aos sovietes", chegaram a realizar manifestações armadas espontâneas em Petrogrado contra o Governo Provisório em julho. A resposta foi uma onda de repressão. Trótski ficou preso por um tempo, Lênin fugiu para a Finlândia, proibiram-se publicações, e foi reintroduzida a pena de morte para soldados amotinados. Com a bênção da maioria menchevique-SR, o Governo Provisório de Kerensky reivindicou mais poder para si.

Durante seus dois meses escondido na Finlândia, Lênin concluiu um livro que ele chamou de *O Estado e a revolução*. Seu debate com os reformistas partia de uma premissa simples: "a classe operária não pode simplesmente se apossar da máquina do Estado tal como ela se apresenta e dela servir-se para seus próprios fins"*. Tal como Marx e Engels, ele via o Estado como uma ferramenta de opressão de classe. Uma pequena minoria se valeu dele para exercer dominação sobre uma grande maioria. Não era de se espantar, portanto, que o Estado fosse sanguinário e repressivo. Sob a ditadura do proletariado e de seus aliados, contudo, a grande maioria reprimiria uma minoria de exploradores. Haveria um certo grau de violência, mas, comparado à ordem existente, ele seria mínimo.

"Não somos utópicos", escreveu Lênin. "Não 'sonhamos' com dispensar *de uma só vez* toda e qualquer administração, toda e qualquer subordinação." Mas, à medida que o socialismo triunfava, a necessidade por um aparato repressivo dissiparia e o Estado definharia. Foram muitos os que retrataram *O Estado e a revolução* como uma operação de bandeira falsa – um documento socialista libertário escrito pelo pai do autoritarismo socialista. Mas tratava-se de uma obra sincera. Ela indicava, contudo, quão simples Lênin aparentemente considerava que seria a tarefa de construir um Estado socialista (e fazer que esse Estado definhasse). Uma vez no poder, os bolcheviques aprenderiam que as coisas não eram bem assim, e, no processo, acabariam se transformado de uma maneira horrível[10].

Em agosto, era a vez de a direita se rebelar. Percebendo a instabilidade do Governo Provisório, o general Lavr Kornilov tentou dar um golpe. Sem ninguém mais a quem recorrer por ajuda, Kerensky apelou para o soviete de Petrogrado.

---

* Esta frase aparece originalmente em *A guerra civil na França* (trad. Rubens Enderle, São Paulo, Boitempo, 2011), p. 54, panfleto escrito por Marx em 1871 para apresentar uma avaliação da experiência da Comuna de Paris ao Conselho Geral da Associação Internacional dos Trabalhadores (AIT), e é retomada por Marx e Engels no prefácio de 1872 à edição alemã do *Manifesto comunista* (trad. Álvaro Pina, São Paulo, Boitempo, 1998), p. 72. (N. T.)

10 Vladímir Lênin, *State and Revolution* (Chicago, Haymarket, 2011), p. 86. [Ed. bras.: *O Estado e a revolução: a doutrina do marxismo sobre o Estado e as tarefas do proletariado na revolução* (trad. Edições Avante! e Paula Vaz de Almeida, São Paulo, Boitempo, 2017), p. 72.]

Com os bolcheviques desempenhando um papel decisivo, o soviete conseguiu enxotar Kornilov facilmente por meio de greves e do estímulo à deserção entre os soldados do general. O prestígio do partido atingiu um novo patamar, e Kerensky foi forçado a soltar seus líderes que estavam presos. No final de setembro, Trótski novamente tornou-se presidente do soviete de Petrogrado, que era agora controlado por uma maioria bolchevique. O partido, que até então era pequeno e radical, podia agora reivindicar um mandato popular. Estava armado o palco para a Revolução de Outubro.

No entanto, os mencheviques e os SRs tinham uma última chance de evitar a tomada de poder pelos bolcheviques. Os ares do país haviam se deslocado ainda mais à esquerda. Era evidente que o Governo Provisório não dispunha de meios independentes para se defender em um país que agora contava com seiscentos sovietes radicalizados. Entre os mencheviques, que estavam perdendo sua base de apoio para os bolcheviques, ganhava força uma ala de esquerda organizada em torno da figura de Julius Martov, que era resolutamente contra a guerra e defendia mais reformas generalizadas do que o Governo Provisório tinha condições de oferecer. Sua posição era quase indistinguível da dos bolcheviques moderados.

Os mencheviques e os SRs poderiam ter intervindo e tomado o poder como parte de uma frente ampla de partidos socialistas para criar uma assembleia constituinte e estabelecer um arcabouço para produzir reformas. Os bolcheviques poderiam formar uma oposição leal a esse governo, ou até mesmo se juntado a ele, como queriam Kamenev e Zinoviev. No entanto, em vez disso, os mencheviques e os SRs se agarraram ao Governo Provisório que afundava, mas, mesmo se não tivessem feito isso, os dois partidos estavam internamente divididos a respeito da guerra. Para muitos trabalhadores e soldados, a insurreição de Lênin e Trótski parecia a única maneira de avançar.

Com o soviete de Petrogrado agora sob o controle dos bolcheviques, Lênin finalmente convenceu o Comitê Central do partido a adotar seus planos. O "maior acontecimento da história da humanidade", como os socialistas passaram a se referir a ele por décadas a fio, foi anticlimático. No dia 24 de outubro, unidades bolcheviques ocuparam estações ferroviárias, centrais telefônicas e o banco estatal. No dia seguinte, cercaram o Palácio de Inverno e prenderam os ministros do gabinete de Kerensky. Um sexto do mundo havia sido conquistado em nome do proletariado sem que praticamente nenhuma gota de sangue tivesse sido derramada.

Afinal, Lênin conduziu um golpe? Embora certamente não tivesse sido tão espontânea quanto a Revolução de Fevereiro, a de Outubro foi uma revolução genuinamente popular encabeçada por trabalhadores industriais, em aliança com setores do campesinato. Depois do golpe de Kornilov, os bolcheviques passaram a poder reivindicar um mandato para agir. Eles conquistaram apoio por meio de sua pauta clara e direta reivindicando "paz, terra e pão". Os mencheviques exigiam paciência das massas que havia muito vinham sofrendo; os bolcheviques fizeram promessas concretas. Levá-las a cabo seria outra questão, mas os bolcheviques eram a força mais militante buscando realizar os objetivos frustrados da Revolução de Fevereiro.

Nos primeiros meses depois de outubro, o caráter do novo regime ainda não estava claro. Inicialmente, os bolcheviques não pretendiam produzir um Estado de partido único. Foram as circunstâncias, bem como suas decisões pós-outubro, que conspiraram nessa direção. Imediatamente depois da revolução, coube ao Segundo Congresso dos Sovietes ratificar a transferência de poder do Governo Provisório. Elegeram-se 649 delegados provenientes de 318 sovietes. Refletindo uma mudança dramática no sentimento popular, 390 dos eleitos eram bolcheviques e 100 eram SRs de esquerda (Socialistas Revolucionários que apoiavam a derrubada do governo de Kerensky).

Os SRs de direita e os mencheviques, que agora representavam uma pequena minoria, atacaram a Revolução de Outubro. Até Martov denunciou o "golpe de Estado" bolchevique, embora ele também tenha apresentado uma resolução exigindo um governo interino, de composição totalmente soviética, junto com planos para uma assembleia constituinte. Muitos bolcheviques apoiavam a moção, e ela passaria unanimemente. O plano de Martov teria criado o governo socialista amplo que muitos tinham almejado em setembro – só que agora, em um momento mais radical, ele seria pressionado a dar um fim à guerra e a fazer a reforma agrária.

Mas, assim como em setembro, os SRs de direita e a maioria de mencheviques se recusaram a colaborar. Eles se retiraram do Congresso, deixando assim o futuro da revolução nas mãos dos bolcheviques. Martov ainda apostava num possível compromisso e tentou dar início a negociações para a criação de um governo socialista de coalizão. Mas apenas duas horas depois, com os moderados já fora do salão, os bolcheviques endureceram o tom. Com a palavra, Trótski repreendeu de maneira mordaz seu antigo camarada: "uma sublevação das massas populares não necessita de justificativa. [...] Não, nenhum compromisso é possível aqui. Para aqueles que nos deixaram e para aqueles que nos dizem para fazer isso, nós dizemos: vocês fracassaram miseravelmente, seu papel terminou. Vão para onde devem ir: a lata de lixo da história!"*.

Eis uma síntese perfeita de Trótski – retoricamente magistral, mas com um trágico excesso de confiança no ordenamento da História. Os delegados irromperam em aplausos. Martov começou a se retirar com os outros mencheviques de esquerda. Um jovem bolchevique o confrontou na saída, decepcionado que um grande paladino da classe trabalhadora abandonasse assim sua revolução. Martov parou antes de atravessar a porta de saída e se virou para ele: "um dia, você compreenderá o crime do qual está participando"[11].

Quase exatamente vinte anos depois desse dia, aquele trabalhador, Ivan Akulov, foi assassinado em um expurgo stalinista.

* * *

"Agora, construiremos a ordem socialista." As palavras proferidas por Lênin logo depois da revolução sugeriam a adoção de um percurso radical, mas a verdade é que os bolcheviques agiam com cautela. Embora gozassem de apoio popular em algumas grandes cidades, sabiam que seria um desafio afirmar sua autoridade ao longo de um país enorme e de composição em larga medida camponesa.

Eles tentaram fazer jus a seus objetivos professos. Contra a resistência das velhas elites, ampliou-se o controle dos trabalhadores sobre a produção. A homossexualidade foi descriminalizada, e as mulheres puderam usufruir de direitos reprodutivos e do direito ao divórcio. Direitos à terra foram estendidos aos camponeses, o Estado se opôs vigorosamente ao antissemitismo e foram tomadas medidas para permitir a autodeterminação nacional naquele que havia sido o Império tsarista que Lênin denominava a "prisão das nações".

Quanto ao setor industrial, a visão de Lênin a respeito do controle dos trabalhadores não era sindicalista ("a ridícula transferência das ferrovias aos ferroviários, ou dos curtumes aos curtidores"); no longo prazo, ele visava chegar a métodos mais coordenados de propriedade em uma escala mais ampla da classe trabalhadora como um todo. No curto prazo, escreveu, "a introdução imediata do socialismo na Rússia é impossível", e defendeu em vez disso uma supervisão dos trabalhadores sobre a gerência das empresas, junto com a nacionalização de

---

* China Miéville, *Outubro: a história da Revolução Russa* (trad. Heci Regina Candiani, São Paulo, Boitempo, 2017). (N. T.)

[11] Irving Howe, *Trotsky* (Nova York, Viking, 1978), p. 52.

setores-chave da economia. Seus horizontes, contudo, não se esgotavam aí. Lênin ficou impressionado com a economia de guerra dos Estados capitalistas. Se a planificação a serviço do caos já era uma realidade, por que não seria possível uma planificação (sob a supervisão de sovietes democráticos) a serviço das necessidades humanas?

A pressão em prol das nacionalizações em massa veio da militância de base. Uma ordem contraditória emitida no final de novembro concedia aos comitês de fábrica um mandato legal de voz na produção e distribuição, mas, ao mesmo tempo, afirmava o direito de gestão por parte das gerências. Não é de surpreender que ela promoveu desordem e estorvou ainda mais a produção. Trabalhadores tomavam fábricas por conta própria. Em muitos casos, foram tentativas honestas de restaurar a produção depois de uma sabotagem capitalista ou de uma fuga de capitais; em outros momentos, os trabalhadores respondiam à situação de caos amealhando mantimentos para uso ou venda particulares.

Os bolcheviques teriam de coibir tais ações em poucos meses, visto que sua tarefa imediata era restaurar a produtividade e ordem básicas. É bastante claro que o governo pretendia manter uma economia mista – isto é, prevendo um papel continuado para o capital privado –, ao menos até que fosse resgatado pelas revoluções em outros pontos da Europa.

Mas a confusão dos meses iniciais pós-revolução foi exacerbada pelo fato de que os bolcheviques nunca chegaram a delinear claramente quem detinha o poder legítimo entre as jurisdições sobrepostas de comitês de fábrica, sindicatos e um complexo cada vez mais amplo de sovietes, sem falar no Estado central. A centralização e a sobreposição cada vez maior entre o partido e o Estado eram formas simples, pragmáticas de resolver os dilemas.

Quanto à questão da guerra, os planos dos bolcheviques também encontraram complicações. A situação era urgente. Ainda que as batalhas estivessem diminuindo de intensidade e frequência em 1917, 100 mil russos morreram no *front* oriental entre as revoluções de Fevereiro e de Outubro. Os bolcheviques lançaram um apelo a todos os beligerantes por uma "paz justa e democrática". Se as demais nações recusassem tal apelo, Lênin estava confiante de que "os trabalhadores desses países compreenderão o dever que agora recai sobre eles de salvar a humanidade dos horrores e das consequências da guerra"[12].

---

[12] John Reed, *Ten Days that Shook the World* (Nova York, Boni and Liveright, 1919), p. 129. [Ed. bras.: *Dez dias que abalaram o mundo* (trad. Bernardo Ajzenberg, São Paulo, Companhia das Letras, 2010).]

O apelo foi ignorado pelas outras potências da Entente e, para o momento, o mesmo ocorreu com o chamamento à revolução. Começavam as negociações com as potências centrais. Contrariando a orientação de Lênin, o Comitê Central dos Bolcheviques recusou uma proposta inicial de paz. Comunistas de esquerda liderados por Bukharin queriam continuar a guerra e fomentar as chamas da revolta por toda a Europa. Foi um grave erro de cálculo. Tirando vantagem do conflito no interior do jovem Estado socialista, os exércitos alemão e austríaco avançaram, tomando uma enorme fatia de terra que ia do mar Báltico ao mar Negro. O Tratado de Brest-Litovsk que se seguiu envolveu dolorosas concessões, retirando do Estado soviético regiões agrícolas e industriais cruciais e deixando-o numa posição mais fraca para lidar com a crescente inquietação civil.

No entanto, como afirmou Trótski, "depois de montar na cela, o cavaleiro é obrigado a guiar o cavalo, para não correr o risco de acabar quebrando o pescoço". O governo bolchevique seguiu cavalgando. No seu entendimento, a sobrevivência do primeiro Estado dos trabalhadores daria um bom respaldo aos movimentos revolucionários que tomariam o poder nos países mais avançados. Esses estados viriam, em um segundo momento, ao resgate dos bolcheviques e os ajudariam a reconstruir o país como parte de uma confederação proletária mais ampla.

Não era um plano tão fantástico quanto pode parecer hoje: tratava-se de uma era de sublevação. Pouco depois da Revolução de Outubro, buscando seguir o exemplo russo, os comunistas alemães lançaram uma série de revoltas malfadadas. A recém-liberta Finlândia viu seu governo socialista democraticamente eleito destituído em uma guerra civil sangrenta. Em 1919, uma República Soviética Húngara tomou o poder por um breve período. Dois anos vermelhos de ocupações de fábricas e greves de massas sacudiram a Itália. Por um período, chegaram até a surgir soviets na Irlanda.

Os bolcheviques ainda tinham esperança de arrancar um avanço importante com a recém-formada Internacional Comunista (Comintern), uma organização que buscava criar partidos bolcheviques irmãos em outros países. No entanto, ficava cada vez mais claro que a salvação não viria do exterior. O partido de Lênin havia apostado na esperança de estender as conquistas da Revolução de Fevereiro e pôr fim não apenas a uma guerra macabra, mas a todas as guerras futuras. A aposta fracassou. No entanto, as alternativas mais viáveis à liderança bolchevique agora pareciam ser, no melhor dos casos, uma ditadura militar de direita e, no pior, uma forma de fascismo judeocida. Em meio a um cenário de descontentamento e confusão, as medidas que os bolcheviques tomaram para sobreviver acabariam só exacerbando as piores tendências do partido.

* * *

As tentativas de minar o governo bolchevique começaram logo no dia em que ele assumiu o poder em Petrogrado. O principal desafiante era o Movimento Branco, uma aliança profana que atravessava o espectro político desde os mencheviques de direita e os SRs até os monarquistas e nacionalistas extremos. Treze mil soldados estadunidenses, junto com forças inglesas, canadenses, francesas, gregas, italianas e japonesas se somaram aos brancos para ajudá-los em sua brutal oposição doméstica. Diante de um cenário bastante adverso, Trótski supervisionou a criação de um Exército Vermelho e conseguiu triunfar em uma guerra civil de cinco anos que ceifou 9 milhões de vidas.

O momento exigia homens endurecidos como Félix Dzerjinsky. Ele estava instalado como líder da recém-formada polícia secreta da Rússia, a Tcheka, e passou a ordenar a seus homens que recolhessem informações a respeito de inimigos do Estado em toda a União Soviética. Os interrogatórios eram rápidos e quem não conseguisse dissipar as suspeitas era alinhado contra uma parede e fuzilado. Com a bênção de Lênin, a Tcheka cresceu a ponto de contar com 200 mil integrantes e encabeçou um Terror Vermelho que tirou a vida de milhares de pessoas.

Esses atos horríveis foram realizados em meio à guerra civil mais destrutiva da história e um Terror Branco que assassinou mais de 100 mil, muitos deles judeus ou pertencentes a outras minorias. Muitos bolcheviques, inclusive, ficaram atormentados por seus atos. Dzerjinsky chegou a lamentar: "eu já derramei tanto sangue que não tenho mais direito de viver". O que, evidentemente, não significa eximir de responsabilidade as ações da Tcheka nem do governo que as avalizou. Havia poucos controles externos sobre as prisões e execuções realizadas pela Tcheka. Punição coletiva, terror de Estado e intimidação – todas essas eram medidas "excepcionais" que se tornaram a norma durante o governo de Stálin[13].

No período da Guerra Civil, os bolcheviques fizeram a linha divisória entre as ações tomadas por necessidade e as realizadas por virtude ficar ainda mais tênue. Não havia nenhum fundamento sólido de direitos e proteções que os cidadãos soviéticos pudessem reivindicar quando a guerra arrefecesse. O debate aberto no interior do recém-fundado Partido Comunista ainda continuaria a existir durante

---

[13] China Miéville, *October: The Story of the Russian Revolution* (Londres, Verso, 2017), p. 321. [Ed. bras.: *Outubro*, cit.]

certo tempo, e incluía facções exigindo mais democracia e poder para os trabalhadores. Mas aquela cultura política mais ampla de engajamento e contestação, sustentada por uma rede de partidos e jornais, que havia sobrevivido na clandestinidade por décadas sob o tsarismo, jamais retornaria.

Um dos problemas centrais era a ausência de um consenso claro a respeito do que seria a ditadura do proletariado. Os bolcheviques centraram seu foco na tomada do poder, não no seu exercício. Com exceção de alguns vagos esboços, eles não haviam pensado muito a respeito da política *após* a revolução. Com as classes exploradoras devidamente removidas do poder, o proletariado não precisaria de uma teoria socialista de jurisprudência ou de restrições institucionais ao exercício do poder? Ao se encontrarem em uma situação sem precedentes, os revolucionários tiveram que ir improvisando à medida que as coisas aconteciam.

* * *

A política comunista durante a guerra civil refletia tanto a necessidade prática quanto o zelo ideológico. Anos de conflito haviam perturbado a produção agrícola. Os camponeses tinham incentivo mínimo de enviar o pouco que ainda produziam às cidades: havia uma escassez de bens de consumo e os preços dos grãos continuaram caindo em relação a eles. Desenvolveu-se, naturalmente, um mercado negro. Tal como o Estado tsarista e o Governo Provisório que os antecederam, os comunistas tentaram acabar com ele.

Eles foram ainda mais implacáveis, aplicando sua análise de classe ao campo, que viam como dividido entre camponeses pobres, camponeses de classe média e *kulaks* ricos. Os bolcheviques tinham a esperança de manter seu apoio entre os dois primeiros grupos ao centrarem suas ações no terceiro, mas, na prática, as divisões não eram tão claras, e a presença de esquadrões armados de requisição à procura de camponeses acumulando além da conta só desestimulava ainda mais a produção. Apesar dos esforços enérgicos do Estado com a repressão e o banimento do comércio privado, foi em larga medida graças ao mercado negro que as cidades soviéticas sobreviveram à guerra civil[14].

A política industrial comunista também mudou no período do "comunismo de guerra" (1918-1921). O governo nacionalizou toda a economia, instituiu uma política de racionamento e impôs uma disciplina rigorosa de trabalho. Nem mesmo as visões moderadas do controle operário sobreviveram ao retorno dos

---

[14]   Ver Samuel Farber, *Before Stalinism* (Londres, Verso, 1990).

gerentes de fábrica. Escassez de determinados componentes e matérias-primas deixavam a produção cada vez mais arrastada. Iniciativas altamente ideológicas, tais como a tentativa de traçar orçamentos sem passar pelo dinheiro, só contribuíram para a catástrofe econômica. Em 1921, a indústria russa tinha menos de um terço de seu tamanho no pré-guerra.

Àquela altura, a base política do Estado soviético também havia sido dizimada. Muitos trabalhadores industriais haviam morrido durante a guerra civil, ao passo que outros abandonaram as cidades famintas para tentar a sorte no campo. Como reerguer a indústria russa e como reviver a aliança operário-camponesa que deflagrou a revolução? Essas eram as questões que estavam na ordem do dia.

A Nova Política Econômica (NEP, 1921-1928) foi uma tentativa de resposta. O Estado reteve o controle dos setores-chave da economia – grandes indústrias, sistema bancário e comércio externo –, mas legalizou os demais mercados. Uma taxa sobre produtores de alimentos substituiu as contraproducentes requisições forçadas, deixando os camponeses livres para dispor de seus bens como bem entendessem desde que o tributo fosse pago. O objetivo era substituir a coerção pela acumulação por meio de trocas graduais e desiguais. Isso forneceria o excedente camponês necessário para expandir a indústria. Em vez de coletivização forçada, muitos apoiadores da NEP também apostavam na criação voluntária de cooperativas agrícolas que, com o tempo, superariam na concorrência a produção campesina tradicional, a seu ver, desnecessariamente ineficiente.

Em termos políticos, contudo, o período da NEP foi de endurecimento, e não liberalização. Líderes partidários temiam a possibilidade de que o recém-obtido poder econômico do campesinato se transformasse em oposição política. Não apenas partidos rivais, como até mesmo facções internas bolcheviques foram banidas em 1921. Ainda havia debate no interior do partido, mas os bolcheviques deixaram claro que não abririam mão do poder. Por ora, não havia tentativa de censurar ou controlar as artes e a vida intelectual. Mas tinha sido fácil cair em um Estado de partido único durante a guerra civil. Terminada a guerra, a tarefa da reconstrução exigia pessoas dispostas a encabeçar ações decisivas. Um desses líderes, Stálin, foi alçado a secretário-geral do partido em 1922.

Lênin tinha consciência de certos desdobramentos, e os via com desconfiança. Mas, por mais que condenasse os abusos e excessos da elite do partido-Estado, não conseguiu compreender que a única maneira possível de contrabalançar a situação passava por uma reforma democrática. Perto do fim da vida, ele alertou especificamente a respeito de Stálin, aconselhando o congresso do partido a removê-lo, mas seus desejos acabaram não se realizando. Com a morte de Lênin, Stálin se valeu de sua posição para perseguir apoiadores de seu rival, Trótski. Mas Stálin ainda não detinha controle total.

O debate interno do partido se cristalizou em três principais campos: a oposição de esquerda de Trótski, os apoiadores de Stálin e o grupo em torno de Bukharin, que agora se via à direita do partido.

Trótski defendia maior democracia interna e outras medidas antiburocráticas no partido, uma aceleração da industrialização e da coletivização no país, e exortações revolucionárias agressivas no exterior. Bukharin já era mais cauteloso, buscando seguir lentamente "em direção ao socialismo, montado na mula de um camponês". Stálin triangulava entre as duas posições, demonstrando uma astúcia política que poucos sabiam que o georgiano tinha[15].

Para Trótski, o verdadeiro perigo não estava tanto no centralismo burocrático de Stálin, mas no risco de que o programa de Bukharin pudesse acidentalmente provocar uma restauração do capitalismo. Bukharin, por sua vez, também demorou demais a enxergar Stálin como uma ameaça. No entanto, ainda que os dois tivessem se unido, Stálin pôde muito bem se sair vitorioso: ele aplaudia os membros do partido que Trótski criticava. O apelo de Trótski por renovação industrial também dificilmente o ajudava a conquistar a boa vontade da maioria camponesa da Rússia. Sem contar com o apoio da burocracia nem do campesinato – e com tantos dos velhos trabalhadores bolcheviques mortos ou exaustos –, com que base Trótski haveria de derrotar Stálin? A confiança na dialética da história não era o suficiente.

Trótski foi removido do Comitê Central por Stálin no final de 1927, e exilado pouco depois disso. Até seu assassinato no México, treze anos depois, ele permaneceu o maior crítico do stalinismo. Todavia, nunca chegou a admitir que qualquer parte do sistema que tanto desprezava tinha sua gênese na repressão que ele havia ajudado a estruturar durante a guerra civil.

* * *

Apesar de toda a turbulência política, a NEP funcionou. Em 1926, a indústria soviética já havia ultrapassado os patamares do pré-guerra, uma incrível reviravolta em relação à situação vigente apenas cinco anos antes. O que fazer com essa nova riqueza foi tema de intensos debates. Deveria a nação investir em melhorias

---

[15] Alec Nove, *An Economic History of the U. S. S. R.*, cit., p. 124.

agrícolas e indústria leve ou na indústria pesada? Essas escolhas não eram simplesmente técnicas. Para um partido que ancorava sua legitimidade em um proletariado industrial, seguir trilhando a rota de orientação mais camponesa da NEP era algo que tinha profundas implicações políticas[16].

Com a oposição de esquerda eliminada e seu antigo aliado Bukharin marginalizado, Stálin estava livre para responder a essas questões como bem entendia. Da sua parte, vinha ficando cada vez mais frustrado com a NEP. Sob a direção de Stálin, o preço dos bens industriais aumentou e os preços dos grãos foram mantidos baixos. Os camponeses, naturalmente, passaram a reter parte de sua produção. Crises periódicas desse tipo ocorreram ao longo da década de 1920 à medida que os preços industriais e agrícolas entravam em descompasso.

No passado, esses problemas haviam sido aliviados por meio de medidas de ajuste de preços e outras políticas. Dessa vez, contudo, Stálin não fez nenhum empenho nessa direção. Em lugar disso, mandou a polícia requisitar grãos que haviam sido produzidos e comercializados legalmente. Os oficiais locais que optaram por seguir as leis vigentes foram dispensados. Abria-se assim um novo período de coerção contra cada camada do campesinato. Stálin queria uma "revolução de cima para baixo". Começavam a ser realizados os primeiros processos sumários, e introduziu-se o Primeiro Plano Quinquenal, que projetava a triplicação da produção e investimento industriais.

E assim, sem aviso, milhões de camponeses foram coletivizados à força em enormes cooperativas agrícolas a partir de 1928. Os responsáveis pela planificação pensavam que esse processo resolveria permanentemente as questões de oferta alimentar. O resultado foi o oposto: a produção caiu drasticamente, e logo surgiu a necessidade de encontrar bodes expiatórios. Houve um retorno da punição coletiva, não apenas contra *kulaks* ricos, mas agora também contra "*kulaks* ideológicos", isto é, contra aqueles que se opunham à nova política. Ao menos 6 milhões morreram na fome de 1932-1933, e outros milhões passariam suas vidas em uma vasta rede de campos de trabalho forçado.

Muitos resistiram à nova servidão. A própria esposa de Stálin, Nadejda Alliluyeva, cometeu suicídio em 1932 em protesto contra essas políticas. Mas não houve força contestatória significativa ao ditador. No período de uma década, um partido anteriormente vibrante e diversificado tornou-se uma seita monolítica.

---

[16] Ibidem, p. 136.

Se conseguirmos, no entanto, desviar o olhar do custo humano, ainda que por um breve instante, veremos que o Plano Quinquenal foi um sucesso em seus termos. A União Soviética fez incríveis avanços, em larga medida apesar da coletivização forçada e não por conta dela. O planejamento estatal provocou uma rápida elevação do PIB, da acumulação do capital e do consumo. É claro, o salto econômico ocorreu de mãos dadas com uma renovada onda de terror político, ainda mais funesta. Em 1936 teve início uma campanha de assassinatos em massa, com milhares expurgados do Partido Comunista, incluindo bolcheviques de longa data. Muitos deles foram presos como contrarrevolucionários e forçados a confessar ter tramado complôs, para em seguida serem executados.

Stálin havia usado uma escassez de alimentos para transformar o Estado autoritário que era a União Soviética em um horroroso regime totalitário como o mundo jamais havia visto. Sua União Soviética de fato ajudou a ganhar a guerra contra o nazismo, mas, para cada ação que Stálin tomou para derrotar o fascismo, houve outra para sobrepujar a luta antifascista, apoiando a desastrosa política do Terceiro Período, que orientava os comunistas a enxergar os sociais-democratas como seus principais inimigos, expurgando o Exército Vermelho de oficiais capazes e ignorando as notícias da iminência de uma invasão nazista. Ao fim da Segunda Guerra Mundial, o regime soviético era profundamente conservador, encampando políticas de grande potência em uma escala que nem mesmo os tsares poderiam ter imaginado, incluindo episódios de limpeza étnica em massa. Sob Stálin, o movimento comunista mundial tornou-se uma ferramenta de interesses nacionais russos em vez de instrumento de emancipação da classe trabalhadora.

Dzerjinsky, que morreu de ataque cardíaco em 1926, sofria a cada ordem de execução que assinava. Ele foi substituído por homens desprovidos desse tipo de pesar[17].

* * *

Após a morte de Stálin em 1953, o sistema soviético mudou profundamente. A economia planificada de Stálin permaneceu intacta, mas os burocratas que agora governavam o país continuaram assombrados pelo terror que havia rasgado suas fileiras. A nova ordem era cinza e repressiva, mas foi capaz, por certo tempo, de oferecer paz e estabilidade, além de promover melhorias para os mais oprimidos da sociedade. No final das contas, contudo, a elite dominante não tinha interesse nenhum em construir uma sociedade civil livre a partir da qual uma democracia socialista poderia ter brotado.

---

[17] Alec Nove, *Stalinism and After* (Londres, Routledge, 1988), p. 50.

A economia centralmente planificada que havia permitido que a União Soviética tirasse o atraso em relação ao Ocidente, começava a mostrar sinais de desgaste. Os tecnocratas soviéticos tiveram notável sucesso considerando-se a dimensão da tarefa que tinham diante de si, mas a ineficiência do sistema alimentou o ressentimento popular. Ainda no século XIX, Alexis de Tocqueville argumentou que o momento mais perigoso para um governo ruim é quando ele começa a tentar se reformar. Os anos em que Mikhail Gorbatchev esteve à frente da União Soviética confirmaram a validade dessa afirmação. Suas tentativas de renovar o sistema só minaram a coerção responsável pela sua sustentação.

Com o privilégio de um olhar retrospectivo, é possível dizer que tanto os mencheviques quanto os bolcheviques estavam errados em 1917. A confiança que os mencheviques depositavam nos liberais russos para levar a cabo transformações democráticas de amplo alcance era equivocada, assim como o eram as esperanças dos bolcheviques por uma revolução mundial e um salto do reino da necessidade para o reino da liberdade. Levando em consideração que testemunharam a morte de mais de 10 milhões de pessoas em uma guerra capitalista e viveram em uma era de sublevações, é possível perdoar os bolcheviques por terem tentado traçar um caminho para um mundo melhor.

Menos perdoável é que um modelo construído a partir de erros e excessos, forjado nas piores condições, veio a ser sinônimo do ideal socialista em si. Em vez de um movimento democrático pronto a fazer jus à promessa radical do Iluminismo, o socialismo passou a ser associado com autoritarismo sufocante e uma economia planificada cada vez mais esclerosada. Por todo o mundo, os movimentos comunistas, ao menos na condição de oposição, estiveram do lado certo das batalhas por direitos civis, justiça social e colonialismo. Mas, uma vez no poder, a exemplo do modelo soviético, instituíram novas formas de opressão.

O sistema soviético maduro foi uma forma de coletivismo autoritário em um mundo ainda em larga medida dominado pela produção capitalista. Mas, ao longo do século XX, muitas daquelas sociedades capitalistas se veriam transformadas por tentativas de oferecer doses de socialismo *no interior* do capitalismo. De fato, a algumas centenas de quilômetros a oeste de Moscou, o socialismo democrático chegou perto de se tornar realidade.

5
O deus que fracassou

Em 1976, o primeiro-ministro sueco Olof Palme comentou que havia dois caminhos para os socialistas: "Ou voltar a Stálin e Lênin, ou trilhar o caminho que se junta à tradição da social-democracia". Sua escolha, enquanto líder do Estado que encarnava o segundo, era evidente. O modelo sueco tinha tanto prestígio que mesmo um gaullista como o presidente francês Georges Pompidou disse que sua sociedade ideal era "A Suécia, com um pouco mais de sol"[1].

Mas, por mais que os caminhos divergentes do socialismo não pudessem parecer mais contrastantes nos dias de Palme, nem sempre foi assim. No rescaldo imediato da Revolução Russa, minorias social-democratas importantes se somaram a dissidências comunistas, mas boa parte dos sociais-democratas rejeitou a insurreição e se acomodou à república democrática como a forma política para suas ambições. Ao mesmo tempo, quase todos esses sociais-democratas ainda eram marxistas em termos de doutrina e compartilhavam um horizonte socialista. Para boa parte deles, isso significava uma economia nacionalizada, na qual um planejamento racional substituía a tirania do mercado. Eles queriam ensejar um sistema que sucedesse ao capitalismo e duvidavam de que as coisas poderiam ser mudadas significativamente ainda no interior do capitalismo.

A social-democracia nunca chegou a atingir os objetivos ambicionados, mas as reformas que ela ensejou se provaram muito mais exitosas do que se esperava. A Suécia na década de 1970 não era simplesmente a sociedade com melhor

---

[1] Adam Przeworski, *Capitalism and Social Democracy* (Cambridge, Cambridge University Press, 1985), p. 46; Kjell Östberg, "The Great Reformer", *Jacobin*, 10 set. 2015.

O manifesto socialista

qualidade de vida da história; também era o país europeu no qual, depois da Segunda Guerra Mundial, os socialistas mais conseguiram sobrepujar o poder do capital. Enquanto os capitalistas se preocupavam com as promessas de enterrar o Ocidente vociferadas a golpes de sapato por Nikita Khruschev, a maior ameaça ao capitalismo de livre mercado não estava na Rússia, mas na Escandinávia, onde a combinação de um Estado de bem-estar social universal, pleno emprego e sindicatos centralizados dava enorme poder aos trabalhadores. Os sindicatos suecos ainda apresentaram em 1976 uma proposta de fundos de participação acionária para os trabalhadores que teriam lentamente socializado empresas privadas. Como os sociais-democratas suecos chegaram a tanto, e por que o experimento deles finalmente caiu por terra, é uma história improvável e instrutiva.

Todavia, para compreender o sucesso da Suécia do pós-guerra, precisamos primeiro entender os fracassos da social-democracia do entreguerras e a lição importante que esses fracassos oferecem a respeito das armadilhas diante das quais os socialistas se deparam quando governam sem um plano para atingir transformações econômicas e políticas.

* * *

Os socialistas europeus foram presenteados com a chance de passar da oposição ao poder mais rapidamente do que muitos imaginaram. Saíram da Primeira Guerra Mundial com bastante legitimidade – em alguns casos, como no da Alemanha, porque as elites estavam desmoralizadas, em outros, devido em parte ao seu apoio pela causa nacional no período da guerra. Como afirmou Karl Kautsky em 1924: "Tínhamos aprendido como ser oposição" antes da guerra. Agora "tratava-se de assumir o governo, e isso no sentido mais amplo; na indústria, nas localidades, no Estado". Mas seu partido, tal como outros partidos socialistas no período do entreguerras, só chegou a exercer poder em governos minoritários ou de coalizão[2].

Os partidos de esquerda tiveram êxito variado na realização de reformas democráticas. Buscaram remover quaisquer barreiras existentes ao sufrágio universal e democratizar as câmaras altas do Parlamento, mas não chegaram a realizar reformas mais profundas. As monarquias que sobreviveram ao longo da Europa foram privadas de seu poder político. A exemplo de seu antecessor Jean Jaurès, o

---

[2] Karl Kautsky, "Revolution and Counter-Revolution in Germany", *Socialist Review*, v. 23, n. 127, abr. 1924.

socialista francês Léon Blum concebia o Estado republicano como uma ferramenta para "definir, proteger e garantir a condição da classe trabalhadora"[3].

O sonho radical – substituir o capitalismo por uma economia socialista operando em prol do bem comum – ainda estava vivo. Logo nos primeiros anos do período do pós-guerra, uma série de ondas grevistas criou um terreno fértil para novas demandas, e, com o advento da Grande Depressão, o colapso capitalista tornava-se uma realidade. Nacionalizar grandes firmas e adotar novas medidas de planejamento seriam um primeiro passo. Mas os sociais-democratas tinham apenas uma vaga ideia do que queriam fazer.

Na prática, com exceção da França, a social-democracia do entreguerras não chegou a nacionalizar nenhuma empresa (isso apesar de os socialistas participarem de oito outros governos da Europa ocidental). Em vez disso, os socialistas formaram comissões para estudar o assunto, havendo-se pela primeira vez com as dificuldades técnicas de se construir uma nova economia política. Essas comissões não deram em muita coisa e, poucos anos depois, o próprio Kautsky se via obrigado a admitir que "a criação de uma organização de cunho socialista não é portanto um processo tão simples quanto pensávamos"[4].

O governo exercido pelo Partido Trabalhista no Reino Unido entre 1929 e 1931 sob a gestão de Ramsay MacDonald foi o exemplo mais extremo dessa nulidade no entreguerras. O Partido Trabalhista já tinha um histórico de ser bem mais moderado que muitos dos partidos da classe trabalhadora na Europa: ele rejeitava o marxismo e desde o início operou no interior de um arcabouço liberal-constitucional. Foi uma organização movida por interesses sindicais e que nunca gozou das mesmas influências radicais que o SPD alemão. Por anos, a Segunda Internacional vinha recusando a admissão do Partido Trabalhista britânico por conta de sua ênfase na colaboração de classe. Depois da Grande Guerra, contudo, o partido deu uma guinada à esquerda: a cláusula IV de sua constituição de 1918 reivindicava "a propriedade comum dos meios de produção, distribuição e troca".

O segundo ensaio do partido no poder foi em 1929. Na eleição geral de 1923, o Partido Trabalhista havia conquistado um milhão de votos a menos que o Partido Conservador, mas conseguiu formar um governo minoritário com apoio do Partido Liberal. O experimento durou apenas dez meses, e, com menos de um terço

---

3   Mitchell Abidor, "Assessing Léon Blum", *Jacobin*, 26 set. 2016; disponível em: <https://www.jacobinmag.com/2016/09/leon-blum-popular-front-france-socialists-ps-fascism>.

4   Karl Kautsky, *The Labour Revolution* (Londres, Ruskin House, 1924), p. 163.

do Parlamento, MacDonald não foi capaz de aprovar nada além de reformas menores de educação, moradia e emprego. Um governo minoritário opera sempre com os dias contados, mas o Partido Trabalhista tinha ainda que enfrentar uma campanha anticomunista rasteira patrocinada pelo Partido Conservador, que contestava seus tímidos acenos de abertura diplomática com a jovem União Soviética.

Em 1929, o Partido Trabalhista disputou as eleições defendendo um programa de obras públicas de construção civil e redução da jornada de trabalho para combater o desemprego. O resultado foi a conquista de 136 cadeiras parlamentares, o que, apesar de dar ao partido a maior bancada do Parlamento, não lhe garantia maioria. Mais uma vez, o Partido Trabalhista se viu dependente do apoio do Partido Liberal.

O segundo governo de MacDonald foi formado em junho de 1929, poucos meses antes do início da Grande Depressão. O momento não poderia ter sido pior para a agenda de reformas do partido. Com o aumento dos índices de desemprego, a liderança do partido se agarrou a uma ortodoxia econômica rígida em vez de expandir o programa de obras públicas. Os líderes queriam apaziguar os mercados, e enfrentavam uma perspectiva de inflação e déficit crescentes. Em defesa da austeridade, MacDonald sustentava que a inflação representava uma ameaça mais grave do que o desemprego, e que manter o livre comércio e "o mais estrito zelo" para com a sabedoria econômica vigente permitiria que os desempregados fossem reabsorvidos à indústria com o tempo. Sua tarefa urgente era evitar o naufrágio da democracia "no duro rochedo das finanças".

MacDonald tinha origem mais humilde do que qualquer primeiro-ministro britânico até hoje, mas bateu de frente com os sindicatos e se via como o representante responsável de uma sociedade inteira, e não apenas de uma classe. Alguns parlamentares do Partido Trabalhista que tinham maior proximidade com os sindicatos chegaram a se opor aos cortes nos benefícios e garantias sociais e de desemprego, defendendo, em vez disso, mais planejamento e investimento por parte do Estado. Apesar de terem projetos políticos muito diferentes dos de MacDonald, boa parte da esquerda extraparlamentar compartilhava da avaliação da liderança do partido de que não era possível fazer muita coisa por meio do governo. "Não importa quão capazes, sinceros e simpáticos possam ser os homens e mulheres do Partido Trabalhista que se colocarem diante da tarefa de administrar o capitalismo, o capitalismo irá fazer que sua administração configure um desastre", diria um artigo do *Socialist Standard*, jornal do Partido Socialista da Grã-Bretanha[5].

A gestão MacDonald governou sem tentar apresentar uma alternativa socialista e sem acreditar ter condições de reformar o sistema existente. Na melhor das hipóteses, reassegurou aos trabalhadores que eles não seriam os únicos a ter de fazer sacrifícios em uma era de escassez, mas esse fatalismo se traduziu em um desastre eleitoral nas eleições gerais de 1931.

Quem na época forneceu a melhor receita para se domar o capitalismo foi o economista John Maynard Keynes, um liberal que acreditava que os socialistas eram idiotas bem-intencionados. Os métodos apresentados em sua obra de 1936, *Teoria geral do emprego, do juro e da moeda*, uma vez implementados, ajudariam a estimular emprego, garantir investimento produtivo e mitigar crises. Antes da revolução keynesiana, a teoria clássica dominante alegava que as oscilações cíclicas de produção e emprego se ajustariam por conta própria; à medida que a demanda agregada caísse, cairia também a produção e o emprego, junto com os preços e os salários. Com a inflação e os salários mais baixos, os capitalistas seriam estimulados a investir capital de modo a gerar empregos e restaurar o crescimento. Qualquer interferência nesse ciclo só prolongaria a agonia dos trabalhadores. A Grande Depressão, contudo, não estava passando. Os salários estavam baixos, mas o desemprego seguia elevado. Keynes defendeu uma resposta fiscal contracíclica: gastos deficitários, cortes nos tributos e outras medidas para estimular a demanda agregada durante uma recessão, e incrementos tributários e cortes de gastos quando os tempos estiverem melhores.

Durante o governo de MacDonald, no entanto, embora Keynes estivesse na praça, não havia ainda uma alternativa keynesiana desenvolvida. Assim como os trabalhadores de inspiração lassalliana no século XIX se agarraram a uma crença em uma "lei de bronze do salário" que restringia as conquistas sindicais, seria uma batalha fazer que o movimento dos trabalhadores do século XX se desvencilhasse da economia ortodoxa. Dois anos depois de suas considerações empáticas sobre o esforço "sincero" do Partido Trabalhista de MacDonald, o *Socialist Standard* já avaliava retrospectivamente aquela experiência de governo como prova definitiva de que "não é possível que o Partido Trabalhista ou qualquer

---

[5] Chris Wrigley, "The Fall of the Second MacDonald Government, 1931", em Timothy Heppell e Kevin Theakston (orgs.), *How Labour Governments Fall: From Ramsay MacDonald to Gordon Brown* (Londres, Palgrave Macmillan, 2013), p. 54.

120 | O manifesto socialista

partido administre o capitalismo de tal forma que os problemas dos trabalhadores possam ser resolvidos no interior do arcabouço do sistema vigente"[6].

O governo da Frente Popular do líder socialista francês Léon Blum (1936-1937) estava mais determinado a produzir mudanças do que o de MacDonald. Os socialistas franceses haviam perdido boa parte de sua base industrial ao novo movimento comunista, mas ainda eram bastante marxistas. Ao reconstruir a infraestrutura do partido ao longo da década de 1920, Blum se colocou a questão de como e sob quais condições um socialista deveria entrar no governo. Ele estabeleceu uma distinção entre o "exercício do poder" (assumir um cargo político a fim de pavimentar o caminho para o socialismo) e a "conquista do poder" (o efetivo desmantelamento do capitalismo). No final das contas, Blum acabou se contentando com "a ocupação do poder", para deixá-lo fora do alcance dos fascistas.

Quando o radical Blum, de origem judaica, chegou ao poder em 1936, o político antissemita Xavier Vallat reclamou: "Pela primeira vez esta antiga terra galo-romana será governada por um judeu". Pouco antes de se tornar primeiro-ministro, Blum foi arrancado de um carro e espancado, quase até a morte, por uma turba de extrema direita. Uma foto dele todo enfaixado e com as feições inchadas estampou a capa da revista *Time* no dia 9 de março de 1936.

Os reacionários odiavam Blum tanto por ser judeu quanto por ser socialista. Ele poderia ter reclamado dizendo que suas ambições imediatas não eram nada escandalosas. O Partido Comunista Francês apoiou o governo Blum, mas, contra sua vontade e a de sua própria liderança, foi pressionado por Moscou a evitar desempenhar um papel direto no governo.

Sob a influência da estratégia do Terceiro Período do Comintern, do verão de 1928 até um ou dois anos depois da ascensão do nazismo em 1933, os partidos comunistas tinham enxergado os reformistas social-democratas como seus principais inimigos, chegando a ponto de denominá-los "social-fascistas". Em 1934, contudo, a relação entre socialistas e comunistas na França já havia se tornado mais fraterna.

Em uma drástica inversão de rumo, o Comintern passou a buscar alianças – "frentes populares" – com outros movimentos de esquerda onde fosse possível. A justificativa para a decisão de se afastar do governo de Blum em 1936 não era um purismo esquerdista. Na verdade, Stálin tinha receio de que o envolvimento

---

[6] "The Great Fiasco: Contemptible 'Labour' Government", *Socialist Standard*, n. 325, set. 1931.

O deus que fracassou | 121

comunista pudesse afugentar o apoio centrista do Partido Radical à Frente Popular.

A eleição do governo socialista de Blum, no entanto, desencadeou uma enorme onda de ações sindicais. Mais de 2 milhões de trabalhadores participaram de greves, ocupando fábricas e paralisando a produção. Marceau Pivert, líder da esquerda radical do Partido Socialista, proclamou que, nessa nova situação, "tudo é possível". O setor empresarial apelou a Blum para que restaurasse a ordem. O resultado foi a realização de uma série de reformas, os Acordos de Matignon, que garantiram aos trabalhadores o direito legal à greve, facilitaram a formação de sindicatos e lhes concederam grandes aumentos salariais. Os trabalhadores franceses puderam gozar de um seguro-desemprego e de duas semanas de férias remuneradas. Naquele verão, exaustos mas cheios de alegria, milhões de trabalhadores viajaram para o campo e para o litoral pela primeira vez. A dignidade que essas reformas conferiram ao povo trabalhador era inegável. Embora fossem o produto de uma rebelião das bases, e não do programa de Blum, elas não poderiam ter sido introduzidas se a Frente Popular não estivesse no poder.

As reformas também continham os germes de sua própria dissolução. Os levantes de maio e junho de 1936 deflagraram uma fuga de capitais e uma contra-ofensiva empresarial em reação às reformas. Com o crescimento da instabilidade política, os setores de classe média da coalizão de Blum abandonaram a luta. O líder já não dispunha do apoio nem da determinação para forçar medidas mais radicais, tampouco para oferecer uma ajuda adequada a seus camaradas socialistas-republicanos que travavam uma guerra civil sangrenta contra os fascistas na Espanha. Blum foi afastado do poder pela última vez em 1938, insistindo que não havia tentado ser mais do que um "leal gestor do capitalismo"[7].

Blum talvez não estivesse dando o devido valor às suas reformas e à sua visão radical. Mas, no final das contas, incapaz de fazer a defesa das suas políticas, a Frente Popular na França acabou não tendo muito mais êxito do que os dois primeiros governos do Partido Trabalhista britânico. Foi só na Suécia que os socialistas do entreguerras foram capazes de realmente fazer frente à ortodoxia fiscal. Os economistas suecos já vinham desenvolvendo ideias econômicas heterodoxas havia bastante tempo, e, a partir da década de 1930, o Partido Social-Democrata Sueco (Sveriges Socialdemokratiska Arbetareparti – SAP) as colocou em prática.

---

[7]   Donald Sassoon, *One Hundred Years of Socialism: The West European Left in the Twentieth Century* (Nova York, New Press, 1996), p. 55.

O manifesto socialista

As narrativas sobre a ascensão da social-democracia na Suécia geralmente se concentram nas características excepcionais do país nórdico. É comum evocar sua cultura cívica, um Estado menos repressivo e inclusive sua homogeneidade racial. Contudo, de modo geral, a esquerda sueca enfrentou desafios semelhantes aos de seus pares em outros países, mas conseguiu encontrar formas de superá-los. Uma diferença relevante era que a nação passou pelo processo de industrialização num período relativamente tardio, já no final da década de 1870. Os primeiros sindicatos só foram formados uma década depois, de modo que os defensores do sindicalismo industrial que viriam a compor a Confederação Sueca de Sindicatos em 1898 não tiveram que enfrentar poderosas corporações de ofício mais conservadoras.

Por conta do começo tardio, o sindicalismo sueco acabou se desenvolvendo sob a influência ideológica do socialismo – a formação do SAP se deu junto com a criação da Segunda Internacional em 1889. O exemplo dos movimentos dinamarquês e alemão despertou o interesse dos fundadores do partido pelo socialismo, e a ideologia rapidamente passou a ganhar adesão na Suécia. Os socialistas enfrentavam uma oposição intransigente das elites: um artigo de 1902 do *New York Times* chegou a descrever as batalhas entre trabalhadores e capitalistas e os pavores de que a "tão temida bandeira vermelha" fosse hasteada numa Suécia que só perdia para a Rússia como "o país mais feudal e oligárquico da Europa". Na mesma linha, a literatura do SAP chegou a descrever essa Suécia como um enorme "alojamento de trabalho sob administração armada"[8].

A Suécia não garantiu sufrágio universal masculino até o início do século XX, o que significava que, assim como no caso dos bolcheviques, os socialistas suecos foram obrigados a concentrar boa parte de seus esforços iniciais no chão de fábrica e não nos corredores do Parlamento. Na luta política por reformas civis, os socialistas se provaram mais aptos que os liberais do país. Assim como na Alemanha, o poder limitado dos cargos eletivos também acabou reduzindo na prática as potenciais diferenças entre uma direita parlamentar aspirante e forças mais radicais. No entanto, na Suécia, sob a liderança de Hjalmar Branting, os sociais-democratas foram capazes de manter uma posição relativamente estável e realizar um trabalho produtivo de formação de coalizão com forças liberais e agrárias.

Apesar de ter certas inclinações reformistas, o movimento sueco foi construído desde cedo com base em fundamentos ideológicos socialistas: ele defendia políticas que aproximassem trabalhadores artesãos e industriais, e sustentava a importância

---

[8] Pelle Neroth, *The Life and Death of Olof Palme: A Biography* (publicação independente, 2017), p. 19.

de lutar pelos mais mal pagos. Os sociais-democratas priorizaram sempre programas universais – com benefícios também para os pobres e os agricultores – e não apenas os interesses mais estreitos dos operários. Em vez de recorrerem a atalhos em seus primeiros anos de oposição, os socialistas suecos começaram a construir uma hegemonia mais durável do que a de outros partidos da Segunda Internacional.

Na década de 1920, as coisas já estavam ocorrendo conforme o previsto: a luta por democracia *política* tinha sido bastante exitosa e, por conta disso, o partido conseguia resultados eleitorais cada vez melhores. Os primeiros governos minoritários do SAP, contudo, provaram-se incapazes de dar início à segunda fase: a conquista da democracia *social*. Isso começou a mudar em 1932, quando o partido entrou num período de quase meio século de governo ininterrupto. O SAP tinha feito uma campanha organizada em torno de uma expansão das obras públicas e do aumento das intervenções estatais na economia, e, depois de assumir o poder, começou a implementar algumas das políticas contracíclicas que os socialistas em outros lugares haviam negligenciado.

A grande reviravolta, no entanto, ocorreu mais para o final da década, quando o SAP compôs uma coalizão parlamentar com o Partido Agrário, e a Confederação Sindical Sueca (Landsorganisationen i Sverige – LO) negociou um "Acordo Básico" com a poderosa federação patronal do país, a Svenska Arbetsgivareföreningen (SAF). Reconciliar os interesses da classe trabalhadora com os dos pequenos agricultores significava que, por ora, a nacionalização ficava fora de cogitação. Na mesma linha, o acordo da LO com a SAF reconheceu pela primeira vez o "direito de gerir" dos gestores – de dirigir o processo de trabalho e tomar decisões sobre o quadro de funcionários sem interferência. O planejamento era, assim, redefinido de modo que, aos poucos, a perspectiva de nacionalização estatal dava lugar a um modelo baseado em investimento público e planejamento econômico.

O partido havia passado por uma mudança considerável: da oposição, na qual representava os interesses mais exclusivos dos trabalhadores, para embarcar em um projeto de construir uma "casa do povo" cooperativa para a população como um todo. Reconhecia-se que a prosperidade dependia do crescimento, e que não havia alternativa imediata à iniciativa privada. Nos idos de 1897, em meio a batalhas sindicais acaloradas, os socialistas suecos declararam que seu objetivo oficial seria "a promoção e desenvolvimento da cultura intelectual e material". A nacionalização, na época, era o meio pressuposto para tanto, mas o objetivo era mais aberto. Diferentemente do Partido Trabalhista de MacDonald, no entanto, eles não capitularam ao mercado tal como este se encontrava, mas fizeram uma tentativa radical de alterar a forma pela qual ele operava[9].

O modelo sueco amadureceu depois da guerra. Durante o período de gestação do programa "pós-guerra" de 1944 do SAP, o ministro das Finanças Ernst Wigforss defendeu que o problema era a concentração de poder econômico, e não necessariamente a propriedade privada em si. Tratava-se de mais um reconhecimento de que a principal questão da Suécia era o subdesenvolvimento, e que era melhor para o movimento operário dividir uma fatia de uma torta crescente com os capitalistas do que tentar capturar a totalidade de uma torta pequena.

No entanto, o SAP não excluía completamente a possibilidade de uma socialização imediata caso esse mercado privado mais domesticado não se mostrasse compatível com os valores e objetivos do partido. Os debates da época revelam um partido que ainda levava a sério seu compromisso com o socialismo. Aliás, alguns socialistas compartilhavam da expectativa do ministro de Assuntos Sociais Gustav Möller de que, com o fim da guerra, poderia haver uma onda de revoluções e um amadurecimento das condições para um programa socialista mais tradicional.

Com a triplicação do voto comunista, a ponto de representar 10% do eleitorado, a esquerda como um todo já compunha maioria absoluta nas eleições de 1944. E mesmo em um período marcado por controles emergenciais de salário, preço e consumo, ainda havia certa mística em torno da ideia da planificação. Apesar das garantias emitidas por Wigforss de que o capital privado seguiria tendo um papel, o programa de 1944 defendia a tomada de indústrias básicas e das finanças pelo governo e previa uma responsabilidade abrangente, do Estado, de dar forma ao investimento e sustentar o pleno emprego. O economista e ministro do Comércio Gunnar Myrdal chegou a falar de uma "época de colheita" para o movimento operário, na qual os trabalhadores colheriam os frutos do desenvolvimento econômico recente. Todavia, a pauta da nacionalização esbarrou em resistência por parte de uma classe capitalista que tinha cacife para ameaçar reter investimento. Esse clima, combinado com o avanço da Guerra Fria, fez que o SAP se conformasse a ponto de abrir mão da aliança com os comunistas em favor de uma nova coalizão com os agraristas[10].

---

[9] Tim Tilton, *The Political Theory of Swedish Social Democracy: Through the Welfare State to Socialism* (Oxford, Oxford University Press, 1992), p. 31.

[10] Ibidem, p. 194; David Zachariah e Petter Nilsson, "Waiting in the Wings", em Catarina Principe e Bhaskar Sunkara (orgs.), *Europe in Revolt* (Londres, Haymarket, 2016).

Com a marcha rumo ao socialismo interditada, o partido acabou adotando em 1951 um plano elaborado por uma dupla de economistas da LO, Gösta Rehn e Rudolf Meidner. Ambos compartilhavam da vontade do SAP de promover e influenciar a expansão econômica, mas defendiam que isso fosse feito por meio de negociações trabalhistas centralizadas em vez de por intervenção estatal direta. O ponto de partida para a estratégia Rehn-Meidner era o compromisso de utilizar aquela negociação setorial entre a LO e a SAF para ajudar a equalizar os níveis salariais de todos os trabalhadores. Isso não significava que todo mundo passaria a receber o mesmo, mas que haveria uma redução do abismo salarial entre os trabalhadores mais bem pagos e os da base da pirâmide. O princípio da "remuneração igual para trabalhos iguais" também significava que os salários diferenciados deveriam ser determinados pelo tipo de trabalho realizado, e não pela capacidade de determinado empregador de pagar ou pelo poder do trabalhador em seu chão de fábrica[11].

Havia três motivos por trás dessa política. Primeiro, ela respondia a um compromisso ideológico de igualdade: ainda que os salários não pudessem ser iguais, no mínimo devemos elevar a renda dos mais mal pagos e limitar as vantagens dos mais bem pagos. Segundo, a compressão salarial era politicamente útil: ela reduzia as divisões no interior da classe trabalhadora e promovia solidariedade entre trabalhadores de diferentes setores industriais. Terceiro, essa política desempenhava um papel macroeconômico importante no plano Rehn-Meidner.

As demandas salariais seriam estipuladas de modo que as empresas situadas em determinado patamar de eficiência sobreviveriam, mas as empresas menos eficientes seriam obrigadas a se reestruturar radicalmente, ou então declarar falência. As empresas mais produtivas, contudo, se beneficiariam da restrição salarial de seus trabalhadores e ficariam com um incremento de seus lucros. Esses lucros permitiriam que essas empresas expandissem sua capacidade produtiva, gerando assim mais riqueza. O sistema ajudava a estimular as indústrias capital-intensivas e de salários altos.

Essas negociações se davam diretamente entre trabalho e capital, mas o papel do Estado era crucial: "políticas ativas de mercado de trabalho" ajudavam os trabalhadores anteriormente empregados em empresas menos produtivas a ser reabsorvidos pelos setores da economia que estavam em expansão. A existência de

---

[11] Ver Jonas Pontusson, *The Limits of Social Democracy: Investment Politics in Sweden* (Ithaca, NY, Cornell University Press, 1992).

garantias sociais – saúde, educação, creches e assim por diante – significava que havia um setor estatal crescente para ajudar a garantir o pleno emprego. Era um programa de "socialismo funcional", na medida em que explicitava certas prioridades socialistas, mas não buscava atingi-las via nacionalização, e sim por meio do manejo dos resultados do empreendimento capitalista. Tratava-se de um modelo, no entanto, com o qual os capitalistas só concordariam sob coação. Nas palavras de Meidner, "a gerência prefere negociações descentralizadas" e "a existência de diferenciais salariais como instrumentos de controle gerencial"[12].

Por mais que os capitalistas tenham se beneficiado em muitos aspectos do plano Rehn-Meidner, ele só se realizou porque um poderoso movimento de trabalhadores e um partido social-democrata forçou sua implementação. Ainda assim, era um "socialismo" administrado conjuntamente por uma poderosa federação patronal, que estipulou limites claros a respeito de até onde os direitos de propriedade privada poderiam ser erodidos.

Essa contradição só viria à tona mais tarde. A Suécia gozou de um período de prosperidade no pós-guerra. O país não havia sido devastado pela guerra, e a Europa em fase de reconstrução precisava das matérias-primas que ele exportava. O que era bom para a Volvo aparentemente também o era para a Suécia. Durante o mandato de 23 anos do primeiro ministro Tage Erlander, as empresas tiveram lucros elevados e o espólio desse crescimento foi amplamente compartilhado.

O sonho de construir o socialismo por meio de nacionalizações havia sido abandonado, tanto que, em 1976, só 5% da indústria sueca estava nas mãos do poder público. Mas os resultados eram inegáveis. O modelo Rehn-Meidner combinava, de um lado, o poder dinâmico do capital e do livre comércio, e, de outro, a potência de um movimento sindical organizado e um Estado social-democrata, a fim de garantir resultados igualitários. Além de distribuir a renda de maneira mais justa, o sistema permitia que os suecos tivessem suas necessidades básicas atendidas *fora* do mercado por meio das garantias do Estado de bem-estar social. Foi o que Wigforss denominava uma "utopia provisória".

Observadores internacionais como Anthony Crosland extraíram lições profundas do exemplo sueco. O parlamentar do Partido Trabalhista britânico acreditava que o socialismo era compatível com a propriedade privada da indústria. Seu livro de 1956, *The Future of Socialism*, criticava o foco socialista tradicional nos meios – a

---

[12]   Rudolf Meidner, "Why Did the Swedish Model Fail?", *Socialist Register*, 1993, p. 222.

preferência pelas nacionalizações, por exemplo – em detrimento do objetivo final da igualdade social. "O pior tipo de confusão", escreveu, "é a tendência de usar [o socialismo] para descrever não um certo tipo de sociedade, mas determinadas políticas que são, ou que se pensa serem, meios de atingir esse tipo de sociedade." Foi a obra revisionista mais influente desde o *Socialismo evolucionário*, de Eduard Bernstein, perfeita para uma era na qual o capitalismo parecia dinâmico e quase não haver limites para reforma no interior dele. As intenções de Crosland eram explícitas. A um amigo, chegou a dizer: "estou trabalhando numa grande revisão do marxismo e por certo devo surgir como o Bernstein moderno"*.

Bernstein suspeitava do grau de maleabilidade do capitalismo, mas Crosland tinha provas. Apesar da Depressão e da guerra das décadas de 1930 e 1940, o sistema não tinha colapsado, em vez disso estava se transformando. A qualidade de vida vinha melhorando, e o capital privado estava cada vez mais subordinado tanto ao Estado quanto ao trabalho. Foi o que se viu na Inglaterra de Clement Attlee, e ainda mais na Suécia de Erlander. Taxar o crescimento capitalista e garantir a existência de gastos sociais, em vez de partir para a expropriação total, parecia ser o bastante. Indo mais longe que o próprio Bernstein, Crosland escreveu: "Marx tem pouco ou quase nada a oferecer ao socialista contemporâneo, seja no que tange à política prática, ou no que diz respeito à análise correta de nossa sociedade, ou ainda no tocante às ferramentas conceituais ou arcabouço teórico". Três anos depois da publicação de *The Future of Socialism*, até mesmo o venerável Partido Social-Democrata Alemão abandonaria, em seu Programa de Godesberg, o conceito marxista da luta de classes. A reconciliação com o capitalismo que a social-democracia havia muito vinha trilhando na prática agora finalmente recebia sua formulação teórica[13].

* * *

No entanto, quando Olof Palme assumiu como primeiro-ministro da Suécia em 1969, o compromisso de classe que sustentava o sistema já estava começando a se desfazer. O fato de Palme ter ganho proeminência não foi nenhuma surpresa: o que chamou atenção foi ele ter feito isso a partir de uma política da classe trabalhadora. Ele nasceu em uma família luterana aristocrática e passou boa parte de sua infância nas propriedades familiares acompanhado de tutores privados. Seus tios eram direitistas tão hidrófobos que chegaram a lutar na Guerra

---

* Catherine Ellis, "'The New Messiah of my Life': Anthony Crosland's Reading of Lucien Laurat's *Marxism and Democracy* (1940)", *Journal of Political Ideologies*, v. 17, n. 2, 2012, p. 189. (N. T.)

[13] Anthony Crosland, *The Future of Socialism* (Nova York, Macmillan, 1957), p. 20.

Civil Finlandesa como voluntários estrangeiros em apoio ao brutal Exército Branco. Um deles, a quem deve o nome, foi morto pelos Vermelhos na Batalha de Tampere em 1918.

Há quem diga que Palme sempre teve certos instintos igualitários. Depois de seu assassinato em 1986, um antigo empregado da família recordou que ele era diferente de seus outros parentes, mesmo aos oito anos de idade, "sempre nos ajudando a tirar a louça e se dirigindo aos empregados em pé de igualdade". Mas, do que sabemos de seu tempo na escola primária e no Exército, Palme passava longe da política e inclusive demonstrava certas tendências conservadoras. Por mais improvável que possa parecer, foi no período que passou nos Estados Unidos que o socialismo o ganhou[14].

Em 1947, Palme recebeu uma bolsa para estudar por um ano na Kenyon College, uma faculdade de artes liberais em Ohio, nos Estados Unidos. Logo se apaixonou pelo país, que naquele momento esbanjava a confiança do pós-guerra e um vibrante movimento sindical. Na sua época de aluno, Palme estudou com professores progressistas e participou de uma associação socialista. Escreveu sua tese sobre a Trabalhadores Automotivos Unidos (United Auto Workers – UAW), chegando a conduzir uma pesquisa de campo na fábrica de rolamentos perto de Kenyon. Naquele verão, Palme também teve a oportunidade de conversar com o dirigente da UAW Walter Reuther, em Detroit, e se encantou com o que pôde ver do movimento social-democrata americano[15].

Livre pela primeira vez da rigidez dos internatos e da disciplina do serviço militar, Palme rodou os Estados Unidos intercalando caronas e viagens em ônibus interestaduais. Nesse período, foi descobrindo quanto o racismo permeava o tecido social nos Estados Unidos sob o sistema Jim Crow. Ele contou que, certa vez, viajava no fundo de um ônibus sentado ao lado de passageiros negros no Sul do país quando alguns homens brancos lhe pediram para passar para a frente. Ele se recusou e provavelmente só escapou de apanhar porque, como escreveu mais tarde em uma carta para sua família, "devem ter pensado que eu era um estrangeiro maluco". Quando Palme retornou à Suécia, o jovem que pouco tempo antes pensava que a taxa tributária precisava ser cortada pela metade agora escrevia artigos sobre o *Manifesto comunista*[16].

---

[14] Pelle Neroth, *The Life and Death of Olof Palme*, cit., p. 17.

[15] Ibidem, p. 35.

[16] Ibidem, p. 40.

O recém-politizado Palme passou a se envolver no SAP e tornou-se diretor da união dos estudantes suecos em 1952. Muitos repararam no seu carisma e na sua inteligência, e ele logo se tornou assistente do primeiro-ministro Erlander. Seu papel na gestão foi tão vital que a mídia por vezes chegava a retratar Erlander como fantoche de Palme. Contudo, o prestígio e a atenção que ele foi ganhando não agradou a certos integrantes de sua família. Sua avó, orgulhosa dos sacrifícios de seus filhos contra os "bárbaros finlandeses", lamentava que seu querido neto estivesse "a serviço de um partido empenhado em destruir nosso país"[17].

Quando se tornou primeiro-ministro aos 42 anos de idade, Palme esperava conseguir pegar o modelo construído sob Erlander e ampliar seu alcance. Suas ambições ancoravam-se em suas próprias posições políticas, mas também refletiam uma pressão crescente da militância de base da LO e do SAP. O que se verificava era que, em vez de apaziguar as demandas democráticas, o saldo de décadas de Estado de bem-estar social forte foi estimular demandas democráticas ainda mais ambiciosas. No rescaldo de um revés do SAP nas eleições locais, uma convenção de 1967 empenhou o partido numa "ofensiva de política industrial" que remontava ao debate de planejamento econômico da década de 1940. Até então, a social-democracia sueca havia feito pouco planejamento industrial direto, apoiando-se nas demandas dos sindicatos e nas intervenções estatais que visavam moldar as forças do mercado. Mas, agora, o governo criava um banco público de investimentos e ampliava as empresas estatais, bem como os mecanismos para coordená-las. As mudanças não eram necessariamente anticapitalistas: as empresas precisavam de mão de obra e apoio estatal para se ajustar a um mercado mundial em transformação. Mas, embora os capitalistas aceitassem uma política industrial ativa, houve forte resistência ao movimento de ampliar a democracia no local de trabalho[18].

As lideranças da LO precisaram lidar com uma onda de greves "selvagens" feitas à margem da organização sindical e, em consequência, acabaram sendo levadas para mais à esquerda no início da década de 1970. A federação começou a defender a extensão das negociações coletivas de modo a abarcar também questões não econômicas. Os empregadores organizados na SAF rejeitaram qualquer reforma nesse sentido, então o movimento dos trabalhadores (tanto a LO quanto as federações de colarinho branco) recorreu ao trabalho parlamentar dos sociais-democratas para

---

[17] Ibidem, p. 42.

[18] Jonas Pontusson, "Radicalization and Retreat in Swedish Social Democracy", *New Left Review*, v. 165, set./out. 1987, p. 11.

fazer avançar suas demandas. Com o respaldo do Partido Social-Democrata de Palme, os empregadores foram obrigados a negociar com os sindicatos em praticamente toda questão relativa ao local de trabalho. Os termos do Acordo Básico de 1938 foram violados, e quem disparou os primeiros tiros foi o movimento dos trabalhadores.

A mudança mais radical foi o endosso da LO em 1976 a um novo Plano Meidner, que propunha a criação de fundos de participação acionária para empregados (*löntagarfonder*) que pertenceriam coletivamente aos trabalhadores. As décadas de restrições salariais nas empresas produtivas tinham reduzido as pressões inflacionárias de modo a possibilitar um processo de expansão. Mas essas políticas também produziram "lucros excessivos" – produto de negociações centralizadas, não de fraqueza no chão de fábrica – que nem sempre acabavam sendo investidos de maneira produtiva. Muitos trabalhadores, especialmente aqueles que possuíam qualificações valiosas, sentiam que mereciam mais do que os aumentos salariais que vinham recebendo. Esses sentimentos só se intensificaram quando se percebeu que algumas das maiores empresas suecas estavam embolsando lucros extremamente altos, em larga medida por conta da disposição, por parte do movimento dos trabalhadores, de restringir suas demandas. Um parlamentar comunista, C.-H. Hermansson, afirmou que, mesmo depois de quinze anos de governo social-democrata ininterrupto, a maior parte da indústria sueca estava nas mãos de apenas "quinze famílias". A proposta da LO, que não passou de antemão pelo SAP, abordaria tanto os problemas ideológicos quanto os problemas práticos do controle unilateral dos capitalistas sobre a riqueza socialmente produzida[19].

A ideia de um fundo para empregados já havia sido aventada na Alemanha, na Holanda e na Dinamarca no pós-guerra, mas o plano sueco era mais ambicioso. Um pequeno grupo de trabalho criado em 1973 passou dois anos formulando uma estratégia para manter a política salarial solidária da nação. Acabaram apresentando um relatório que defendia uma forma de participação nos lucros: empresas com mais de cinquenta empregados teriam que reservar 20% de seus lucros anuais para emitir cotas acionárias a um fundo para empregados controlado pelos trabalhadores. A proposta foi recebida em um primeiro momento com indiferença por parte das lideranças da LO, mas logo veio a ser considerada uma possível solução para os problemas que o modelo sueco enfrentava. A resposta da

---

[19] Peter Gowan e Mio Tastas Viktorsson, "Revisiting the Meidner Plan", *Jacobin*, 22 ago. 2017; disponível em: <jacobinmag.com/2017/08/sweden-social-democracy-meidner-plan-capital>.

militância sindical de base foi bem mais entusiasmada, particularmente por conta das implicações anticapitalistas do plano. No arco de algumas décadas, havia a perspectiva de os fundos (controlados por trabalhadores por meio de conselhos sindicais) disputarem a propriedade dos meios de produção com o capital privado. Como disse Meidner, em uma entrevista de 1975: "Não podemos transformar a sociedade fundamentalmente sem mudar sua estrutura de propriedade". Tratava-se de uma rejeição da esquerda ao "socialismo funcional"[20].

Por sua vez, muitos trabalhadores que vinham exercendo poder político indiretamente através do Partido Social-Democrata sentiam que dispunham das habilidades e da experiência necessária para gerir seus próprios locais de trabalho sem fazer concessões ao capital. A resolução foi aprovada na convenção de 1976 e comemorada espontaneamente ao som da "Internacional".

O Comitê Meidner antecipava uma forte resistência empresarial e reforçou que os patrões *não* estavam sendo expropriados. Não estariam perdendo nenhuma riqueza existente; só teriam de abrir mão de uma parte de seus futuros lucros. E já que essa parcela de lucro não seria taxada, era o próprio Estado que estaria subsidiando os fundos. O plano podia ainda promover mais restrições salariais e atenuar os atritos entre os trabalhadores e a gerência. No entanto, depois de alguma consideração, os líderes empresariais enxergaram o plano pelo que ele realmente era: uma ameaça à sua existência.

* * *

Enquanto isso, Palme continuava tocando seu projeto mais amplo no curso de seus primeiros sete anos de gestão. Gostava de usar poesia para descrever o que a social-democracia visava realizar, um mundo que reconheça que "o homem, não a Lua, é a medida de tudo. O que estamos construindo juntos é uma cidade aberta, sem muros, com sua luz projetando-se contra a solidão do espaço"*.

Para as mulheres suecas em particular, a social-democracia representou um enorme progresso naquele que havia sido considerado o país mais patriarcal da Escandinávia. Historicamente, os socialistas tinham se saído muito melhor na questão da igualdade social do que seus rivais, visto que a maioria concordava com August Bebel de que não poderia haver sociedade justa sem "igualdade entre os sexos".

---

[20] Rudolf Meidner, "Why Did the Swedish Model Fail?", *Socialist Register*, 1993, p. 224; Jonas Pontusson, "Radicalization and Retreat in Swedish Social Democracy", *New Left Review*, v. 165, set./out. 1987, p. 14.

* Pelle Neroth, *The Life and Death of Olof Palme*, cit., p. 92. (N. T.)

Mas, radicais como Alexandra Kollontai e Vladímir Lênin, que reconheciam a "dupla opressão" que as mulheres enfrentavam, tanto do capital quanto do sexismo, avaliavam que havia pouca margem de manobra para reforma no interior dos marcos do capitalismo (no início dos anos 1900, Kollontai chegou a rejeitar o movimento feminista em si como "veneno"). Os socialistas, em geral, eram a favor do sufrágio universal, do pleno emprego e de outros direitos civis, mas eram menos proativos quando se tratava de outras lutas e suspeitavam das causas feministas interclassistas*.

O exemplo da Suécia mostrava quanto a opressão sexual podia ser reduzida no interior do capitalismo. Salário-família, licença familiar, creches e mesmo o fornecimento de refeições escolares, tudo isso aliviava o fardo depositado sobre as mulheres. Além dessas medidas, a política de "remuneração igual para trabalhos iguais" e as negociações trabalhistas que favoreciam mais os setores com os menores salários também ajudaram as mulheres. Ainda assim, em 1966, dois terços das mulheres suecas ainda ficavam em casa. Um panfleto popular de 1961 apontava que, naquela época, as mulheres tinham o direito de competir com os homens no mercado de trabalho, mas ainda eram encarregadas dos deveres domésticos, o que na prática inviabilizava fazer qualquer um dos dois plenamente[21].

Em meio ao debate acerca dessa questão, o Estado tomou providências para facilitar a participação feminina na força de trabalho. Foi criado um conselho consultivo sobre igualdade sexual que passou a trabalhar diretamente com o gabinete do primeiro-ministro com o objetivo de elaborar políticas que incentivassem o "livre desenvolvimento" para as mulheres e questionassem os papéis tradicionais de gênero. Palme se comprometeu seriamente com esse esforço, chegando a afirmar, num artigo cuidadosamente escrito intitulado "A emancipação do homem", que a luta das mulheres por igualdade significava enfrentar a "pressão de tradições milenares".

As mulheres suecas finalmente conquistaram o direito ao aborto em 1974. Naquele ano, *80%* das mulheres no país já se encontravam em empregos remunerados, a taxa mais alta do mundo. Junto com a transformação social e econômica mais ampla em curso, a sociedade sueca havia passado por uma verdadeira reviravolta: o tradicionalismo diminuía, o secularismo crescia e novas formas de

---

* Alexandra Kollontai, *Selected Writings of Alexandra Kollontai* (Westport, CT, Lawrence Hill, 1978), p. 51.

[21] Eva Mobert, *Kvinnor och människor* [Mulheres e pessoas] (Estocolmo, Bonnier, 1962).

liberação sexual floresciam. O que certa vez havia sido uma nação hierárquica, uma cultura ainda saudosa pelas glórias imperiais do passado, podia agora se orgulhar de ser uma democracia comprometida com a igualdade dentro de suas fronteiras e com as lutas anticoloniais no exterior[22].

* * *

Na altura das eleições gerais de 1976, os sociais-democratas já estavam no poder por 44 anos, um período maior do que a idade de boa parte dos suecos. Eles haviam enfrentado um baque em 1973, e na sequência, em 1976, o bloco socialista perdeu maioria. A causa imediata da derrota eleitoral pode ter sido um debate a respeito da energia nuclear. Os sociais-democratas eram a favor, mas o Partido de Centro, que incluíra em seu programa a política verde, era contra.

O desafio mais amplo vinha do dilema estrutural da social-democracia. Por mais criativa que fosse, a social-democracia ainda dependia dos lucros do setor privado e do cálculo, feito pelos empresários, de que manter a paz com um poderoso movimento trabalhista valia a pena. É certo que os patrões puderam aproveitar um período de estabilidade: de 1938 até o início da onda de greves "selvagens" em 1969, a Suécia registrava os índices grevistas mais baixos da Europa. Mas o descontentamento político e o fim do *boom* econômico do pós-guerra indicavam que a trégua não podia durar para sempre. A esquerda, como vimos, começou a romper com alguns pontos do Acordo Básico de 1938. Em algumas instâncias tratava-se de atos ideológicos, como no caso do questionamento de prerrogativas das gerências e a pressão por democracia industrial. Em outras, como no caso do fundo de participação acionária para empregados, misturavam-se imperativos práticos e ideológicos.

A federação patronal, por sua vez, também se radicalizou. Pela primeira vez em décadas, a SAF lançou uma campanha midiática contra os pilares de sustentação da social-democracia. Atacava o Plano Meidner, retratando-o como uma tentativa da burocracia sindical para concentrar o poder em suas mãos. A militância de base da LO ainda defendia o plano, mas o SAP nunca havia se comprometido para valer com ele. O mesmo pode ser dito dos eleitores de colarinho branco da esquerda. As acusações colaram e, em outubro de 1981, 50 mil pessoas foram às ruas contra o Plano Meidner.

---

[22] Joyce Gelb, "Sweden: Feminism without Feminists?", em *Feminism and Politics: A Comparative Perspective*, cap. 5 (Berkeley, University of California Press, 1989).

O manifesto socialista

Ao mesmo tempo, os empregadores começaram a resistir a demandas até mesmo moderadas por aumentos salariais. A ameaça de desemprego e inflação crescia em meio a um cenário marcado por desdobramentos como a crise mundial de petróleo de 1973 e mudanças econômicas mais amplas que resultaram na internacionalização da economia sueca. Ainda responsável por absorver as perdas nos postos de emprego do setor privado e manter um amplo conjunto de garantias de bem-estar social, o Estado passou a crescer rapidamente, a ponto de as despesas públicas chegarem a representar quase 70% do PIB.

A social-democracia sempre dependeu da expansão econômica, que acudia tanto a classe trabalhadora quanto o capital. Quando o crescimento começou a minguar e as demandas dos trabalhadores passaram a avançar mais sobre os lucros das empresas, os empresários se rebelaram contra o compromisso de classe.

O neoliberalismo – um conjunto de políticas que visavam usar o poder estatal para restaurar os lucros dos empreendedores através da redução das regulações e do enfrentamento com os sindicatos – foi uma forma de resolver a crise dos anos 1970. Lutar para arrancar do capital o controle dos investimentos era outra. Mas os sociais-democratas não estavam preparados para essa escolha. Pensando terem abolido o ciclo empresarial por meio da intervenção estatal, esqueceram-se de um princípio fundamental do marxismo: as contradições do capitalismo, e sua tendência a produzir crises, não podem ser resolvidas no interior do sistema.

Talvez as coisas tivessem ocorrido de maneira diferente se Palme e seu partido tivessem apoiado o Plano Meidner para valer na década de 1970. No entanto, eles se depararam com outro grande dilema da social-democracia: as lideranças social-democratas precisam ganhar eleições e construir instituições estáveis. Não queriam necessariamente uma mobilização de classe trabalhadora para além das urnas eleitorais. Para poder manter uma estabilidade eleitoral e preservar sua capacidade de mediar capital e trabalho e implementar reformas, os sociais-democratas se esquivaram de soluções de esquerda para a crise. Ao assim proceder, acabaram ironicamente minando sua própria base eleitoral, a verdadeira fonte de seu poder[23].

Apesar do revés do SAP em 1976, o fundamental da social-democracia permaneceu incontests por mais tempo na Suécia do que em qualquer outro país europeu. Na década de 1980, no entanto, as políticas e práticas de negociação centralizada

---

[23] Adam Przeworski, "Social Democracy as a Historical Phenomenon", *New Left Review*, v. 1, n. 122, jul./ago. 1980.

começaram a ruir, e o Plano Meidner foi sendo diluído e enfraquecido a ponto de tornar-se insignificante. As políticas de pleno emprego foram abandonadas por um governo social-democrata durante a crise financeira de 1990. Embora a Suécia ainda possua indicadores sociais melhores do que os de qualquer outra nação, seu Estado de bem-estar social foi transformado por meio de reformas que privatizaram aspectos-chave da provisão de serviços. O ingresso na União Europeia em 1995 erodiu ainda mais o que restava do modelo sueco.

* * *

Embora outras experiências social-democratas fracassassem, a esquerda não estava em plena retirada em toda parte. Na França, 43 anos depois de Léon Blum ter deixado o poder, o governo socialista de François Mitterrand, nos anos 1980, foi uma tentativa de se contrapor ao declínio da chama. Seu programa foi o mais radical já promovido por um partido no poder em décadas. "Você pode ser um gestor de uma sociedade capitalista ou um fundador de uma sociedade socialista", diria Mitterrand. "No que depender de nós, queremos ser o segundo."[24]

Quando Mitterrand assumiu o poder em 1981, com apoio dos comunistas, a França já enfrentava índices crescentes de desemprego e estagnação econômica, e um clima internacional desfavorável para os negócios. Apesar de sua retórica, o programa imediato de Mitterrand era radicalmente keynesiano. Suas "110 proposições para a França" propunham um programa de obras públicas e a construção de habitações populares, creches, pré-escolas e instalações de saúde. As vitórias legislativas iniciais do governo ampliaram os direitos sindicais no chão de fábrica e avançaram medidas de codeterminação. Houve aumento do salário mínimo e das pensões, e a jornada de trabalho foi reduzida a 34 horas semanais. Em 1982, uma lei de nacionalização colocou sob controle estatal 5 grupos industriais, quase 40 bancos, 2 metalúrgicas e boa parte das indústrias armamentistas e aeroespaciais. Essas estatizações, tachadas de bolchevismo na imprensa empresarial, não foram feitas por princípios ideológicos, mas sim para ajudar a manter o emprego e conduzir a reestruturação econômica.

Ainda assim, a resistência no setor empresarial foi sem precedentes e houve uma fuga de capitais, com 5 bilhões de dólares sendo retirados do país. Poucos anos depois de ter anunciado suas credenciais revolucionárias, Mitterrand suplicava às

---

[24] Jonah Birch, "The Many Lives of François Mitterrand", *Jacobin*, 19 ago. 2015; disponível em: <https://www.jacobinmag.com/2015/08/francois-mitterrand-socialist-party-common-program-communist-pcf-1981-elections-austerity/>.

lideranças empresariais francesas: "Essa será uma das formas de acabar com a luta de classes. Queremos desenvolver uma economia mista, não somos revolucionários marxista-leninistas". Talvez ainda se lembrasse do que havia dito a um de seus assessores poucos meses antes desse episódio: "Na economia, há duas soluções: ou se é leninista, ou não se mudará nada"[25].

O programa de Mitterrand de fato deflagrou uma onda de apoio popular, mas ele foi incapaz de mobilizar essa energia ou de lidar na prática com a resistência patronal. Também contribuíram para sua escolha de recuar, as restrições impostas pelo Sistema Monetário Europeu que vinculavam o franco ao *deutschmark*, evitando a desvalorização (hoje, a flexibilidade monetária permitida pela eurozona é ainda menor). As bravas "110 proposições" não resistiram à reação das elites domésticas e do mercado internacional. Os socialistas franceses foram forçados a dar um cavalo de pau brusco que implicou não apenas interromper sua marcha para a frente como efetivamente abraçar a política da austeridade.

Olof Palme não chegou a viver para ver um recuo desses em seu país. Mas, alguns anos depois de seu assassinato em 1986, tanto o socialismo de Estado quanto a social-democracia eram amplamente dados por mortos no mundo todo. Os sociais-democratas ainda ocupavam governos em muitos lugares. Desde meados do século, eles haviam aberto mão da ambição de construir uma ordem para além do capitalismo, optando por administrar doses de socialismo no seu interior. Agora terminavam, assim como no período do entreguerras, trilhando o caminho dos governos de Ramsay MacDonald e, no máximo, combinando medidas redistributivas com ortodoxia econômica.

Tony Blair na Inglaterra, Gerhard Schröder na Alemanha e seus correlatos estadunidenses, incluindo Bill Clinton e outros no Conselho de Liderança Democrata (Democratic Leadership Council – DLC), ajudaram a formular o recuo social-democrata em uma nova ideologia. A recém-batizada Terceira Via prometia "oportunidade, não governo", e "uma política de inclusão", não um Estado de bem-estar social. Os sociais-democratas, que certa vez haviam defendido uma via intermediária entre o comunismo e o capitalismo, lamentou o líder socialista francês Lionel Jospin, agora propunham um meio-termo entre a social-democracia e o neoliberalismo. Os parâmetros do espectro tinham sido deslocados à direita. Como parte dessa mudança, os partidos trabalhistas históricos foram transformados em partidos social-liberais e passaram a se dirigir mais a profissionais de

---

[25] Idem.

classe média do que às suas próprias bases, há muito negligenciadas, na classe trabalhadora[26].

* * *

As passagens mais marcantes de *The Future of Socialism*, de Anthony Crosland, talvez sejam suas demandas por "não apenas maiores índices de exportações e pensões, mas mais cafés a céu aberto, ruas mais vivas e alegres à noite... restaurantes mais limpos e animados, mais cafés na margem de rios, mais parques públicos como o Battersea". O modelo de Estado de bem-estar social não deveria ser o ponto de chegada das ambições humanas. Mas aqueles que abraçaram o legado moderado de Crosland na tentativa de modernizar seus velhos partidos se provaram mais capazes de realizar seus sonhos de renovação urbana verde do que os de igualdade social.

Isso significa que as décadas de esforço para construir a social-democracia foram em vão? Podemos lembrar a comparação feita por Rosa Luxemburgo entre o reformismo e o "trabalho de Sísifo", o gigante da mitologia grega fadado a eternamente arrastar uma rocha até o cume de uma montanha apenas para vê-la rolar novamente ladeira abaixo antes de se firmar no topo. Nas sociedades socialistas avançadas, moldadas por sociais-democratas, conquistas-chave da classe trabalhadora se mostraram duradouras e as pessoas ainda gozam de proteção contra as formas mais extremas de pobreza e insegurança. A democracia evita que o capitalismo retorne a seu ponto mais baixo de "guerra contra todos". Mas, para aqueles que ainda aspiram a uma era de abundância e solidariedade, não basta defender conquistas existentes ou negociar os termos da derrota.

Como veremos, o surgimento do movimento em torno do líder do Partido Trabalhista britânico Jeremy Corbyn e, em menor grau, em torno da figura de Bernie Sanders nos Estados Unidos representa uma surpreendente contestação à Terceira Via. O que torna Corbyn, em particular, tão notável, é que ele não oferece simplesmente um retorno à política do trabalhismo britânico do século XX, mas defende, em vez disso, uma "nova social-democracia da luta de classes", na qual a convenção do partido, a reunião sindical e o comício eleitoral estão longe de ser os únicos lugares aceitáveis para se fazer política. No entanto, ainda que a abordagem mais combativa de Corbyn e Sanders tenha êxito eleitoral, a nova social--democracia vai se deparar com os mesmos empecilhos estruturais que a anterior, a saber: sua dependência da lucratividade do capital e as tendências inflacionárias

---

[26] Curtis Atkins, "The Third Way International", *Jacobin*, inverno 2016.

que decorrem da existência de locais de trabalho empoderados e políticas de pleno emprego. A resolução dessas questões nos colocará diante de dois possíveis caminhos, embora diferentes daqueles sugeridos por Palme: retornar à ortodoxia econômica ou seguir rumo a uma tradição socialista mais radical, democrática.

Os sujeitos deste e dos três capítulos anteriores foram necessariamente a Europa ocidental e a Rússia, na medida em que o acidente histórico que é o capitalismo, junto com sua contraparte socialista, surgiu primeiro na Europa e só depois se disseminou para o resto do mundo. No entanto, o ímpeto do capital é global, e a resistência que ele enseja também o é. Por isso, agora nos voltamos ao Terceiro Mundo, onde os socialistas estiveram na linha de frente das lutas contra a opressão colonial e em prol do desenvolvimento nacional.

6
A revolução no Terceiro Mundo

Para M. N. Roy, o Segundo Congresso da Internacional Comunista foi uma revelação. "Pela primeira vez", relatou, "homens marrons e amarelos se encontraram com homens brancos que não eram imperialistas prepotentes, mas amigos e camaradas."[1]

O jovem bengali já era um ativista veterano, tendo participado do movimento nacionalista radical da Índia antes de ser forçado a deixar o país. No exterior, descobriu o marxismo em uma biblioteca pública na cidade de Nova York e ainda ajudou a fundar o Partido Comunista mexicano. No entanto, o congresso de 1920 foi seu primeiro encontro comunista internacional. Assim como os outros trinta delegados que representavam nações oprimidas, suas perspectivas ajudaram a dar forma aos encaminhamentos do congresso. De acordo com alguns estudiosos, as contribuições que Roy desenvolveu ao longo de sua vida a respeito da questão colonial foram tão influentes quanto as de Lênin e Mao[2].

O apelo do socialismo em sua forma "leninista" era evidente: o anti-imperialismo aparecia em primeiro plano e a questão agrária era tão crucial numa Rússia majoritariamente camponesa quanto em qualquer outra parte do mundo colonizado. Embora a principal referência de Lênin fosse o Partido Social-Democrata Alemão, foi capaz de adaptar suas estratégias às condições russas, que também se aproximavam

---

[1] John Riddel (org.), *Workers of the World and Oppressed Peoples, Unite!: Proceedings and Documents of the Second Congress, 1920*, v. 1 (Nova York, Pathfinder, 1991), p. 39.

[2] Robert C. North e Xenia J. Eudin, *M. N. Roy's Mission to China: The Communist-Kuomintang Split of 1927* (Berkeley, University of California Press, 1963).

mais da situação que Roy via na Índia. Mais do que isso, a União Soviética já abarcava um território com mais de cem nacionalidades, e os debates sobre autodeterminação dos povos ecoavam na África, na Ásia e na América Latina.

A velha Segunda Internacional tinha dedicado algum tempo a se debruçar sobre o mundo colonizado, mas, apesar de poucos compartilharem da opinião de Eduard Bernstein de que haveria um lado "civilizador" no imperialismo, sua posição nessa questão não era clara. Havia uma clara sub-representação das nações exploradas na organização, encabeçada majoritariamente por partidos oriundos de países imperialistas. Mesmo alguns radicais como Rosa Luxemburgo, que provinha da Polônia oprimida, simplesmente se opunham a todas as formas de nacionalismo, incluindo o direito à autodeterminação. O "direito das nações", dizia ela, "não passa de um clichê metafísico, como 'direitos do homem' e 'direitos do cidadão'."[3]

A Internacional Comunista já se aproximava mais das posições de Marx, que tinha sido um defensor de longa data da independência polonesa e lutas semelhantes. Lênin, por sua vez, frequentemente comparava a questão nacional ao direito de uma mulher ao divórcio: todo bom socialista apoiaria esse direito, mas isso não significava que eles defendessem que todos os casais se divorciassem.

Nos anos subsequentes à Revolução de Outubro, a União Soviética tinha tanto motivos ideológicos quanto práticos para estimular a libertação nacional no exterior. As perspectivas de revolução na Europa ocidental não eram muito promissoras, mas, em outras partes do mundo, o quadro era outro. "Os párias estão se levantando", anunciavam os líderes do Comintern em 1920. "O socialista que auxilia direta ou indiretamente a perpetuação da posição privilegiada de uma nação à custa de outra, que se acomoda à escravidão colonial, que estabelece uma linha de distinção entre raças e cores merece receber a marca da infâmia, se não a de uma bala."[4] No entanto, se os bolcheviques tiveram de se haver com o desafio de liderar uma classe trabalhadora altamente organizada confinada em um país majoritariamente camponês, essas contradições eram ainda mais gritantes nos países menos desenvolvidos. Marx havia antevisto o surgimento da revolução primeiro nos países mais avançados (ele mais tarde complexificou essa

---

[3] Rosa Luxemburgo, *The National Question: Selected Writings by Rosa Luxemburg* (Nova York, Monthly Review Press, 1976), p. 110.

[4] Leon Trótski, "Manifesto of the Second World Congress: The Proletarian Revolution and the Communist International", em *The First Five Years of the Communist International* (2. ed., Nova York, Pathfinder, 2009).

previsão), como produto de um proletariado consciente. O socialismo seria o objetivo radicalmente democrático de uma classe trabalhadora que não apenas tinha o interesse em sua própria libertação através da abolição do trabalho assalariado como também compartilhava um interesse coletivo na libertação de toda a humanidade por meio da abolição da própria classe. Um feito desse tipo exigia que o capitalismo, para início de conversa, produzisse essa classe trabalhadora, e que o comércio capitalista gerasse a abundância necessária para que o socialismo pudesse superá-lo.

Mas, no Terceiro Mundo, os revolucionários abraçaram o socialismo como um *caminho* para a modernidade e a libertação nacional. Na tentativa de adaptar uma teoria que havia sido construída em torno do capitalismo avançado e de um proletariado industrial, procuraram identificar "proletariados substitutos" – de camponeses a suboficiais do Exército até as subclasses destituídas – a fim de atingir esses fins. Como Roy escreveria mais tarde, "a fim de recuperar o atraso do tempo perdido, a Índia precisa viver em poucos anos a vida vivida por outros em um período de mil anos"[5].

No século XX, os socialistas desempenharam um papel de liderança na luta contra o imperialismo. Mas foi essa ênfase no desenvolvimento que mais destacou a contribuição socialista aos movimentos do Terceiro Mundo. Condenava-se a exploração de nações fracas por nações fortes não apenas no plano moral como porque ela criava barreiras à melhoria das condições econômicas. Ainda assim, a tentativa de compensar em "alguns anos" um atraso de séculos fez que o socialismo no Terceiro Mundo ficasse sujeito à dominação de pequenos grupos que visavam levar a cabo uma modernização de cima para baixo. Em certos momentos, contaram de fato com apoio popular de massa, mas esses movimentos governaram agindo em nome dos oprimidos e não por meio deles. Afastavam-se assim das antigas aspirações socialistas de representar a autoemancipação da classe trabalhadora.

Em nenhum outro lugar essa dinâmica ficou tão evidente quanto na Revolução Chinesa, onde ela se desenrolou em uma escala imensa. As conquistas notáveis da revolução e seus fracassos cataclísmicos continuam a reverberar no mundo até hoje. Mas não deixa de ser revelador que o comunismo chinês é hoje visto, no melhor dos casos, como gestor de um autoritarismo esclarecido, em vez de como uma força socialista radical.

---

[5] Michael Harrington, *Socialism* (Nova York, Bantam Books, 1973), p. 222.

* * *

Quando o Partido Comunista Chinês (PCC) realizou seu primeiro congresso em 1921, não havia mais que uma dúzia de delegados, representando um total de apenas 57 membros do partido. Filho de um camponês rico, Mao Tsé-Tung era um dos doze apóstolos. Na adolescência, havia participado da Revolução Xinhai, que derrubou a dinastia Qing, e depois começou a passar do republicanismo ao socialismo. O PCC, que ele ajudou a fundar e que depois foi conduzido por Chen Duxiu e Li Dazhao, aderiu à ortodoxia marxista. Dizia-se um "partido proletário" que ajudaria os trabalhadores a "lutar pelo seu próprio interesse de classe"[6].

Na época, a China estava mergulhada em desordem. A dinastia Qing havia colapsado em 1912, depois de trezentos anos no poder, mas a república que imediatamente a sucedeu era desastrosa. O Kuomintang (KMT) de Sun Yat-Sen só exercia efetivamente o poder no sul e, na prática, o país era controlado por senhores da guerra rivais. Senhores dinásticos ainda detinham imensas parcelas de terra povoadas por camponeses famintos. O estatuto semicolonial da China, à época disputada por poderes imperialistas que dominavam suas principais cidades costeiras, bloqueava ainda mais o caminho para o desenvolvimento. Nessas cidades surgiu, como resultado do influxo de capital estrangeiro e de equipamentos industriais, uma pequena classe trabalhadora, que representava apenas 1% da população de 300 milhões de pessoas da China. O pequeno número de militantes instruídos – pessoas que, como Mao, haviam participado dos levantes nacionalistas dos anos 1910 – sonhavam com uma China unida, livre e socialmente reformada. Muitos vieram a adotar o socialismo a fim de atingir seus objetivos.

Embora o PCC considerasse a pequena classe trabalhadora da China sua verdadeira força revolucionária, ninguém pensava que ela seria capaz de realizar muita coisa por conta própria. O partido aspirava, contudo, cimentar a hegemonia da classe trabalhadora não apenas nas lutas contra os capitalistas como também naquelas que envolviam o enfrentamento com os imperialistas e com os grandes proprietários de terras. Por mais que o conceito de "hegemonia" seja hoje geralmente associado ao pensamento político do marxista italiano Antonio Gramsci, foram os socialistas russos que popularizaram a ideia na virada do século XX. Referiam-se ao processo por meio do qual os interesses distintos da classe trabalhadora e dos integrantes de outras classes subalternas, tais como o campesinato,

---

6   Isaac Deutscher, *Marxism, Wars & Revolutions: Essays from Four Decades* (Nova York, Verso, 1985), p. 183. [Ed. bras.: *Marxismo, guerras e revoluções* (trad. Renato Aguiar, São Paulo, Ática, 1991).]

seriam reconciliados sob uma liderança de classe média. Boa parte dos marxistas acreditava que, se deixados por conta própria, os camponeses não aspirariam a nada além da tacanha garantia de suas propriedades. A sacada não era forçar os camponeses a serem algo que não queriam, mas, em vez disso, de mobilizar seus impulsos como parte de um projeto socialista mais amplo. No caso da classe trabalhadora, argumentavam os marxistas, seu autointeresse de classe se alinhava com os interesses coletivos da humanidade[7].

A teoria, pelo menos, era essa. E, aparentemente do nada, a classe trabalhadora chinesa começou a seguir o *script*. Por mais que aquela classe ainda fosse pequena, ela havia dobrado entre 1916 e 1922 à medida que se expandiam o sistema ferroviário e uma pujante indústria têxtil. O mesmo não podia ser dito a respeito do Partido Comunista. Mesmo em 1925, o contingente do partido ainda não passava de novecentos membros. Eram em larga medida intelectuais – e o Comintern os instruiu a se tornarem membros do Kuomintang a fim de encontrar uma base de massas.

Os comunistas foram acolhidos e incorporados ao comitê executivo do KMT: Sun Yat-Sen contava com o empenho deles e da ajuda de Moscou para construir seu exército nacionalista. Mas crescia o dissenso no interior do PCC, que, tal como boa parte do movimento comunista internacional pré-stalinista, ainda gozava de democracia interna. Para Peng Shuzi, que integrava o comitê central, o KMT estava desgastado por conta de sua associação com senhores da guerra feudais. Outros, como o secretário-geral do partido Chen Duxiu, ecoavam a teoria de Trótski da revolução permanente ao enfatizarem também a necessidade de independência política e organizacional e de uma batalha por transformações que fosse além dos limites daquilo que a "burguesia nacional" considerava aceitável.

Diferenciando-se dos nacionalistas, os comunistas começaram a focar na agitação da classe trabalhadora e na construção de sindicatos aliados. Quer seja em decorrência dessa mudança de postura, quer seja uma simples coincidência, o fato é que, em 1925, teve início uma luta operária de dois anos e que mostraria semelhanças com a Revolução Russa de 1905. As greves nas fábricas têxteis de propriedade japonesa em Xangai levaram à morte de um trabalhador comunista e à prisão de muitos outros. Em resposta, no dia 30 de maio, milhares de estudantes e trabalhadores marcharam em solidariedade à porta da delegacia de polícia na

---

[7] Perry Anderson, "The Antinomies of Antonio Gramsci", *New Left Review*, v. 1, n. 100, nov./dez. 1976. [Ed. bras.: *As antinomias de Gramsci* (trad. Juarez Guimarães e Felix Sanchez, Viçosa, Companhia Joruês, 1986).]

qual os grevistas estavam detidos. A polícia britânica disparou contra os manifestantes e matou uma dúzia deles. O Incidente do 30 de Maio acabou catalisando uma série de ações por todo o país. Em poucas semanas, uma greve geral paralisou não apenas Xangai como também as cidades de Cantão e Hong Kong. Dezenas de milhares de pessoas convergiram para o Partido Comunista.

O Kuomintang percebeu o potencial de usar a militância da classe trabalhadora para o seu projeto nacionalista, mas, assim como os industriais, o partido temia que as greves se espalhassem das empresas estrangeiras para as chinesas. Chiang Kai-Shek, o sucessor do recém-falecido Sun Yat-Sen, inicialmente se viu firmando uma aliança com a esquerda do KMT na esperança de manter seus vínculos com a União Soviética. Ao menos fora do país, o nacionalismo chinês era apreciado. Em Moscou, Chiang era louvado como um "general vermelho" e o governo soviético ainda criou a Universidade Comunista Sun Yat-Sen dos Trabalhadores da China[8].

Esse apoio da liderança Stálin-Bukharin se deu apesar da crescente tensão entre Chiang e os comunistas chineses depois que ele reprimiu brutalmente as greves em Cantão em 1926. O principal diplomata soviético na China, Mikhail Borodin, disse, sem papas na língua: "Nestes tempos presentes, os comunistas devem prestar serviços de *coolie* para o Kuomintang". Trótski era uma das poucas vozes dentro do Politburo que se opunha a essa postura. Sobre o namoro de Chiang com a União Soviética, escreveu: "Ao se preparar para assumir o papel de carrasco, ele estava interessado em garantir o respaldo do comunismo mundial". Para Trótski, os comunistas chineses deveriam romper com o Kuomintang e criar sovietes que pudessem promover as demandas da classe trabalhadora independentemente dos nacionalistas[9].

Para outros integrantes do movimento comunista internacional, o apelo do Kuomintang era evidente. Apesar de seu caráter burguês, o partido ainda usava a linguagem do anti-imperialismo, e os soviéticos tinham conseguido forjar relações fraternas (absolutamente necessárias) com os regimes do México e da Turquia nessa base. A liderança do PCC equilibrava as diretrizes de Moscou com seus próprios instintos, acatando com relutância as ordens de Chiang, mas também sem ser capaz de domesticar completamente os trabalhadores radicais em sua órbita. Em Xangai, uma greve geral de inspiração comunista de mais de

---

[8]   Elizabeth McGuire, *Red at Heart: How Chinese Communists Fell in Love with the Russian Revolution* (Oxford, Oxford University Press, 2017).

[9]   Duncan Hallas, *The Comintern* (Chicago, Haymarket, 2008), p. 123.

meio milhão e uma insurreição armada tomaram conta da cidade antecipando a chegada de Chiang à cidade.

Alguns na China aderiram ao apelo de Trótski pela criação de sovietes e um rompimento claro com o Kuomintang, mas, sob pressão russa, a liderança comunista novamente pediu cautela. Embora desconfiado de entregar Xangai e sua base de massa para Chiang, o PCC não queria provocar uma intervenção estrangeira e procurou preservar uma aliança com o que considerava a ala progressista do KMT. Stálin enxergava o Kuomintang como "uma espécie de parlamento revolucionário" no qual os comunistas ainda exerciam influência. "Por que dar um golpe de Estado? Por que afastar a direita quando temos maioria e a direita nos escuta?", perguntava aos revolucionários[10].

Quase exatamente uma semana depois, no dia 12 de abril de 1927, as milícias armadas de Chiang, trajando uniformes de brim azul e braçadeiras brancas, atacaram a sede do Sindicato Geral dos Trabalhadores e outros redutos comunistas. "A política do governo é fazer que os trabalhadores funcionem em harmonia com o exército revolucionário e o governo", argumentou um membro de gangue agora tornado carrasco do Kuomintang, "mas, quando os trabalhadores se tornam um elemento perturbador, quando se arrogam tarefas que são prejudiciais ao movimento e contrários à lei e à ordem, os trabalhadores devem ser disciplinados"[11].

Os comunistas tinham estimulado seus membros a enterrar suas armas e evitar a luta aberta. Agora que essa luta se impunha sobre eles, encontravam-se desarmados e em dramática desvantagem. Milhares morreram e esquadrões nacionalistas de execução rondavam a cidade matando a tiros, a baioneta e às vezes até decapitando militantes. A notícia demorou a chegar ao exterior. Em 16 de abril, dias após o massacre, o líder comunista alemão Ernst Thälmann publicou um artigo afirmando que "a direita burguesa no Kuomintang e sua liderança" havia sido derrotada em 1926. Na semana seguinte, quando já estava claro o tamanho do desastre, Stálin se limitou a dizer que os acontecimentos simplesmente davam razão à linha adotada pelo Comintern[12].

Nos meses que se seguiram, Chiang, que disse que preferia matar mil inocentes a deixar escapar um comunista, foi fiel à sua palavra. Mais de 300 mil foram mortos

---

[10] Harold R. Isaacs, *The Tragedy of the Chinese Revolution* (Stanford, Stanford University Press, 1961), p. 162.

[11] Ibidem, cap. 10: "The Coup of April 12, 1927".

[12] Ibidem.

em um terror branco, incluindo 15 mil dos 25 mil membros do PCC. Li Dazhao, o cofundador do partido, foi executado em 1927 depois que o senhor da guerra Zhang Zuolin invadiu a embaixada soviética em Xangai e o capturou. O partido, gravemente enfraquecido, era agora pressionado por Stálin (que havia finalmente se voltado contra o KMT) a partir para uma ofensiva suicida. Deflagrou-se uma revolta em Nanchang, mas os comunistas só controlaram a cidade por alguns dias. Em dezembro de 1927, uma rebelião semelhante em Cantão também terminou derrotada.

Com sua base urbana em frangalhos, o Partido Comunista teria que se reconstruir no campo. Nesse sentido, nenhum empenho foi mais importante que o de Mao Tsé-Tung. Mao aprendera uma lição essencial de 1925 a 1927: reivindicar, na retórica, a maior fidelidade ao stalinismo, mas sem abrir mão da liberdade de improvisar na tática.

* * *

No rescaldo do desastre de 1927, os comunistas chineses remanescentes debateram sobre o significado do que havia acontecido. Chen Duxiu, um dos cofundadores do partido, sabia que a culpa era de Moscou e foi bastante explícito quanto à pressão a que fora submetido. Reconheceu que Trótski estava certo sobre a política do Comintern. Disse ainda que queria ter se contraposto ao Kuomintang antes, mas que "eu, que não tinha nenhuma determinação de caráter [...] respeitava a disciplina internacional e a opinião da maioria do Comitê Central"[13].

Por conta dessas reflexões francas, Chen tornou-se o bode expiatório de 1927 e foi expulso do partido. Mesmo de fora, continuou a defender a necessidade de adotar um caminho alternativo: a lenta reconstrução de forças nas cidades, o apoio à luta pelos direitos democráticos e o respaldo às lutas camponesas. Um dia, pensava Chen, Chiang Kai-Shek ainda enfrentaria sua Revolução de Fevereiro. Na Rússia, levou doze anos para que os objetivos dos revolucionários de 1905 fossem realizados. Era preciso paciência. Mas Chen morreria de causas naturais antes que o partido que ele fundou assumisse o poder. Quando a história oficial do partido foi escrita, ele foi tachado de "oportunista da democracia burguesa", um traidor não apenas do comunismo, mas da própria China[14].

---

[13] Isaac Deutscher, *Marxism, Wars & Revolutions*, cit., p. 183; Gregor Benton (org.), *Prophets Unarmed: Chinese Trotskyists in Revolution, War, Jail, and the Return from Limbo* (Nova York, Brill, 2015), p. 402.

[14] Qiaomu Hu, *Thirty Years of the Communist Party of China: An Outline History* (Nova York, Hyperion Press, 1951). [Ed. bras.: *Trinta anos do Partido Comunista da China* (São Paulo, Nova Cultura, 2018).]

O vácuo deixado por Chen Duxiu foi preenchido por um candidato improvável. Durante os acirrados debates sobre os acontecimentos de 1927, Mao despontou como um líder com novas ideias, e, aos poucos, lhes daria vida. Ele passou a maior parte da década revolucionária de 1920 organizando camponeses em sua província natal de Hunan. Embora ainda considerasse o proletariado "a principal força condutora do movimento revolucionário", Mao se interessava cada vez mais pelo potencial revolucionário do campesinato.

Recusou-se a romper com o Comintern como fizera Chen, mas levou consigo essa veia independente para as montanhas de Jinggang, local para onde ele e milhares de outros comunistas mal armados escaparam por pouco do cerco das forças nacionalistas. Criaram "áreas revolucionárias de base" em várias províncias. O maior desses redutos remotos era o Soviete de Jiangxi. Por meio de reforma agrária, cancelamento de dívidas e campanhas de alfabetização, os comunistas foram conquistando apoio dos camponeses e aumentando as fileiras de seu Exército Vermelho.

A própria posição de Mao oscilou ao longo do início da década de 1930. Sua primeira menção na imprensa comunista internacional se deu num obituário equivocado de março de 1930, que lamentava a perda de "um bolchevique e um campeão do proletariado chinês". Mas ele se opunha, com sucesso, àqueles que procuraram devolver apressadamente o teatro da luta às cidades[15].

Boa parte dos debates intrapartidários da época girava em torno de estratégia militar. Os comunistas haviam se recuperado dos acontecimentos de 1927 e barrado várias ofensivas nacionalistas; comandavam agora um território de 3 milhões de pessoas mais extenso que a França. Mas as forças do Kuomintang ainda eram superiores. Contavam inclusive com reforços estrangeiros: empréstimos estadunidenses e britânicos permitiram que o KMT adquirisse aviões construídos nos Estados Unidos, e o partido também se beneficiou dos serviços de conselheiros militares, incluindo Charles Lindbergh e centenas de oficiais da Wehrmacht, que formularam uma estratégia para ir lentamente estrangulando as posições do PCC. Em resposta, Mao continuou a defender ataques-surpresa pontuais e táticas de guerrilha, enquanto seu futuro braço direito Zhou Enlai preferia a "guerra popular prolongada" com formações de massa. Os comunistas também tinham seu conselheiro militar alemão: Otto Braun, um agente do

---

[15] Edward Hallett Carr, *Twilight of the Comintern, 1930-1935* (Nova York, Pantheon, 1982), p. 324.

Comintern. Ele concordava em larga medida com Zhou e conseguiu apoio para uma série de ataques fracassados contra o exército nacionalista[16].

Os detalhes da luta desesperada em Jiangxi e Fujian ultrapassam o escopo deste livro, mas o fato de que esse período era mais pautado por questões militares do que políticas já nos diz muito sobre o que o PCC havia se tornado. Cinco anos depois dos acontecimentos de 1927, o partido tinha perdido 90% de seus membros: com sua base urbana de massa destruída, o PCC era proletário apenas no nome. Apesar das frequentes exortações ao "papel de liderança" da classe trabalhadora, pelas estimativas de Zhou, apenas 2 mil dos 120 mil membros do partido na época eram operários. São números pouco confiáveis, mas é certo que houve uma enorme mudança desde os anos 1920, quando algo em torno de dois terços dos membros do partido eram operários. Os líderes comunistas agora governavam milhões de camponeses por meio da força militar em nome de uma classe trabalhadora com a qual na prática tinham laços muito tênues. Nessas condições, Mao formulou que "o poder político emana da ponta de um fuzil".

As ideias militares do líder foram ao menos corroboradas pela destruição de grande parte do Exército Vermelho em 1933-1934 pelos nacionalistas. A Grande Marcha da província de Jiangxi às franjas do norte da China custou milhares de vidas, mas garantiu a sobrevivência dos comunistas. Terminada a travessia, Mao e seus apoiadores haviam se consolidado como os líderes indiscutíveis de seu partido.

Mao se recusou a ter o mesmo destino de Chen: sempre que a linha do Comintern mudava, ele também ajustava sua retórica. Em alguns momentos, os comunistas travavam guerra contra os "*kulaks*" em seu meio; em outros, interrompeu-se até o "confisco das terras dos proprietários". Quando os japoneses avançaram na China, chegando perigosamente perto da União Soviética, Moscou orientou o PCC a mais uma vez se associar à "burguesia nacional progressista". Em 1938, um membro importante do partido chegou a dizer que, "mais do que nunca, a China precisa da liderança do generalíssimo Chiang Kai-Shek. [...] Ninguém mais, salvo o generalíssimo Chiang, pode liderar esta guerra"[17].

No entanto, independente do que professava em público, o partido nunca repetiu os erros dos anos 1920. O descontentamento com o KMT era generalizado na China e os comunistas souberam capitalizar isso. Sun Yat-Sen tinha prometido

---

[16] Ibidem, p. 359.

[17] Michael Harrington, *Socialism*, cit., p. 226; Li Fu-Jen, "After the Fall of Wuhan", *New International*, jan. 1939, p. 22-5.

prosperidade, um governo representativo e glória nacional; Chiang administrou a pobreza, manteve uma ditadura e foi incapaz de unir o país. Foi na luta contra os japoneses – que implicou uma suspensão das hostilidades entre o PCC e o KMT – e na retomada da guerra civil que se seguiu, que Mao demonstrou sua genialidade. Dos 10 mil sobreviventes após a Grande Marcha de 1934-1936, o Exército Vermelho logo chegou à casa dos centenas de milhares de integrantes. Os comunistas disciplinaram proprietários de terras, derrotaram senhores da guerra e conquistaram apoio popular genuíno.

Embora completamente desvinculado de uma classe trabalhadora dotada de um interesse próprio na transformação socialista, o que veio a ser o "maoísmo" era ao mesmo tempo naturalmente voluntarista e coercitivo. Seu objetivo era exortar o campesinato a construir um socialismo que ele não tinha motivo para construir. O novo Estado revolucionário seria criado *através* desses milhões de camponeses, e não *por* eles próprios.

* * *

É difícil exagerar o grau de miséria da China pré-revolucionária ou a inépcia do governo nacionalista. Entre 1927 e 1949, o país permaneceu atolado em invasões estrangeiras e guerra civil, senhores da guerra governavam impunemente, o analfabetismo era a norma, a expectativa de vida mal chegava aos quarenta anos e as mulheres eram proibidas de estudar e praticamente vendidas à servidão doméstica. Em algumas regiões remotas havia ainda situações de pura e simples escravidão, e apenas 10% da população rural detinha 70% das terras. Nos 30 anos anteriores, 10 milhões de pessoas haviam morrido de fome.

Não foi nenhuma surpresa, portanto, que, quando voltaram do campo para as cidades, os comunistas foram recebidos com uma multidão de adoradores. Em comparação com o terror político e a má gestão econômica do Kuomintang, o PCC tinha conquistado uma reputação como liderança moderada e responsável. Até mesmo alguns capitalistas podem ter se tranquilizado com a promessa de Mao de que parte da burguesia e até mesmo a "pequena nobreza esclarecida e outros patriotas" eram vitais para libertar a China não apenas do imperialismo, como também do atraso econômico[18].

Boa parte dos gestores qualificados do país, contudo, tinha fugido para Taiwan com o KMT, junto com capitais tão desesperadamente necessários. Com a

---

[18] Mao Tsé-Tung, "On Coalition Government (24 abr. 1945)", em *Selected Works of Mao Tse-Tung*, v. 3 (1965; reimp. Nova York, Pergamon, 2014).

Guerra Fria agora em curso, os Estados Unidos assumiram uma posição agressiva no Leste Asiático, mobilizando-se a fim de deter a propagação do comunismo na Coreia. Com a ajuda e experiência dos soviéticos, o PCC se encontrava diante da difícil tarefa de reconstruir o país. Quando estourou a Guerra da Coreia, o partido mais uma vez se viu obrigado a fazer grandes sacrifícios, entrando na guerra e forçando uma situação de impasse na península ao custo de mais de meio milhão de chineses mortos e feridos.

Dentro das fronteiras do país, os comunistas se depararam com o mesmo dilema que a União Soviética tinha enfrentado nas décadas de 1920 e 1930: como extrair excedentes dos camponeses a fim de erguer a indústria nas cidades. O desafio era ainda maior na China porque o partido tinha chegado ao poder nas costas dos camponeses que agora precisavam explorar. Como vimos, apesar da asfixia da democracia dentro da União Soviética, a Nova Política Econômica (NEP) da década de 1920 apresentava um projeto de desenvolvimento através de uma gradual "troca desigual" entre campo e cidade.

Nos primeiros anos de governo comunista, o PCC adotou uma abordagem semelhante. Instituiu, em 1950, uma Lei de Reforma Agrária que distribuía as terras dos proprietários rurais às massas camponesas. Os camponeses eram encorajados a compartilhar seus rebanhos e equipamentos em "grupos de ajuda mútua", mas, mesmo em 1953, o partido ainda proclamaria que "é inclusive necessário permitir o desenvolvimento continuado do sistema econômico do camponês rico". Sob o *slogan* de igualdade sexual, outras medidas, como a Nova Lei Matrimonial, proibiram o casamento infantil e garantiram o direito das mulheres de expressar seu consentimento às propostas de noivado. Outras conquistas comunistas devem ter soado igualmente profundas: os sistemas de abastecimento de água e de esgoto foram melhorados, e campanhas de prevenção de doenças reduziram a prevalência de cólera, escarlatina e tifoide[19].

Nas cidades, o PCC teve de enfrentar o fenômeno da hiperinflação – os preços cresceram percentualmente na ordem dos milhões entre 1937 e 1948 – e o desafio de retomar a produção. O Kuomintang já havia realizado amplas estatizações, que os comunistas prontamente expandiram. Mas, mesmo no final de 1952, 20% da indústria pesada e 60% da indústria leve estava nas mãos de proprietários privados[20].

---

[19] Michael Harrington, *Socialism*, cit., p. 227.

[20] Jonathan Holslag, *China's Coming War with Asia* (Nova York, John Wiley & Sons, 2015).

A política mais marcante envolvia esforços para conter a inflação através de austeridade e disciplinamento da força de trabalho. Construído para ser uma organização militar em tempo de guerra, o PCC era capaz de levar a cabo medidas duras de maneira decisiva. Muitos trabalhadores, no entanto, estavam sem dúvida felizes de estar reempregados, recebendo salários novamente. Na Rússia, a guerra civil veio depois da revolução. Na China, os revolucionários já haviam vencido sua guerra civil e em larga medida gozavam de apoio popular.

Ao mesmo tempo, o PCC também estabeleceu algumas medidas autoritárias associadas ao stalinismo. O aviso dado por Trótski em 1932 se provou profético: "Os comandantes e comissários aparecem sob a aparência de senhores absolutos da situação e, ao ocuparem as cidades, estarão mais do que aptos a olhar os trabalhadores de cima para baixo". Os cidadãos eram estimulados a ficar de olho em seus próprios vizinhos, a vida acadêmica passou a ficar sob controle político, e artistas e intelectuais que se recusassem a apoiar o PCC eram presos. "Sessões de luta física" e violência e humilhação grupais, dentro e fora do partido, já eram generalizadas. Milhares foram levados ao suicídio[21].

O partido logo provocaria uma mudança ainda mais radical. Ansioso para impulsionar a economia recém-estabilizada rumo ao socialismo, o PCC inaugurou seu primeiro Plano Quinquenal em 1953. A fim de explicar a nova linha política, um oficial do partido argumentou, em uma publicação no jornal estatal, que "a base do socialismo é um desenvolvimento industrial robusto" e citou a ascensão da União Soviética de "uma nação agrícola atrasada para uma potência industrial de primeira classe". Mas o plano também representava um intuito nacionalista: "somente com a industrialização do Estado poderemos garantir nossa autonomia econômica e independência em relação ao imperialismo"[22].

No início de 1956, toda a indústria privada do país já havia sido estatizada. O auxílio soviético, incluindo 300 milhões de dólares em empréstimos a juros baixos, foi vital para o esforço. Onze mil especialistas soviéticos vieram trabalhar na China e mais de 30 mil técnicos chineses receberam treinamento e formação na União Soviética. Como no Plano Quinquenal de Stálin, o foco central era a construção da indústria pesada. Foram criadas milhares de empresas estatais,

---

[21] Leon Trótski, "Peasant War in China and the Proletariat (22 set. 1932)", *Militant*, 15 e 22 out. 1932; disponível em: <http://www.marxists.org/archive/trotsky/1932/09/china.htm>.

[22] Ji Yun, "How China Proceeds with the Task of Industrialization", *People's Daily*, 1953; disponível em: <http://afe.easia.columbia.edu/ps/cup/jiyun_industrialization.pdf>.

152 | O manifesto socialista

algumas tão grandes quanto o complexo siderúrgico de Anshan, que empregava 35 mil pessoas. Antes de os comunistas tomarem o poder em 1949, apenas 57 milhões dos 400 milhões de habitantes da China viviam em cidades; com a conclusão do plano, esse número havia saltado para 100 milhões. Enormes projetos de infraestrutura interligaram o país, permitindo o fluxo de pessoas e materiais. A produção industrial dobrou.

Por mais que em alguns aspectos fosse um êxito, a ofensiva industrial de Mao sofreu alguns dos mesmos problemas que a de Stálin. Negligenciou-se a indústria leve e investiu-se pouco em agricultura. Mais do que isso: não havia um número suficiente de trabalhadores treinados para tocar adequadamente as novas fábricas. Insatisfeito com o ritmo de desenvolvimento, Mao discutia formas de aumentar a produtividade agrícola e direcionar esse excedente para a indústria.

Assim como no caso russo durante a NEP, a liderança comunista concordava que a coletivização agrícola aumentaria a produção, mas questionava a velocidade com que essa transição deveria ser encaminhada. Diferentemente dos bolcheviques, o PCC adotou em um primeiro momento uma abordagem cautelosa, limitando-se a estimular a criação de "equipes de ajuda mútua". Em 1954, porém, com o Plano Quinquenal em andamento, acelerou-se o ritmo da coletivização. Naquele ano, os camponeses pobres foram organizados em Cooperativas de Produtores Agrícolas (CPAs): a terra foi compartilhada entre grupos de cerca de quarenta famílias, mas os camponeses retiveram alguns direitos privados de propriedade e eram recompensados com base em suas respectivas contribuições.

Estimulado pelo êxito inicial, Mao escreveu sobre a coletivização como se fosse um ato repentino que teria surgido espontaneamente das bases: "Uma grande onda de transformação socialista está varrendo as áreas rurais e as massas estão jubilosas". Rebatendo seus críticos, o líder questionava: "Por que 600 milhões de 'indigentes' não poderiam criar um país socialista próspero e forte em várias décadas por seus próprios esforços?". A imprensa do partido reforçou essa linha com artigos como "Quem disse que penas de galinha não podem alçar voo para o céu?" e "Uma cooperativa criada espontaneamente pelas massas contra os desejos da liderança"[23].

Em 1956, com 80% do campesinato já organizado em cooperativas, Mao determinou sua transição para Cooperativas de Produtores Agrícolas de Nível

---

[23] Mao Tsé-Tung, "A 'Backward' Village is not Necessarily Backward in Every Respect", em *Selected Works of Mao Tse-Tung*, v. 1, cit.; idem, "The Party Secretary Pitches in and All Party Members Help Run the Co-ops", em ibidem.

Superior, que seriam compostas por mais de duzentas famílias, com a terra sob propriedade coletiva. Os camponeses eram aqui virtualmente servos do Estado, trabalhando por salários míseros, embora pelo menos recebessem alguns pequenos lotes privados.

No geral, a coletivização na China foi consideravelmente menos sangrenta e provocou menos resistência do que na União Soviética. O Partido Comunista gozava de apoio genuíno entre o campesinato e, por mais drásticas que fossem, as transformações foram muito mais graduais do que no caso soviético. Embora a coletivização se baseasse no mesmo pressuposto falho de que a escala era o fator determinante da eficiência – em vez da produtividade por metro quadrado, obtida através de melhorias na irrigação, fertilizantes, sementes e pesticidas –, o fato é que a produção agrícola na China aumentou continuamente entre 1952 e 1958[24].

* * *

Em meados dos anos 1950, apesar das décadas de guerra civil, da invasão japonesa, da Guerra da Coreia e de um embargo comercial estadunidense, a China conseguiu se manter estável, em crescimento e, para alguns observadores contemporâneos, até desafiando a ortodoxia stalinista do movimento comunista. Um ano depois que o "discurso secreto" de Khruschev expôs até onde ia a depravação de Stálin – para não dizer a cumplicidade da burocracia dominante com ele – e meses depois que a Revolução Húngara mostrou um descontentamento popular com o stalinismo, Mao passou a seguir uma política nova, mais liberal.

Em fevereiro de 1957, ele fez um discurso que anunciava uma nova abertura às artes, à investigação científica e inclusive a críticas ("não contrarrevolucionárias") ao próprio partido. "Que cem flores desabrochem, que uma centena de escolas de pensamento se confrontem", disse Mao, recitando um famoso *slogan*. Alguns meses depois, o historiador marxista Isaac Deutscher escrevia para o *The Nation*: "Com efeito, Mao está buscando redefinir todo o conceito de ditadura do proletariado e restaurar a ele o significado que os marxistas geralmente lhe davam antes do início da era Stálin". A despeito de todo o derramamento de sangue que custou para levar o Partido Comunista ao poder, Deutscher acreditava que um futuro mais pluralista ainda aguardava a China[25].

---

[24] Justin Yifu Lin, "Collectivization and China's Agricultural Crisis in 1959-1961", *Journal of Political Economy*, v. 98, n. 6, dez. 1990, p. 1.228-52; Kalyani Bandyopadhyaya, "Collectivization of Chinese Agriculture, Triumphs and Tragedies (1953-1957)", *China Report*, 1º jan. 1971.

[25] Isaac Deutscher, "The Doctrine of a Hundred Flowers", *The Nation*, 29 jun. 1957.

154 | O manifesto socialista

Quando o artigo foi publicado em junho, entretanto, o PCC estava no meio de uma torrente de críticas internas. Em um primeiro momento, Mao não titubeou, encarando os protestos como uma válvula de escape para a dissidência e uma verdadeira forma de impor limites à burocracia. Mostrava-se, inclusive, impressionado com seu próprio comedimento: ao apoiar os manifestantes estudantis de Nanjing não deixava de observar que "se tivessem feito a mesma coisa na frente de Stálin, cabeças teriam rolado"[26].

No novo ambiente, montavam-se peças antiautoritárias e os estudantes circulavam boletins polêmicos e debatiam política. Cartas condenando os abusos de agentes do Estado chegavam aos milhares ao escritório de Zhou Enlai. Um professor de física e química sentiu-se livre o suficiente para proclamar: "A China pertence a 600 milhões de pessoas – não apenas ao Partido Comunista". Outros falavam de uma "nova classe" de funcionários comunistas que "governa o povo com livros marxista-leninistas na mão esquerda e armas soviéticas na direita"[27].

As coisas foram longe demais para o gosto de Mao, à medida que os impulsos democráticos populares ameaçavam provocar uma mudança democrática real. O partido logo recuou e, na "Campanha Antidireitista" que se seguiu, centenas de milhares de pessoas foram perseguidas e conduzidas à força para campos de trabalho.

* * *

Por mais que desconfiasse das vozes do povo, Mao não deixava de acreditar que a atividade de massa tinha o potencial de impulsionar a China à modernidade. Implementar um segundo Plano Quinquenal seria demasiadamente modesto. O que a China precisava era de um projeto para "conduzir os camponeses, acelerar a construção socialista e antecipar sua conclusão a fim de levar a cabo a transição gradual para o comunismo". Para Mao, a pobreza em massa não inviabilizava sua esperança por mudanças vertiginosas. Em vez disso, ele a pintou como um fato auspicioso: "A pobreza enseja o desejo de mudança, o desejo de ação e o desejo de revolução. Numa folha de papel em branco desprovida de qualquer marca, é possível escrever personagens com maior frescor e beleza, pintar os quadros mais originais e mais bonitos"[28].

Esse idealismo converteu-se em ação com a transformação das Cooperativas de Produtores Agrícolas em enormes comunas de 5 mil famílias. A centralização dos

---

[26] Lucien Bianco, "Comparing Mao to Stalin", *China Journal*, v. 75, 2017, p. 88.

[27] Tony Cliff, "China: The Hundred Flowers Wilt", *Socialist Review*, v. 9, maio 1959.

[28] Mao Tsé-Tung, "Introducing A Co-operative (15 abr. 1958)", em *Selected Works of Mao Tse-Tung*, cit.

camponeses proporcionava uma reserva de mão de obra para projetos de infra-estrutura, como a escavação em massa de diques e canais de irrigação. Foram traçados planos ambiciosos não apenas para aumentar a produção agrícola, como também para construir a indústria nas áreas rurais e nivelar as distinções entre campo e cidade, campesinato e operariado. Estipularam-se metas irrealistica-mente altas de produção: como disse Zhou Enlai em um relatório de 1959, um crescimento de 20% na produção industrial já seria um "salto adiante", um au-mento acima de 25% configuraria um "Grande Salto Adiante" e um aumento de 30% ou mais, seria um "Salto Excepcionalmente Grande Adiante"[29].

O que se seguiu foi uma tragédia em enorme escala. Os quadros comunistas não tinham experiência para gerir empreitadas tão grandes quanto as novas comunas e contavam apenas com a coerção e a exortação ideológica a fim de estimular os cam-poneses a trabalhar com tanto afinco quanto antes, quando tocavam seus próprios lotes de terra. (Mao rejeitava os incentivos materiais pelos quais o bloco soviético optou.) Naquele ambiente frenético, os gerentes locais tinham todos os motivos para inflar os números de produção. A seca de 1959-1961 tinha feito que as co-lheitas fossem menores do que o normal. Informado pelos dados errôneos de seus quadros locais, no entanto, o partido aumentou a requisição de grãos para as cidades.

Esses problemas foram agravados pelo fato de que muitos camponeses foram des-viados da produção de alimentos e realocados em projetos industriais locais, como a infame política das "fornalhas de quintal". Instados a produzir aço o bastante para ultrapassar a Grã-Bretanha e até mesmo os Estados Unidos em questão de anos, camponeses sem nenhuma experiência metalúrgica passaram a operar pe-quenas fornalhas, que alimentavam com panelas, utensílios e até mesmo equipa-mentos agrícolas vitais. O ferro-gusa resultante era muitas vezes inaproveitável. Mao refletiu sobre a calamidade na convenção de 1959 do partido: "Sou comple-tamente leigo no que diz respeito à construção econômica e não entendo nada de planejamento industrial". Acrescentou ainda que "Marx também cometeu mui-tos erros" e defendeu que toda a direção do partido era responsável porque o havia escutado em primeiro lugar. A solução de Mao foi que todos deveriam estudar o livro *Problemas econômicos do socialismo na URSS*, de Stálin, e fazer melhor; "caso contrário, não será possível desenvolver e consolidar nossa causa"[30].

---

[29] Werner Draguhn e David S. G. Goodman (orgs.), *China's Communist Revolutions: Fifty Years of the People's Republic of China* (Nova York, Routledge, 2002), p. 93.

[30] Mao Tsé-Tung, "Speech at the Lushan Conference (23 jul. 1959)", em *Selected Works of Mao Tse-Tung*, v. 1, cit.

As diretrizes agrícolas de Mao foram ainda mais destrutivas. Os camponeses foram encorajados a abandonar suas técnicas agrícolas tradicionais e passaram a ser treinados em lisenkoísmo, uma pseudociência importada da Rússia stalinista. Na campanha contra as "Quatro Pragas", moscas, mosquitos, ratos e pardais foram mortos aos milhões. Por conta disso, suas presas naturais, os gafanhotos, ficaram livres para devorar milhões de toneladas de grãos. Em novo pedido de desculpas, Mao deu a seguinte explicação: "Não tenho muito conhecimento de indústria e comércio. Entendo um pouco de agricultura, mas isso apenas relativamente falando – não sou tão entendido assim". Esse tipo de autocrítica franca o diferenciava de Stálin, mas pouco importava para os 16,5 milhões de pessoas que, segundo as estimativas oficiais, morreram durante a Grande Fome. (O número total de vítimas é, sem dúvida, maior do que isso, provavelmente mais de 30 milhões[31].)

Mao não pretendia matar de fome o campesinato ou grupos específicos de camponeses, como havia feito Stálin nos anos 1930. As consequências, no entanto, foram as mesmas. O clima de medo criado pela "Campanha Antidireitista" e pela inexistência de uma sociedade civil livre na China apenas agravaram o problema, dificultando a circulação e disseminação da notícia a respeito da devastação em curso. Na Conferência de Lushan em 1959, o ministro da Defesa Peng Dehuai tentou informar Mao sobre o que estava ocorrendo no campo, mas o líder expôs suas críticas privadas e ele foi preso e substituído por Lin Biao. O experimento só foi interrompido com a intensificação da resistência do campesinato, incluindo uma rebelião armada.

Mais ou menos na mesma época, desenvolveu-se uma cisão entre a China e a União Soviética, que culminou na retirada de 1.400 conselheiros econômicos soviéticos em 1960. Geralmente se fala da ruptura sino-soviética em termos ideológicos, como expressão do radical Mao afirmando sua lealdade a Stálin contra o revisionismo de Khruschev. O registro histórico, entretanto, indica que os comunistas chineses eram receptivos às críticas a Stálin. Quando se encontrou com o embaixador soviético Pavel Yudin em março de 1956, Mao não deixou de expor sua opinião de que Stálin havia se equivocado em sua política para a China, que quase acarretou a destruição do PCC, e que Stálin havia superestimado o Kuomintang. Ainda assim, Mao revelou a Yudin que ele considerava Stálin um

---

[31] Mikhail A. Klochko, *Soviet Scientist in China* (Londres, Hollis & Carter, 1965); Mao Tsé-Tung, "Talk at an Enlarged Working Conference Convened by the Central Committee of the Communist Party of China (30 jan. 1962)", em *Selected Works of Mao Tse-Tung*, v. 1, cit.

"grande marxista, um bom e honesto revolucionário", embora reconhecesse que Stálin era excessivamente repressivo e injusto com o campesinato e com certas nacionalidades oprimidas. Seus erros eram, ponderava Mao, um resultado natural das contradições de tentar construir um mundo novo a partir do velho – uma desculpa que ele mais tarde usaria para si mesmo[32].

Há ainda outras evidências que sustentam a ideia de que o PCC seria aberto a aspectos da desestalinização e até mesmo à coexistência pacífica com o Ocidente capitalista. As tensões entre a China e a União Soviética tinham, portanto, menos a ver com dogma socialista do que com dignidade nacional. Os revolucionários chineses haviam lutado por independência e, como uma nação de 600 milhões de habitantes, recusavam-se a ser um satélite soviético. Mao ficou furioso, por exemplo, quando a União Soviética voltou atrás no compromisso que haviam assumido de ajudar a China a desenvolver uma bomba atômica: "No mundo de hoje, se não quisermos ser assediados, temos que ter essa coisa". No entanto, o nacionalismo econômico chinês estorvava o crescimento. Por conta de suas preocupações com o prestígio nacional, o partido deixou de solicitar ajuda internacional durante a Grande Fome, cuja dimensão era desconhecida pelos defensores contemporâneos do "modelo chinês" em outros países[33].

Ao contrário de Stálin, que monitorava os mínimos detalhes do aparelho estatal, Mao mantinha-se afastado da administração cotidiana do Estado. Frequentemente trabalhava a noite toda e dormia durante o dia. Embora o PCC tivesse sido modelado a partir de diretrizes stalinistas, ele tinha uma direção de "frente dupla", dividida entre aqueles que administravam o país e aqueles que, como Mao, eram responsáveis pelas decisões de longo prazo. Mao intervinha com certa frequência, mas podia sempre se retirar tranquilamente para o outro patamar, mais distanciado, culpando seus subordinados por quaisquer problemas. A Grande Fome, entretanto, foi um fiasco tão grande que, no início dos anos 1960, a direção revogou poderes-chave de Mao. O partido reconheceu que havia ocorrido um "desastre provocado pela mão humana". Liu Shaoqi e Zhou Enlai optaram por uma

---

[32] "From the Journal of Ambassador P. F. Yudin, Record of Conversation with Mao Zedong, 31 mar. 1956", Arquivo Digital do Programa de Políticas Públicas e História do Wilson Center, 5 abr. 1956; disponível em: <https://digitalarchive.wilsoncenter.org/document/116977>.

[33] "Talk by Mao Zedong at an Enlarged Meeting of the Chinese Communist Party Central Committee Politburo (Excerpts), 25 abr. 1956", em *Selected Writings of Mao Tse-Tung*, v. 7 (Pequim, Renmin chubanshe, 1999), p. 27; "Mikhail Zimyanin's Background Report for Khrushchev on China (Excerpt), 15 set. 1959", Arquivo Digital do Programa de Políticas Públicas e História do Wilson Center, 15 set. 1959; disponível em: <https://digitalarchive.wilsoncenter.org/document/117030>.

158 | O manifesto socialista

direção econômica mais pragmática, decompondo as comunas e procurando reparar alguns dos danos[34].

* * *

Mao não aceitou ficar escanteado por muito tempo. Em 1965-1966, reafirmou sua autoridade através de uma campanha pela "revolução contínua" para derrubar o Estado que ele mesmo havia criado. Assim como nas Campanhas das Cem Flores, é possível que seus objetivos não fossem de todo cínicos. Mao leu relatos sobre ex-nacionalistas ascendendo no interior do Partido Comunista, desigualdades cristalizando-se em um novo sistema de classes e tentativas de restaurar as relações com a União Soviética. Tratava-se de uma espécie de stalinismo antistalinista, disposto a correr riscos por motivos ideológicos, confiante de que estava em sintonia com as massas e que as massas exigiam não a paz, mas o levante constante.

O ministro da Defesa Lin Biao, aliado de Mao, deu o pontapé inicial no final de 1965 quando estimulou os estudantes a criticarem o "liberalismo burguês e o khruschevismo", embora tudo indique que os verdadeiros alvos eram o chefe de Estado Liu Shaoqi e Deng Xiaoping. No início daquele ano, Mao também fez que sua esposa, Jiang Qing, e outro futuro membro da Camarilha dos Quatro, Yao Wenyuan, denunciassem autoridades-chave de Pequim. Disputando o controle dos órgãos de imprensa no início de 1966, Mao fundou o Grupo da Revolução Cultural. Ele usou a mídia estatal e uma reunião do Politburo em maio para anunciar que a burguesia havia se infiltrado "no Partido, no governo, no Exército e em várias esferas da cultura". Assim como Khruschev, esses inimigos sagazes "erguem a bandeira vermelha para se opor à bandeira vermelha".

Professores e estudantes de Pequim entraram em ação. Repleta de vigor revolucionário, essa geração mais jovem tinha ouvido falar das glórias da Grande Marcha e da guerra civil, sem, contudo, testemunhar o terrível custo desses processos. Procuravam identificar "aproveitadores capitalistas" para atacar. Com a bênção de Mao, os estudantes se organizaram em Guardas Vermelhas e seu movimento adquiriu dimensão nacional. Para anunciar seu retorno ao combate, o idoso líder optou por exibir seu vigor em uma bizarra façanha de relações públicas: deu um mergulho no rio Yangtzé. Segundo a imprensa do partido, ele percorreu quase quinze quilômetros em uma hora, "sem sinal de cansaço"*.

---

[34] Lucien Bianco, "Comparing Mao to Stalin", *China Journal*, v. 75, 2017, p. 92.

* Renmin Ribao, "Chairman Mao Swims in the Yangtse", *Peking Review*, 29 jul. 1966, p. 5. (N. T.)

A revolução no Terceiro Mundo | 159

Os guardas vermelhos logo estariam despejando cadáveres naquele mesmo rio. Por todo o país, inclusive na Universidade de Pequim, pipocaram centros de detenção em "celeiros". "Elementos contrarrevolucionários" eram expostos em praça pública com cartazes humilhantes, além de serem submetidos à fome e a torturas. Muitos cometeram suicídio depois dessas sessões. Uma escola secundária publicou sua própria canção de batalha da Revolução Cultural: "Somos os guardas vermelhos do presidente Mao/ Temperamos nossos corações vermelhos de aço em grandes ondas e rajadas/ Nos armamos com o pensamento de Mao Tsé-Tung/ Para varrer todas as pragas"[35].

O Grande Terror de Stálin era cirúrgico, executado com precisão burocrática por sua polícia secreta. Mao incitava um terror de baixo com *slogans* vagos como "rebelar-se é justificado" e incitações para "bombardear o quartel-general". Sobre o verão sangrento de 1966 há histórias de crianças denunciando os próprios pais, expondo-os a agressões, estupro ou assassinato. Chegou-se até a acusar alguns bebês do crime de serem "proles contrarrevolucionárias". Mais chocantes são os relatos de canibalismo cerimonial, nos quais teriam sido consumidos os fígados dos "direitistas". Dezenas de milhões foram vitimados e meio milhão de pessoas acabaram enlouquecendo[36].

Finalmente, até o próprio Mao, que estava tentando coordenar o caos, se deu conta de que as coisas haviam saído do controle. Unidades rivais da Guarda Vermelha digladiavam entre si, a economia estava quase parando e os trabalhadores estavam fazendo greves e criando estruturas de poder alternativas nas cidades, incluindo Xangai. Sob a direção de Mao, o Exército de Libertação do Povo restaurou a ordem e milhões de guardas vermelhos foram enviados ao campo para "aprender com os camponeses", mas a violência popular não cessou até a morte de Mao, uma década depois.

Seu objetivo prático, porém, estava completo. Mao não precisava mais se desculpar: foi alçado a um estatuto de semideus, com o "marxismo-leninismo-maoísmo" agora devidamente consagrado na constituição. Liu, que já havia sido a segunda pessoa

---

[35] Ji Xianlin, *The Cowshed: Memories of the Chinese Cultural Revolution* (trad. Chenxin Jiang, Nova York, New York Review Books, 2016); Alpha History, "Battle Song of the Red Guards (1967)", *Chinese Revolution*; disponível em: <http://www.alphahistory.com/chineserevolution/battle-song-red-guards-1967>.

[36] Ver Tan Hecheng, *The Killing Wind: A Chinese County's Descent into Madness during the Cultural Revolution* (Oxford, Oxford University Press, 2017); Donald S. Sutton, "Consuming Counterrevolution: The Ritual and Culture of Cannibalism in Wuxuan, Guangxi, China, May to July 1968", *Comparative Studies in Society and History*, v. 37, n. 1, 1995, p. 136-72.

mais importante da China, foi preso e submetido a espancamentos e condenações públicos, que acabaram contribuindo para sua morte em novembro de 1969. Não se permitiria que ele fizesse com Mao aquilo que Khruschev fizera com Stálin.

Também Deng Xiaoping foi vítima da Guarda Vermelha. Ele foi forçado a passar por um processo de reeducação por meio de trabalho manual em uma fábrica de tratores em Jiangxi, cidade na qual havia ajudado o partido a sobreviver na década de 1930. O fato de Deng – o Bukharin da China – não ter sido simplesmente executado como o verdadeiro Bukharin indica outra diferença, por mais que pequena, entre Mao e Stálin, mas ele sofreu durante anos. (O filho de Deng foi torturado e atirado de uma janela do quarto andar, o que o deixou paraplégico.) Ele só voltou à proeminência quando Zhou Enlai, que na época estava morrendo de câncer, convenceu Mao de que sua experiência e competência administrativa eram necessárias.

* * *

Durante o frenesi da Revolução Cultural, que durou de 1966 a 1976, o maoísmo reverberou para muito além das fronteiras da China. A China tornou-se uma alternativa radical à União Soviética, que havia perdido seu brilho à medida que passava a ser percebida como apenas mais uma grande potência. Sua presença não foi sentida apenas em países predominantemente camponeses – como a Albânia e a Tanzânia, onde vanguardas socialistas também enfrentavam o subdesenvolvimento –, mas também fez incursões no mundo capitalista avançado. Para os militantes da Nova Esquerda no Ocidente, o maoísmo combinava o rigor do marxismo com o espírito *antiestablishment* da época.

Os radicais nos Estados Unidos, por exemplo, se interessavam por certos aspectos do pensamento maoísta. Eles viam no exemplo chinês a prova de que novos agentes revolucionários (os estudantes e os pobres, não os camponeses) poderiam substituir trabalhadores e que o empenho ideológico poderia superar as condições objetivas. Na maioria dos casos, entretanto, o *Pequeno livro vermelho* e o pensamento de Mao Tsé-Tung eram mais símbolos de resistência do que propriamente guias para a ação.

Mais significativo foi o papel da China no Terceiro Mundo, onde suas ações contrastavam fortemente com sua retórica. Por muito tempo, Mao tinha criticado Khruschev e seus sucessores por colocar as necessidades políticas da União Soviética acima de seus deveres internacionalistas para com os oprimidos. Diante da situação de isolamento e de pobreza, contudo, a China efetivamente adotou uma política externa muito mais descaradamente nacionalista do que a da União Soviética. Desconsiderou a libertação de Goa e de outros territórios portugueses pela Índia em 1962 como uma manobra cínica, juntou-se à África do Sul do *apartheid* no auxílio às forças da Unita em Angola, apoiou uma ditadura anticomunista no Sudão, prontamente reconheceu o governo chileno direitista de Pinochet poucos dias depois do golpe contra o socialista democrático de Salvador Allende, estimulou a campanha genocida do Paquistão em Bangladesh e deflagrou uma guerra de fronteira em 1979 com o Vietnã comunista. Além disso, a China ainda enviou oficiais de Estado para o funeral do general fascista espanhol Francisco Franco em 1975.

Talvez o ato mais decepcionante tenha sido a aproximação do país com os Estados Unidos no início dos anos 1970, quando recebeu em Pequim com todas as honrarias o presidente Richard Nixon e seu conselheiro de segurança nacional Henry Kissinger, enquanto eles ainda conduziam o massacre de inocentes no Sudeste Asiático. O PCC havia começado a enxergar sua vizinha, a União Soviética, como seu principal rival e passou a buscar obter qualquer vantagem contra ela, enquanto dava a esse novo curso o verniz de uma linguagem marxista dogmática. Um partido dedicado acima de tudo ao desenvolvimento nacional agora tinha uma política externa nacionalista condizente.

* * *

Após a morte de Mao em 1976, foi a linha-dura da Camarilha dos Quatro que encabeçou a defesa mais zelosa de seu legado, buscando levar adiante a "revolução contínua". Mas Deng Xiaoping acabou vencendo uma disputa por poder com eles e colocou em xeque as políticas maoístas. Ampliaram-se experimentos pró-mercado a fim de restaurar a produtividade, mas repudiar o próprio Grande Timoneiro estava fora de questão.

Como diria Deng em 1978: "Nunca faremos a Mao o que os soviéticos fizeram a Stálin". O corpo de Mao se encontra embalsamado na Praça da Paz Celestial, e seu retrato permanece no Portão da Paz Celestial e na moeda chinesa. A República Popular abriu mão de suas pretensões revolucionárias, mas ainda precisa de um símbolo nacional reverenciado, e se haver seriamente com o legado de Mao implicaria enfrentar questões difíceis para o partido que lhe conferiu poder[37].

Deng ofereceu à China um caminho alternativo para o desenvolvimento – ainda autoritário, ainda calcado na exploração, mas mais eficaz em realizar as tarefas

---

[37] Nicholas D. Kristof, "Legacy of Mao Called 'Great Disaster'", *The New York Times*, 7 fev. 1989; disponível em: <http://www.nytimes.com/1989/02/07/world/legacy-of-mao-called-great-disaster.html>.

162 | O manifesto socialista

propostas. Começando em 1949, os primeiros oito anos de governo comunista, apesar do alto custo, geraram ganhos reais. Os vinte anos seguintes foram um desastre completo. Os últimos quarenta foram, com razão, louvados como um milagre econômico. Nunca antes tantas pessoas saíram da pobreza.

No entanto, ao examinar os anos terríveis de Mao, devemos considerar os argumentos dos economistas Amartya Sen e Jean Drèze, eles próprios ferrenhos anti-autoritários. Não houve mais fome na Índia depois que ela conquistou sua independência em 1947. Mas, como Sen e Drèze mostraram, "comparando a taxa de mortalidade indiana de 12 por mil habitantes com a chinesa de 7 por mil habitantes, e aplicando a diferença à população indiana de 781 milhões em 1986, obtemos uma estimativa de excesso de mortalidade na Índia de 3,9 milhões de pessoas por ano". É uma calamidade da dimensão da Grande Fome, a cada oito anos desde 1947. A ênfase dada pela direção comunista autoritária à eliminação da pobreza e seu investimento em educação e saúde, se saem melhor se comparadas à negligência das elites indianas[38].

Como, afinal, deve um socialista de hoje avaliar o maoísmo? Certamente não podemos seguir a linha oficial do PCC: 70% bom, 30% ruim. Talvez possamos responder dizendo que, para início de conversa, a própria questão está mal formulada. O socialismo foi pensado para ser uma ideologia de democracia radical, de autoemancipação da classe trabalhadora, e não uma ferramenta para o desenvolvimento gerido pelo Estado. Uma revolução de cima para baixo, com um partido não eleito coordenando a criação de um excedente social e redirecionando-o para determinados fins, ainda que com a melhor das intenções, é uma receita para autoritarismo.

Mas não podemos afirmar que os excessos do maoísmo não tiveram nada a ver com o marxismo, ou mesmo que Mao foi apenas um nacionalista que se apropriou seletivamente de uma ideologia que ele mal entendia para servir aos seus fins. O aspecto teleológico do marxismo, sua crença nas leis da história – de que, por meio da atividade política consciente, a humanidade poderia ser levada a um novo e mais avançado estágio de civilização –, certamente ajudou Stálin e Mao a se sentirem justificados em sua crueldade. Mao não era nenhum adepto da democracia, mas acreditava que a ação das massas tinha "a força de derrubar montanhas e revirar mares". Ele compartilhava com Stálin a disposição de sacrificar vidas individuais, mesmo milhões delas, por uma finalidade coletiva.

---

[38] Jean Drèze e Amartya Sen, *Hunger and Public Action* (Oxford, Oxford University Press, 1991), p. 210-5.

A revolução no Terceiro Mundo | 163

Qualquer ideologia construída em torno de uma noção de destino – seja nacionalismo, seja socialismo – corre o risco de desembocar em calamidade. A solução é banal: valorizar e proteger direitos e liberdades, garantindo que as pessoas comuns não sejam apenas consultadas por meio de manifestações de massa, mas que, de fato, disponham de meios democráticos para fazer escolhas e responsabilizar seus líderes pelos seus atos. Sem essa base, qualquer sociedade pós-capitalista corre o risco de criar uma nova casta de opressores.

Alçado ao poder pelos sacrifícios de soldados camponeses, o partido-Estado comunista, em todos os casos, se posicionou acima do povo em nome de cujos interesses dizia governar. A retórica e o prestígio de seus primeiros dias, os constantes apelos à revolução mundial, dificultaram o reconhecimento daquilo que agora é evidente: a revolução do PCC é mais bem entendida como um projeto nacional, autoritário, por vezes capaz de gerar progresso, mas ainda assim muito distante da visão clássica do socialismo. Os movimentos socialistas mais ricos, aqueles que seguiram os passos de Marx, foram extintos na Rússia e na China na década de 1920.

* * *

Embora a Revolução Chinesa tenha sido a mais significativa do Terceiro Mundo, está longe de ter sido a única. No Afeganistão, que era ainda menos desenvolvido do que a China, uma vanguarda de oficiais militares e acadêmicos deu um golpe bem-sucedido em 1978 e, em seguida, tentou realizar uma série de reformas abrangentes. Como nunca chegaram a angariar muito apoio fora de Cabul, dependeram da repressão extrema e, finalmente, de intervenção soviética para permanecer no poder. O caso da Etiópia seguiu um padrão semelhante: uma revolução encabeçada por uma elite de esquerda em um país atrasado, deflagrando uma guerra civil e levando ao terror. O mesmo se deu no Iêmen do Sul, embora com consequências menos sangrentas[39].

Em países como Angola, Moçambique, Vietnã e Zimbábue, os marxista-leninistas conquistaram vitórias, mas a custo elevado. Alcançaram alguns de seus objetivos nacionais ao se livrarem do garrote das potências imperialistas, mas foram incapazes de construir um socialismo popular a partir dos escombros da guerra. Embora ainda seja autoritário, o Vietnã está hoje adotando reformas de mercado ao modo

---

[39] Ver Raja Anwar, *The Tragedy of Afghanistan: A First-Hand Account* (Nova York, Verso, 1990); Fred Halliday e Maxine Molyneux, *The Ethiopian Revolution* (Nova York, Verso, 1981); e Fred Halliday, *Revolution and Foreign Policy: The Case of South Yemen, 1967-1987* (Cambridge, Cambridge University Press, 2002).

chinês com algum sucesso, ao passo que Angola e o Zimbábue figuram entre as nações mais corruptas e desiguais do mundo.

O caso da Tanzânia despertou considerável simpatia, sobretudo entre os socialistas suecos e de outras partes da Europa ocidental. O país recém-independente havia sido um canto negligenciado do Império britânico quando Julius Nyerere assumiu o poder em 1961 com um discurso de pan-africanismo, autossuficiência e socialismo. À frente de um país rural e camponês, ele se voltou para a China de Mao como inspiração, mas o projeto coletivista *ujamaa* que ele introduziu no campo tinha uma dinâmica genuinamente participativa. No final das contas, Nyerere não foi capaz de encontrar um caminho alternativo para o desenvolvimento, e a maioria de suas reformas foi revertida após 1995. A Tanzânia continua pobre e segue dependendo de ajuda externa.

Em 1979, Granada, uma ilha caribenha de apenas 100 mil habitantes, foi palco de um golpe de esquerda liderado pelo carismático Movimento New Jewel[*] de Maurice Bishop. Com ajuda cubana, Bishop levou a cabo projetos de desenvolvimento e promoveu reformas, especialmente na saúde, educação e direitos das mulheres. Tinha uma atitude pragmática a respeito do que de fato poderia ser feito em um país tão pequeno. Mas, apesar do apoio popular e sua integridade pessoal, Bishop tinha o mesmo ceticismo em relação às liberdades civis que muitos de seus contemporâneos. Os Estados Unidos começaram a traçar planos de guerra logo nos primeiros dias do governo de Bishop. Quando alguns de seus camaradas ultraesquerdistas o derrubaram e assassinaram, os estadunidenses invadiram a ilha.

Em outras partes das Américas, experiências democráticas orientadas para o socialismo na Nicarágua e no Chile, este segundo apoiado por um poderoso movimento da classe trabalhadora, foram bloqueadas por elites nacionais conservadoras e interferência estadunidense, nem sempre na forma de golpes e invasões, mas também através de sanções, sabotagem comercial e fraude eleitoral. Mesmo onde os movimentos socialistas do Terceiro Mundo tinham impulsos democráticos, a experiência de casos como o de Allende parecia encorajar a adoção de caminhos autoritários de mudança.

---

[*] New Jewel Movement (NJM), literalmente Movimento Nova Joia, é um acrônimo de New Joint Endeavor for Welfare, Education, and Liberation (Novo Esforço Conjunto em Prol do Bem-Estar, da Educação e da Liberação). O "novo" se deve ao fato de que o partido de vanguarda foi criado em 1973 a partir de uma fusão entre várias organizações e movimentos. (N. T.)

A "revolução de cima" mais bem-sucedida ocorreu em Cuba, onde Fidel Castro e seu bando de guerrilheiros chegaram do campo no final dos anos 1950 para derrubar o odiado ditador Fulgencio Batista. Cuba tinha uma tradição anarquista e socialista de longa data, incluindo um Partido Comunista forte e um movimento estudantil e operário vibrante. As primeiras medidas de Fidel contaram com amplo apoio das massas e incluíam campanhas contra o analfabetismo e a reforma agrária, sem falar na luta do governo revolucionário contra invasões e atos terroristas patrocinados pelos Estados Unidos. No entanto, a participação popular foi sempre limitada pelo que se tornou um partido-Estado[40].

Impulsionada pelos subsídios do bloco oriental, que neutralizaram um embargo comercial devastador por parte dos Estados Unidos, a transformação que ocorreu em Cuba após a revolução foi espantosa. O país ainda era dependente da produção de açúcar, mas, pela primeira vez na história, os cubanos comuns tiveram acesso a boas escolas e atendimento de saúde, novas estradas e água potável, além de terem necessidades básicas como moradia garantidas por direito. Embora sofresse das ineficiências comuns às economias de comando, o famoso cartaz de propaganda do país não está longe da verdade quando diz: "Hoje, 200 milhões de crianças dormirão na rua – nenhuma delas é cubana". As conquistas internacionais de Cuba também são dignas de menção. Os médicos cubanos serviram a milhões no exterior, e o país desempenhou um papel fundamental na derrota do *apartheid* sul-africano (embora seu histórico de intervenções no Chifre da África seja menos louvável).

Ao mesmo tempo, Cuba fica aquém de qualquer padrão de "democracia socialista". Os trabalhadores de Cuba não têm nem direitos básicos de negociação coletiva ou de protesto contra as políticas governamentais.

A Revolução de 1959 serviu para criar uma nova elite, embora, ao contrário da velha elite do país, sua legitimidade se fundamente não na riqueza e nas ligações com Washington, mas na medida em que oferece educação gratuita e saúde pública de qualidade, entre outras necessidades, ao povo. Em poucas palavras, fez mais do que o capitalismo conseguiu fazer em boa parte da América Latina. Mas, sem a liberdade de se organizar para defender o que é bom em seu sistema e se livrar do que for corrupto, o futuro de Cuba parece estar nas mãos de uma nova geração de burocratas estatais e interesses empresariais reemergentes.

* * *

---

[40] Ver Richard Gott, *Cuba: A New History* (New Haven, Yale University Press, 2005).

166 | O manifesto socialista

A experiência do Terceiro Mundo com o socialismo dá razão a Marx. Ele defendeu que uma economia socialista bem-sucedida requer forças produtivas já desenvolvidas e que uma democracia socialista robusta requer uma classe trabalhadora auto-organizada. Disso se seguiria que estimular o crescimento capitalista, procurando ao mesmo tempo mitigar seus efeitos mais deletérios e redistribuir melhor seus despojos – como fizeram recentemente o Partido dos Trabalhadores (PT) no Brasil e outros governos latinoamericanos da "onda rosa" – é o melhor que podemos esperar dos Estados situados em países em desenvolvimento. Devemos, contudo, fazer perguntas mais fundamentais.

Por que esses países precisam passar pela mesma trajetória destrutiva que os do Norte Global? Um mundo justo não subsidiaria aqueles que, por simples acidentes do acaso, calharam de nascer em países pobres? Não seríamos todos beneficiados se as chaminés industriais que recobrem a paisagem chinesa fossem substituídas por uma forma mais sustentável de progresso?

Há tanto motivos práticos quanto morais para realizar essa transferência de recursos ou, ao menos, para eliminar a dívida estrangeira. Felizmente, já há quem esteja defendendo esse tipo de pauta. Em países capitalistas avançados com esquerdas vibrantes, como na Escandinávia, os governos colocam mais ênfase em ajuda externa e internacionalismo. Olof Palme, da Suécia, achava que as sociais-democracias europeias tinham uma grande obrigação de ajudar na libertação e no desenvolvimento dos países mais pobres. Para ele, defender "pleno emprego e justiça social tanto nos países industrializados quanto nos países em desenvolvimento" significava mais do que apenas dedicar uma generosa porcentagem do PIB sueco à ajuda externa (embora não tenha deixado de fazer isso também); significava, além disso, tomar uma posição de princípio contra o colonialismo – postura que o levou a bater de frente com a África do Sul do *apartheid* e o imperialismo estadunidense no Vietnã[41].

Depois que Palme foi assassinado em 1986, Oliver Tambo, um herói da luta de libertação sul-africana, escreveu-lhe um necrológio. Para Tambo, Palme demonstrou "que os grandes políticos e estadistas do mundo ocidental podiam superar todas as limitações, reais e imaginárias, para finalmente se colocar ao lado dos pobres, oprimidos, explorados e brutalizados". A batalha da Suécia pela social-democracia e a luta da África do Sul contra o *apartheid* eram indissociáveis:

---

[41] B. Vivekanandan, *Global Visions of Olof Palme, Bruno Kreisky and Willy Brandt: International Peace and Security, Co-operation, and Development* (Londres, Palgrave Macmillan, 2016), p. 28-32.

"Nosso mundo celebrará para sempre Olof Palme como o espinho na carne das forças de reação que representavam uma ordem mundial terrível e petrificada"[42].

Uma política externa radical animada por esse espírito não seria apenas mais um instrumento de dependência; seria uma ferramenta capaz de colocar o futuro nas mãos de pessoas comuns. Mais do que nunca precisamos de uma forma de elevar a humanidade que não exija o sacrifício de gerações de pessoas em regimes fabris de exploração ou na mineração.

---

[42] Oliver Tambo, "Olof Palme and the Liberation of Southern Africa", em Kofi Buenor Hadjor (org.), *New Perspectives in North-South Dialogue: Essays in Honor of Olof Palme* (Londres, I. B. Tauris, 1988), p. 258.

7
O socialismo e os Estados Unidos

Em um livro clássico de 1906, *Warum gibt es in den Vereinigten Staaten keinen Sozialismus?* [Por que não há socialismo nos Estados Unidos?], Werner Sombart buscava enfrentar uma questão crucial. Se "o socialismo moderno surge como reação necessária ao capitalismo", argumentou ele, "o país com o desenvolvimento capitalista mais avançado, a saber, os Estados Unidos, deveria apresentar o caso clássico do socialismo, e sua classe trabalhadora apoiaria o mais radical dos movimentos socialistas".

Por que nada disso aconteceu? A resposta que ele deu foi simples: prosperidade significava que os trabalhadores estavam empanturrados demais de "rosbife e torta de maçã" para se interessar por agitação socialista. Há muito tem-se considerado correta essa resposta em maior ou menor grau, ao lado de outras explicações, como a que evoca a noção de "excepcionalismo americano", um apego ao individualismo e a um Estado enxuto que remontaria à fundação da nação.

No entanto, o socialismo tem uma longa e singular história nos Estados Unidos. Na época de Sombart, o socialismo poderia não ser uma força de massa na política do país, mas parecia estar ganhando força. Em 1912, o Partido Socialista obteve quase um milhão de votos nas eleições presidenciais, contava com um contingente de 120 mil membros e foi capaz de eleger mais de mil candidatos. Os prefeitos de cidades como Berkeley, Flint, Milwaukee e Schenectady eram todos socialistas. Assim como um congressista, Victor Berger, e dezenas de autoridades estatais. Havia onze semanários socialistas somente no estado de Oklahoma. E, em certas regiões do país – dos enclaves judaicos do Lower East Side de Manhattan às cidades de mineração no oeste do país –, o verdadeiro sonho americano dos trabalhadores chamava-se "comunidade cooperativa"[1].

Esses sentimentos tampouco eram novidade nos Estados Unidos. No final da década de 1820, o país tinha dado origem aos primeiros partidos operários do mundo, em Boston, Nova York, Filadélfia e em outros lugares. Esses movimentos contemplavam em larga medida os interesses dos artesãos, visto que a produção industrial ainda estava sendo introduzida e se concentrava na Nova Inglaterra, empregando principalmente mulheres e crianças. Em Nova York, demandas mais diretas para estabelecer limites à jornada de trabalho coexistiram por um breve período com o agrarismo radical do líder do partido, Thomas Skidmore, que reivindicava a distribuição igual de todas as terras. Inspirado no republicanismo da revolução americana, Skidmore formulava suas críticas ao trabalho assalariado usando determinada linguagem: "milhares de nosso povo que hoje enfrentam profunda angústia e pobreza dependem para sua subsistência diária de alguns poucos dentre nós cuja operação nada natural de nossas próprias instituições livres e republicanas, como temos o prazer de chamá-las, tornou, de maneira bárbara e arbitrária, enormemente ricos"[2].

Por conta das partes mais fantasiosas de seu programa e sua personalidade autoritária, Skidmore foi expulso da organização antes de sua primeira campanha eleitoral, que foi relativamente bem-sucedida. Num arco de dois anos, no entanto, os "*Workies*" de Nova York seriam absorvidos pelo Partido Democrata, num movimento que se tornaria padrão para as tentativas de mobilização independente dos trabalhadores.

No mesmo período, os Estados Unidos provaram ser um terreno fértil para o socialismo utópico. Em 1827, um ex-industrial galês chamado Robert Owen fundou uma comunidade que denominou *New Harmony* no sudoeste de Indiana. Ele chegou inclusive a descrever seus ideais de vida comunitária em uma sessão do Congresso que contou com a presença do presidente James Monroe, que estava deixando o cargo, e do recém-eleito John Quincy Adams. O "paraíso terrestre" que Owen almejava construir foi sendo continuamente reorganizado no decorrer dos anos e ele foi logo obrigado a reconhecer a derrota e retornar ao Reino Unido. Uma década depois, alguns seguidores de Charles Fourier – como Nathaniel

---

[1]   Irving Howe, *Socialism and America* (San Diego, Harvest Books, 1986), p. 3.

[2]   Alex Gourevitch, "Wage-Slavery and Republican Liberty", *Jacobin*, 28 fev. 2013; disponível em: <http://www.jacobinmag.com/2013/02/wage-slavery-and-republican-liberty>.

Hawthorne e Ralph Waldo Emerson – também fizeram tentativas de criação de experiências comunais, obtendo resultados semelhantes.

Após as revoluções de 1848 na Europa, o "socialismo científico" foi introduzido nos Estados Unidos por refugiados alemães. Joseph Weydemeyer foi um exemplo notável. Ex-oficial de artilharia do Exército prussiano, tornou-se marxista convicto e, em 1851, fugiu para a América. Trabalhou como jornalista da imprensa de língua alemã e escrevia análises perspicazes a respeito do capitalismo americano. Em 1853, participou da criação da Liga dos Trabalhadores Americanos (American Workers League), que aspirava tornar-se um partido independente dos trabalhadores "sem discriminação de ocupação, idioma, cor ou sexo". A Liga apresentou um programa socialista moderno que combinava apoio a sindicatos e demandas imediatas, tais como a jornada de trabalho de dez horas, a naturalização de imigrantes e o fim do trabalho infantil.

Embora combinasse de maneira persuasiva lutas econômicas e políticas, a organização nunca chegou a se expandir para além dos trabalhadores estadunidenses de origem alemã. Ainda assim, Weydemeyer e muitos dos envolvidos na Liga não deixaram de desempenhar um papel importante no apoio à União na Guerra de Secessão. Weydemeyer morreu logo após a guerra, mas muitos dos ex-integrantes que sobreviveram ao conflito tornaram-se republicanos radicais.

Marx e Engels frequentemente se debruçavam sobre os Estados Unidos. Em sua visão, o fato de o país não ter um legado feudal fazia que as divisões de classe parecessem mais permeáveis. Mas os novos imigrantes e as futuras gerações de proletários não poderiam contar com terras para fazer a vida e acabariam tendo que desenvolver uma consciência de classe semelhante à de seus pares europeus.

Eles tinham esperança de que essa mudança fosse iminente. Adversário implacável da escravidão, Marx escreveu a Lincoln, a quem chamou "o filho obstinado da classe trabalhadora", para dizer que a Primeira Internacional apoiava a União na Guerra de Secessão e tinha esperança de que o conflito fosse seguido por uma onda de lutas da classe trabalhadora[3].

A Guerra de Secessão foi a verdadeira Revolução Americana. O Partido Republicano expropriou US$ 3,5 trilhões em "propriedade privada" para emancipar os 4 milhões de escravos do Sul. A Reconstrução que se seguiu viu o povo mais

---

[3] Andrew Hartman, "Marx's America", *Jacobin*, 5 maio 2018; disponível em: <http://www.jacobinmag.com/2018/05/marx-america-lincoln-slavery-civil-war>.

oprimido do país tentar construir um novo mundo livre das chibatas de seus antigos senhores.

A luta contra a escravização dos negros inspirou batalhas contra o que se passou a denunciar como "escravidão assalariada". Esse espírito motivou os Cavaleiros do Trabalho (Knights of Labour), organização que começou com apenas nove membros em 1869, mas que na década de 1880 já contava com centenas de milhares de filiados. A federação reunia trabalhadores de todos os setores e incorporou dezenas de milhares de trabalhadores negros naquilo que havia sido um movimento esmagadoramente branco[4]. Um número igualmente grande de mulheres se somou ao movimento à medida que os Knights atravessavam o país, das minas da Pensilvânia até as fábricas de roupas de Nova York, passando pelas ferrovias de Denver e fundições do Alabama[5].

As décadas de 1870 e 1880 foram um período de agitação trabalhista. O Pânico de 1873 induziu um arrocho contra os trabalhadores, deflagrando uma onda de greves, com destaque para a Grande Greve Ferroviária de 1877. Cem mil trabalhadores foram duramente reprimidos por milícias, estaduais e privadas, e tropas federais. As greves de Homestead e Pullman na década de 1890 também sofreram destino semelhante, sendo que a segunda foi responsável pela radicalização de Eugene V. Debs, liderança do Sindicato Ferroviário Americano.

O Partido dos Trabalhadores (Workingmen's Party) dos Estados Unidos foi fundado em 1876. Desde o início, ele era dividido entre marxistas e lassalianos, e, assim como no Velho Mundo, suas disputas teóricas tinham implicações no mundo real. Os lassalianos queriam formar um partido político socialista e conquistar reformas através das urnas. Defendiam, em particular, o financiamento estatal para uma rede de cooperativas. Como acreditavam em uma "lei de bronze dos salários", não viam muito sentido na atividade sindical. Os marxistas adotaram o rumo oposto, avaliavam serem necessários anos de organização sindical antes que o terreno estivesse fértil para um partido socialista. Os lassalianos conseguiram obter o controle do Partido dos Trabalhadores, com seus líderes denunciando que as greves de 1877 eram inúteis.

---

[4] Quanto à imigração chinesa, a atuação da organização deixava a desejar – uma discriminação que atormentaria os movimentos trabalhista e de esquerda por anos.

[5] Alex Gourevitch, *From Slavery to the Cooperative Commonwealth: Labor and Republican Liberty in the Nineteenth Century* (Nova York, Cambridge University Press, 2014); idem, "Our Forgotten Labor Revolution", *Jacobin*, verão 2015.

Muitos militantes do partido, no entanto, se envolveram ativamente na Grande Greve Ferroviária. Um deles foi Albert Parsons. O reconhecimento tanto do poder da ação direta quanto do caráter de classe de um Estado repressivo o levou ao anarquismo. Dedicou-se à luta pela jornada de trabalho de oito horas e participou do movimento muito mais amplo de socialistas e sindicalistas que se manifestaram na Haymarket Square no 1º de maio de 1886. Mais para o final da noite, terminada a manifestação, uma bomba foi atirada na praça e matou um policial. Parsons estava entre os seis radicais de Chicago que foram detidos, sem fundamento nenhum, por conta desse ato. Foi executado por enforcamento um ano depois.

Os arsenais construídos nas cidades americanas após a Guerra Civil não eram para impedir invasões estrangeiras, mas para ser usados contra uma revolta da classe trabalhadora como a Comuna de Paris de 1871. "Carregue suas armas de fogo, elas serão necessárias amanhã para fuzilar comunistas", alardeou o *Chicago Times* em 1875. Essas preocupações parecem exageradas em retrospectiva, mas eram bastante reais em uma época na qual trabalhadores grevistas muitas vezes se armavam e na qual anarquistas assassinavam líderes mundiais (em 1901, o presidente William McKinley seria assassinado por um anarquista)[6].

Por mais que a imprensa tenha fomentado temores sobre violência anarquista e comunista, foram as milícias privadas e o terror estatal que fizeram que a história do movimento operário nos Estados Unidos no século XIX fosse mais violenta do que a da Europa. Essa violência desfez a organização já um tanto frouxa dos Cavaleiros do Trabalho e estimulou sindicalistas de ofício como Samuel Gompers, fundador da Federação Americana do Trabalho (American Federation of Labor – AFL), a defender a "harmonia entre as classes" e o caminho das reformas graduais. (Gompers tinha sido socialista, mas, desestimulado pela influência lassalliana, passou a defender um sindicalismo "arroz com feijão".) Em uma época na qual o capitalismo estadunidense avançava, incorporando cada vez mais trabalhadores não especializados ao sistema fabril, as tentativas de organizar a mão de obra não qualificada entraram em retração.

Na América rural, contudo, o fermento ainda estava crescendo. O Movimento Populista brotou das lutas da década de 1870 de agricultores endividados no centro do Texas, mas logo se espalhou por todo o país. Com o preço do algodão despencando e a economia entrando em depressão na década de 1890, os populistas foram defensores fervorosos de Debs durante a Greve Pullman, apoiaram

---

6 Ibidem.

muitas demandas feitas pelos trabalhadores e estavam na linha de frente das lutas dos arrendatários rurais e meeiros contra o sistema *crop-lien**. O líder populista Tom Watson instigava os agricultores brancos e negros a se organizar superando as divisões raciais. Em um discurso para uma multidão, disse: "Vocês estão cegos e iludidos a ponto de não perceberem como esse antagonismo racial perpetua um sistema monetário que reduz ambos à miséria"[7].

Em 1892, o movimento criou um partido político nacional em torno de um programa progressista que reivindicava um imposto de renda progressivo, a nacionalização da malha ferroviária, perdão de dívidas e um plano de obras públicas para combater o desemprego. As elites agrárias responderam com uma campanha de fraude eleitoral e violência, incluindo o linchamento de centenas de militantes, e o Partido Democrata acabou assumindo boa parte das bandeiras do movimento em 1896. Depois da derrota eleitoral do democrata pró-populista William Jennings Bryan naquele ano, o movimento se desfez. Ampliaram-se os esforços legislativos para minar os direitos políticos dos negros através de impostos obrigatórios e "testes de alfabetização" tendenciosos, o que contribuiu para evitar que outro movimento multirracial surgisse por décadas.

* * *

Em 1890, quem estava à frente do Partido dos Trabalhadores, agora conhecido como Partido Socialista Operário (Socialist Labor Party – SLP), era Daniel De Leon. Imigrante de Curaçao, De Leon era professor da Faculdade de Direito da Universidade Columbia quando se envolveu ativamente na campanha de Henry George à prefeitura de Nova York em 1886. George contava com o apoio do Sindicato Central (Central Labor Union), um sindicato de orientação em larga medida marxista situado na região de Nova York. As tendências políticas do próprio George, todavia, já eram mais ecléticas. Ele era autor de *Progress and Poverty* [Progresso e pobreza], um *best-seller* que defendia um imposto igualitário sobre o valor da terra. A ideia era que as pessoas deveriam poder controlar os frutos do seu próprio trabalho, mas que a terra e outros recursos naturais pertenciam à sociedade como um todo.

---

* Sistema pelo qual comerciantes forneciam crédito a pequenos agricultores para ser paga na colheita. Quando a colheita não dava para cobrir o débito, o agricultor tinha de trabalhar para o credor em regime de quase servidão a fim de pagar a dívida. (N. E.)

[7] Lawrence Goodwyn, *The Populist Moment: A Short History of the Agrarian Revolt in America* (Oxford, Oxford University Press, 1978); Nancy Maclean, "The Promise and Failure of Populism", *Socialist Worker*, abr. 1985.

George foi o segundo colocado na eleição (derrotando inclusive o futuro presidente Theodore Roosevelt), e De Leon perdeu a oportunidade de assumir um cargo de tempo integral na Columbia por conta da sua atividade política. No entanto, não desanimou da política. Tal como centenas de milhares de outros estadunidenses, ele leu *Looking Backward* [Olhando para trás], um romance do socialista utópico Edward Bellamy que descreve uma sociedade socialista no ano 2000: um mundo livre de sofrimentos desnecessários, um mundo que havia resolvido os problemas do capitalismo industrial. De Leon passou a ler Marx e Engels e logo entrou para o SLP.

Engels foi um crítico assíduo do SLP, que ele considerava sectário e "de verniz estrangeiro" (os comunicados do partido eram frequentemente emitidos em alemão), acusando-o de reduzir o marxismo a "uma ortodoxia rígida", inacessível aos trabalhadores comuns, exceto como "um artigo de fé" a ser enfiado "goela abaixo". Cumpre reconhecer, porém, que De Leon resolveu o problema da "não americanidade" com a criação de novas publicações em língua inglesa para complementar o jornal principal do partido, *Vorwärts* [Avante]. Num período de oito anos, o SLP chegaria à marca de 10 mil membros, conquistando 97 mil votos para presidente[8].

No entanto, o sectarismo permaneceu. Lênin fez eco às críticas de Engels, acusando os rancorosos socialistas americanos de serem "incapazes de se adaptar ao movimento de massas vivo e poderoso, ainda que sem formação teórica, que marcha ao lado deles". Cada vez mais sectário, o SLP sob De Leon adotou uma estratégia sindical dupla, defendendo que os socialistas se retirassem de organizações amplas da classe trabalhadora, como a AFL, e se organizassem em federações sindicais paralelas compostas inteiramente por socialistas[9].

Embora essa abordagem tenha conseguido atrair um número razoável de socialistas de princípios para o SLP, ela acabou isolando o partido do movimento dos trabalhadores. O próprio De Leon parecia não se incomodar com a relativa pequenez de sua Aliança Socialista do Trabalho e Comércio (Socialist Trade and Labor Alliance – STLA), tachando de "nada menos que idiotice" os esforços feitos por outros socialistas para conseguir apoio mais amplo.

---

[8]   Gary Marks e Seymour Martin Lipset, *It Didn't Happen Here: Why Socialism Failed in the United States* (Nova York, Norton, 2001), p. 33.

[9]   Ibidem, p. 34.

176 | O manifesto socialista

Mas a história não lhe deu razão: a STLA se dissolveu ignominiosamente e a intransigência de De Leon ainda garantiu sua expulsão da Trabalhadores Industriais do Mundo (Industrial Workers of the World – IWW) pouco depois de sua criação. Hoje ele é lembrado como uma figura contraditória. De Leon mostrou-se um teórico presciente, capaz de pensamento criativo, mas a organização que ele liderava nem sempre refletia sua sofisticação pessoal.

Seus debates com o futuro mártir irlandês James Connolly são ilustrativos nesse sentido. Connolly viajou pela primeira vez aos Estados Unidos em 1902, a convite do Partido Socialista Operário (Socialist Labor Party) para uma turnê de palestras voltadas aos trabalhadores imigrantes irlandeses, que naquele momento estavam sendo persuadidos pela Igreja católica a não ingressar no movimento. Sua mensagem foi tão bem-sucedida que o SLP o trouxe para o país como militante de tempo integral. Mas Connolly, como bom internacionalista que era, não se considerava um hóspede e passou a questionar De Leon a respeito do programa do SLP. A limitação mais importante, na avaliação de Connolly, era a postura do partido em relação aos salários.

De Leon era filho de um cirurgião e oficial colonial do Exército; ele nunca compreendeu de fato as realidades da vida operária como Connolly, que tinha nascido no gueto de Cowgate, em Edimburgo, e começou a trabalhar aos nove anos de idade. Distantes das realidades cotidianas da classe trabalhadora, os deleonistas adotavam uma teoria abstrata dos salários que afirmava que qualquer aumento salarial seria automaticamente compensado por aumentos de preços, de modo que lutar por salários mais altos seria uma perda de tempo e recursos. Isso, disse Connolly, pode até "soar muito revolucionário", mas, na verdade, dificulta que os trabalhadores identifiquem no movimento socialista uma forma de melhorar as suas vidas. Foi um debate importante, que hoje ajuda a explicar como os radicais estadunidenses deixaram de aproveitar plenamente o descontentamento trabalhista na década de 1890[10].

Em outras palavras, uma das respostas à famosa pergunta de Werner Sombart poderia ser: "Daniel De Leon". Será que com uma liderança diferente o SLP teria sido capaz de unir sindicalistas, populistas de esquerda e socialistas estadunidenses em uma força mais poderosa? Um esforço desses certamente teria se deparado com uma resistência feroz. O que tornava os Estados Unidos excepcionais no

---

[10] Ronan Burtenshaw, "Connolly at 150", *Jacobin*, 5 jun. 2018; disponível em: <http://www.jacobinmag.com/2018/06/james-connolly-ireland-socialism-iww-labor>.

início do século XIX era sua abundância de terras (permitindo que pequenos produtores fossem mais autossuficientes) e o relativo igualitarismo que prevaleceu entre os homens brancos. Mas, no final do século, o capitalismo industrial já havia produzido condições semelhantes às de outros países capitalistas. Contudo, a nação preservou sua excepcionalidade no que diz respeito ao nível extremo de violência estatal e privada dirigida contra o movimento dos trabalhadores. Sectarismo, estratégias fracassadas de sindicalização, divisões étnicas e raciais, todos esses elementos desempenharam um papel na desorganização da classe trabalhadora do país, mas a ameaça de repressão violenta parece fundamental.

* * *

Ainda assim, a agitação da década de 1890 revelou o poder dos trabalhadores dos Estados Unidos. Com a fundação do Partido Socialista dos Estados Unidos (Socialist Party of America – SP) em 1901, o movimento finalmente teve um grande abrigo.

O mais famoso dos fundadores do partido, Eugene V. Debs, um dos principais organizadores trabalhistas, havia se tornado radical quando passou seis meses preso depois da Greve Pullman. Assim como muitos socialistas de sua época, ele se inspirou na social-democracia alemã. Em suas palavras, "os escritos de Kautsky eram tão claros e conclusivos que eu prontamente captei, não apenas seu argumento, mas também o espírito de seu discurso socialista". Victor Berger – um austríaco que militava em Milwaukee e tinha conhecido Kautsky pessoalmente – fez uma visita a Debs na prisão, deixou-lhe uma cópia de *O capital* de Marx e "fez a primeira defesa apaixonada do socialismo que [Debs] havia presenciado". Juntos, criaram em 1897 uma organização chamada Social-Democracia da América (Social Democracy of America), que um ano depois se tornou o Partido Social-Democrata da América (Social Democratic Party of America – SDP). Poucos anos depois disso, os dois se juntaram a dissidentes do SLP – incluindo Morris Hillquit, um imigrante judeu que se estabelecera em Nova York – para formar o Partido Socialista[11].

O partido era pequeno, mas havia encontrado em Debs um líder nacional, alguns bastiões do apoio sindical e o respaldo de uma vibrante imprensa socialista. Nenhuma publicação foi mais significativa do que a *Appeal to Reason* [Apelo à razão], fundada por J. A. Wayland, que se vangloriaria de vir "de uma linhagem

---

[11] Eugene V. Debs, "How I Became a Socialist", *New York Comrade*, abr. 1902; Paul Heideman, "The Rise and Fall of the Socialist Party of America", *Jacobin*, outono 2016.

O manifesto socialista

revolucionária estadunidense" e sabia falar a linguagem do povo. O editor e especulador imobiliário se politizou pela agitação operária da década de 1890 e (assim como De Leon) por meio da leitura de *Looking Backward*, de Edward Bellamy. O *slogan* de seu primeiro jornal radical, *The Coming Nation* [A Nação Vindoura], anunciava ser uma publicação "em prol de um governo de, por e para o Povo, tal como esboçado em *Looking Backward*, de Bellamy, abolindo a Possibilidade de Pobreza". Oferecia uma mistura eclética de republicanismo, o "nacionalismo" de Bellamy e um populismo radical[12].

Depois de um esforço fracassado na criação de uma comuna utópica no Tennessee, Wayland lançou em 1897 a *Appeal to Reason*, que também se valia da linguagem do populismo e da democracia em suas tentativas de ancorar o socialismo em solo estadunidense. À medida que o Partido Socialista começava a decolar, e com Debs na condição de apoiador e colaborador, a circulação do jornal cresceu para a casa das centenas de milhares. No seu auge, a *Appeal to Reason* era a quarta publicação mais lida do país, fomentando um império editorial mais amplo, responsável pela popularização de autores como Jack London e Upton Sinclair.

* * *

No entanto, as coisas não andavam tão bem no campo socialista, com o partido atravessado por divisões ideológicas semelhantes às que fraturaram os sociais-democratas na Alemanha. À direita, Victor Berger provou ser um Eduard Bernstein estadunidense na sua defesa da mudança gradual no interior do sistema como caminho para o socialismo. Os membros da ala Milwaukee de Berger eram chamados de "socialistas de esgoto" por conta de sua ênfase no governo municipal, particularmente nos esforços de saúde pública. Concentravam-se em ganhar eleições e se mostrar capazes de fazer uma administração honesta e competente caso eleitos. As reformas que apoiavam prefiguravam muitas das demandas que o movimento progressista apresentaria, mas sua abordagem "realista" quanto à classe média também significava um afastamento dos compromissos socialistas centrais. William A. Arnold, o candidato do Partido Socialista à prefeitura de Milwaukee em 1904, afirmou que os interesses comerciais da cidade "estarão mais seguros nas mãos de uma administração composta por sociais-democratas do que sob gestão dos partidos Republicano ou Democrata". O próprio Berger gabou-se de que a presença dos socialistas na cidade estava garantindo um baixo índice grevista e os negócios

---

[12] Elliott Shore, *Talkin' Socialism: J. A. Wayland and the Role of the Press in American Radicalism, 1890--1912* (Lawrence, University Press of Kansas, 1988), p. 40.

aquecidos[13]. Esses socialistas moderados ocuparam a prefeitura de Milwaukee por quase meio século, começando com a eleição de Emil Seidel em 1910[14].

Esse socialismo destoava, e muito, da política revolucionária de Debs, o qual percorria o país fazendo discursos e elevando a imagem do partido. Natural de Indiana, como Wayland, Debs conseguia estabelecer conexão com os trabalhadores comuns através de uma retórica simples e direta, compartilhando com eles sua esperança de que o século XX seria, como profetizara Victor Hugo, "o século da humanidade". Embora simpatizasse com a esquerda do partido – na época dominada por trabalhadores sindicalistas radicais da região Oeste e agricultores pobres de estados como Oklahoma –, Debs evitava se envolver em disputas intrapartidárias e convenções, procurando se apresentar como uma figura unificadora[15].

Uma questão em que ele se juntou a outros socialistas para tentar enfrentar era como se relacionar com o movimento dos trabalhadores e encaminhar suas fileiras em direção ao socialismo. Debs entrou para o IWW junto com aparentemente todos os ilustres radicais de sua época – Dorothy Day, Mother Jones, Elizabeth Gurley Flynn, Bill Haywood, Helen Keller, Jack Reed, James Connolly e o futuro dirigente comunista William Z. Foster. A organização foi fundada como alternativa ao "sindicalismo de negócios" [*business unionism*]* da Federação Americana do Trabalho (American Federation of Labor – AFL), a qual, tinha 2 milhões de membros, mas se organizava com base em parâmetros muito estreitos de ofício, o que causava disputas intrassindicais e deixava de fora os trabalhadores não qualificados. Também havia produzido uma camada privilegiada de burocratas que não passavam pela supervisão da democracia de base, e que buscavam a todo custo estabelecer parcerias com os interesses empresariais.

O IWW era exatamente o oposto da AFL. Praticava sindicalismo industrial, o que significa que a associação organizava em um mesmo sindicato todos os trabalhadores de um setor industrial, independentemente de sua qualificação. Também adotava uma postura tão radical em relação à gerência que o sindicato se

---

[13] Ao contrário do antirracista Debs, Berger também pensava que "negros e mulatos constituem uma raça inferior"; William P. Jones, "'Nothing Special to Offer the Negro': Revisiting the 'Debsian View' of the Negro Question", *International Labor and Working-Class History*, v. 74, 2008, p. 212-24.

[14] Ira Kipnis, *The American Socialist Movement 1897-1912* (Chicago, Haymarket, 2005), p. 168-9.

[15] Eugene V. Debs, "Eugene V. Debs Predicts a Social Revolution", *St. Louis Chronicle*, 3 set. 1900.

* *Business unionism* é um tipo de sindicalismo que se concentra em uma agenda estritamente econômica, através de negociações por aumentos salariais. Faz oposição ao sindicalismo que luta por mudanças sociais e pelo Estado do bem-estar. (N. E.)

recusou a institucionalizar qualquer conquista obtida por meio da luta. "Nenhum contrato, nenhum acordo, nenhum pacto. Essas são alianças profanas e devem ser condenadas como traição quando feitas com a classe capitalista", discursou Bill Haywood, um dos líderes de primeira hora do IWW. A feroz independência e desconfiança da organização em relação à centralização tinham muito a ver com o etos estadunidense, especialmente entre os mineradores e madeireiros da fronteira oeste do país que foram inicialmente atraídos para suas fileiras. Mas, sem a capacidade de obter reformas práticas ou prover necessidades como seguros e garantias em caso de morte aos seus membros, até mesmo muitos trabalhadores de esquerda se sentiam melhor nos sindicatos mais submissos da AFL. Na sua recusa de fazer exigências ao Estado, o IWW chegou até a se opor ao movimento sufragista das mulheres, às regulamentações trabalhistas e a outras proteções sociais[16].

O IWW também afastava os radicais dos membros locais da AFL, privando assim os movimentos de reforma que se contrapunham a Gompers no interior da federação mais ampla de terem contato com seus organizadores mais competentes. William Z. Foster, que entrou para o IWW em 1909 e saiu logo na sequência, trilhou um caminho mais promissor. O futuro comunista criou a Liga Sindicalista da América do Norte (Syndicalist League of North America – SLNA). A organização estava à esquerda do Partido Socialista e até mesmo do IWW, mas se esforçou para criar uma "minoria militante" no interior da AFL e não fora dela. Sob uma configuração diferente, essa estratégia renderia frutos nas décadas de 1920 e 1930[17].

Por outro lado, o IWW também não deixou de causar impacto. Ações como a greve dos trabalhadores têxteis de 1912, em Lawrence, e a greve dos tecelões de seda de Paterson, em 1913, mobilizaram dezenas de milhares de pessoas. Mas não deixa de ser revelador que a organização não institucionalizou essas conquistas nem criou uma burocracia operacional, recusando-se até mesmo a criar fundos permanentes de greve. Em 1912, o IWW contava com 14 mil filiados em Lawrence – um ano depois, esse número havia caído para menos de mil. Os sindicatos, afinal, precisam oferecer ganhos econômicos constantes para seus membros por meio de negociações transacionais, e sua atividade política pode complementar, mas não substituir, o trabalho político mais visionário de um

---

[16] Joe Richard, "The Legacy of the IWW", *International Socialist Review*, nov. 2012, p. 86.

[17] James Weinstein, *The Decline of Socialism in America: 1912-1925* (Nova York, Vintage Books, 1967), p. 13.

O socialismo e os Estados Unidos | 181

partido político. Não é à toa que os movimentos bem-sucedidos de esquerda todos seguiram uma variação dessa organização dúplice de "espada" e "escudo"[18].

Foi a atitude sectária do IWW em relação inclusive a outros sindicatos de esquerda e ao Partido Socialista que por fim levou Debs a deixar a organização em 1908. Ele se queixou de que "o IWW que Haywood representa e defende é uma organização anarquista em tudo, exceto no nome, e esta é a causa de todos os problemas. O anarquismo e o socialismo jamais se misturaram e jamais se misturarão"[19].

Haywood, por sua vez, de fato travou um debate famoso com Morris Hillquit a respeito da questão sindical no início de 1912. Haywood externou sua opinião de que não apenas a AFL, mas o sistema capitalista como um todo não podia ser reformado gradualmente. Hillquit, embora geralmente adotasse um tom mais comedido, rebateu com a perspectiva um tanto fantasiosa de que, "dentro de cinco anos e não mais do que isso, a AFL e sua militância de base serão socialistas"[20].

Acossado pela liderança, Haywood deixou o Partido Socialista quando a organização condenou práticas de violação da lei e sabotagem – atributos primordiais de qualquer militância trabalhista que se preze. Em uma carta para o jornal socialista *New York Call*, Helen Keller expressou aquilo que muitos ativistas do partido estavam sentindo: "Enquanto incontáveis mulheres e crianças seguem partindo seus corações e arruinando seus corpos em longas e extenuantes jornadas de trabalho, nós estamos aqui lutando uns contra os outros. Que vergonha!".

* * *

Independentemente dos debates que surgiam, Debs continuava sendo o coração do partido. Em seus discursos, ele conseguia a façanha de fazer uma síntese do populismo, da retórica messiânica do cristianismo, do sindicalismo ocidental e do socialismo marxista em um todo coerente. Assim como no caso de Wayland, sua defesa moral do socialismo foi muito bem recebida por um público amplo. Mas Debs nunca apresentou uma estratégia política clara que fosse ao encontro dessa retórica.

---

[18] Ibidem, p. 14.

[19] Eugene V. Debs, "A Letter to William English Walling from Eugene V. Debs in *Terre Haute*, Indiana, March 5, 1913", em J. Robert Constantine (org.), *Letters of Eugene V. Debs*, v. 2: *1913-1919* (Champaign, University of Illinois Press, 1990), p. 11.

[20] Ira Kipnis, *The American Socialist Movement*, cit., p. 388.

O socialismo estadunidense sabia falar diversas linguagens, inclusive diferentes idiomas, e era mais uma coalizão do que uma força unificada. O fato de os Estados Unidos serem um país tão vasto e tão regionalmente dividido decerto pesou nesse sentido. Berger podia operar uma máquina eleitoral em Wisconsin ao mesmo tempo que outros membros do partido podiam usar os socialistas locais para construir o IWW, que ele desprezava. As facções rivais trocavam polêmicas na imprensa socialista e batiam de frente nas convenções partidárias, mas não interferiam – nem podiam – umas nas outras.

Para sua campanha presidencial de 1908, Debs percorreu o país em um trem chamado Red Special, e repetiu o empenho em 1912, quando falou para mais de 500 mil pessoas. Os socialistas recuperaram a experiência dos acampamentos dos tempos dos populistas, que de certa forma lembravam encontros de avivamento protestantes. Com frequência chegavam a durar uma semana inteira, enquanto milhares de pessoas chegavam em carroças cobertas, se abasteciam de literatura socialista e paravam para ouvir o evangelho da Comunidade Cooperativa.

Debs acabou com 901.551 votos em 1912, quase meio milhão a mais do que sua tentativa anterior em 1908. O partido obteve resultados na ordem dos dois dígitos em mais de meia dúzia de estados. Hoje, esses números são tidos como o ponto alto do movimento socialista. Mas, para Wayland, a eleição de 1912 havia sido uma amarga decepção. Deprimido com a morte de sua esposa e achincalhado pela imprensa capitalista e pelas autoridades federais, ele tirou a própria vida após a eleição. "A luta sob o sistema competitivo não vale o esforço; vamos deixar isso para lá", escreveu em sua nota de despedida[21].

Muitos outros ainda enxergavam um movimento em ascensão. A eleição de 1912 era apenas um dos indícios. Outro era o fato de que, nos nove anos entre 1903 e 1912, o número de filiados do Partido Socialista cresceu sete vezes, apesar de todas as disputas internas. O partido agora tinha 1.200 representantes eleitos em todo o país. Os socialistas extraíram força da mesma corrente ampla de reforma que impulsionava o movimento progressista em ascensão, e que também informava o partido Bull Moose, de Theodore Roosevelt, e os democratas de Woodrow Wilson. O Partido Socialista atraía o eleitorado não tanto por articular uma visão clara do socialismo ou de como alcançá-lo, mas por conseguir expressar raiva contra o *status quo* e reivindicar melhorias na saúde pública, na tributação e na educação, além de defender o fim da corrupção. Assim, à medida

---

[21] Elliott Shore, *Talkin' Socialism*, cit., p. 218.

que sua mensagem foi sendo apropriada por outros reformadores, não é de se espantar que milhares de eleitores que haviam se inspirado em Debs ou nos esforços locais do Partido Socialista acabaram votando em candidatos mais viáveis para cargos nacionais, em vez de nos socialistas[22].

Entre a eleição de Wilson em 1912 e a entrada dos Estados Unidos na Primeira Guerra Mundial em 1917, o Partido Socialista não atendeu às expectativas de quem, como Hillquit, pensava que o partido chegaria aos 200 mil filiados. O número de filiações diminuiu nesse período, mas não houve um colapso dramático. Ou seja, o socialismo parecia ser um fator estável, quiçá até dominante, na vida política estadunidense. Mas a guerra mudou tudo[23].

Quando os Estados Unidos entraram na guerra no dia 6 de abril de 1917, milhões de pessoas já haviam perdido suas vidas de modo completamente desnecessário na Europa, e a Revolução de Fevereiro na Rússia tinha inspirado os socialistas estadunidenses a vislumbrar a possibilidade de os trabalhadores imporem um fim a toda aquela insanidade. Hillquit apresentou a resolução da maioria na convenção emergencial que o partido havia convocado para tratar do conflito bélico. Ela declarava que "a declaração de guerra por parte de nosso governo" tinha sido "um crime contra os povos dos Estados Unidos e contra as nações de todo o mundo" e propunha uma "oposição ativa e pública à guerra, por meio de manifestações, petições em massa e quaisquer outros meios que estiverem ao nosso alcance". John Spargo, um biógrafo de Marx nascido na Inglaterra, rebateu dizendo que, "uma vez que já não conseguimos evitar a entrada na guerra, só nos resta reconhecê-la como um fato e tentar impor ao governo, por meio da pressão da opinião pública, uma política construtiva". Mas a resolução de Hillquit teve apoio retumbante[24].

O Partido Socialista estava quase inteiramente unido na oposição à guerra, mas alguns membros proeminentes da direita do partido, incluindo Walter Lippmann e William English Walling, apoiavam a intervenção estadunidense no conflito e acreditavam que seu patriotismo contribuiria para a causa socialista nos Estados Unidos. Spargo abandonou o partido em junho daquele ano, queixando-se de

---

[22] Ira Kipnis, *The American Socialist Movement*, cit., p. 347; Theodore Draper, *The Roots of American Communism* (Nova York, Viking, 1957), p. 42.

[23] James Weinstein, *The Decline of Socialism in America: 1912-1925* (Nova Brunswick, Rutgers University Press, 1984), p. 27.

[24] William Z. Foster, *History of the Communist Party of the United* States (Nova York, International Publishers, 1952).

que "o Partido Socialista é provavelmente o maior obstáculo ao avanço do socialismo na América"[25].

Embora a guerra fosse popular em grande parte do país, os socialistas se beneficiaram de sua campanha de oposição ao conflito. O partido era uma rara voz de dissidência e se distinguia de um certo "progressismo" dissimulado que voltou atrás em sua postura antiguerra.

Em Dayton, Ohio, o partido arrematou nove dos doze distritos eleitorais da cidade nas primárias independentes de 1917, apesar de ter gasto muito menos que seus adversários na campanha (395 dólares contra os 28.058 dólares desembolsados pelos seus adversários). Com o aumento do número de estadunidenses mortos na Europa, o sentimento antiguerra tornava-se cada vez mais forte. No mês seguinte, os socialistas de Buffalo quase venceram a eleição para prefeito da cidade, perdendo por apenas algumas centenas de votos. Pouco tempo depois, a campanha de Hillquit para a prefeitura de Nova York atraiu uma multidão enérgica de 20 mil pessoas ao Madison Square Garden. Mesmo com os interesses empresariais unidos contra ele e o presidente Wilson dando atenção especial à disputa municipal, Hillquit acabou com 21,7% dos votos, um desempenho cinco vezes mais alto que o partido tinha obtido na eleição anterior. Tanto em Dayton quanto em Nova York, os socialistas tiveram melhor desempenho nos distritos da classe trabalhadora. O partido, mais ainda do que em 1912, estava ancorado em uma base de massas[26].

Mas o dissenso interno trouxe novos desafios. A esquerda do Partido Socialista se tornou mais ousada com a indignação contra a minoria pró-guerra do partido, as conquistas dos últimos anos, o aumento na militância sindical e o sucesso da Revolução Russa. Essa onda crescente parecia representar uma ameaça para a liderança.

Isso não era imediatamente perceptível para quem estava de fora. Hillquit e mesmo Berger não eram como a direita pró-guerra da social-democracia alemã e de outras partes da Europa. Ao contrário dos alemães, saudaram com entusiasmo a Revolução de Outubro. A reação de Debs é bastante conhecida: "Sou bolchevique da cabeça aos pés, com muito orgulho". Mas Hillquit também saudou os revolucionários

---

[25] John Spargo, "Spargo Resigns: Letter to Adolph Germer in Chicago from John Spargo", *Milwaukee Leader*, 9 jun. 1917, p. 6.

[26] James Weinstein, *The Decline of Socialism in America*, cit., p. 147-50.

O socialismo e os Estados Unidos | 185

russos, e até Berger diria no final de 1918: "Eis um governo do povo e para o povo, de fato. Eis uma democracia política e industrial"[27].

Quando o governo dos Estados Unidos fechou o cerco ao Partido Socialista por conta das suas atividades contra a guerra, a começar pelos Decretos de Espionagem e de Sedição de 1917-1918 e a proibição de envio dos jornais socialistas pelos serviços postais, certamente não poupou a ala direita do partido. Berger se tornou o primeiro congressista socialista dos Estados Unidos em 1910, mas até mesmo seu socialismo moderado era demais para o governo. Em março de 1918, ele foi indiciado sob a Lei de Espionagem e acusado de cometer 26 "atos de deslealdade". Por 309 votos a 1, a Câmara votou a cassação de seu mandato democraticamente conquistado.

Muitos outros representantes eleitos tiveram um destino semelhante, e milhares de membros do partido acabaram presos ou deportados. A repressão foi tão profunda e bem-sucedida que hoje poucas pessoas se lembram que o Partido Socialista de Oklahoma era uma das organizações políticas mais importantes daquele estado. Debs, por sua vez, viu-se novamente atrás das grades. Ao ser sentenciado à prisão, proferiu seu discurso mais famoso: "Meritíssimo, anos atrás reconheci meu parentesco com todos os seres vivos, e me tornei convencido de que eu não era nem um pouco melhor do que a mais humilde criatura desta Terra. Disse naquela ocasião, e digo agora, que enquanto houver classe inferior, eu estarei nela, e enquanto houver um elemento criminoso, farei parte dele, e enquanto ainda houver uma alma na prisão, não estarei livre".

Debs concorreu à Presidência de dentro de uma prisão na Geórgia em 1920, obtendo 3,41% dos votos. Mas, àquela altura, o partido que ele representava já havia rachado. Sua ala revolucionária havia crescido, impulsionada pela chegada de trabalhadores russos e finlandeses, entre outros. Com a esquerda a caminho de conquistar maiorias decisivas na convenção de 1919, a ala direita do partido começou a levar a cabo uma série de expurgos. Dois terços dos filiados foram expulsos do partido – muitos deles vieram a compor o núcleo do comunismo estadunidense. Berger e seus colegas de pensamento podiam até admirar a Revolução Bolchevique à distância, mas temiam que a radicalização pudesse desmantelar seu partido. Assim, optaram por implodir boa parte dele em vez de apresentar argumentos democráticos sobre questões de princípio dentro da organização[28].

---

[27] Eugene V. Debs, "The Day of the People", *Class Struggle*, v. 3, n. 1, fev. 1919.

[28] Paul Heideman, "The Rise and Fall of the Socialist Party of America", *Jacobin*, outono 2016.

186 | O manifesto socialista

A questão que se coloca de pronto é se as coisas teriam acontecido de maneira diferente caso o Partido Socialista tivesse agido de forma tão ignóbil quanto seus homólogos europeus e apoiado a campanha bélica do país em 1917-1918. Mas é difícil imaginar que um partido saturado de idealismo e retórica milenarista pudesse ter adotado esse caminho. Melhor seria perguntar o seguinte: o que o partido poderia ter feito para se manter, apesar de sua oposição resoluta ao Estado? Afinal, os socialistas em outros lugares haviam sobrevivido à repressão. O Partido Bolchevique prosperou na clandestinidade por muitos anos em condições muito piores, e o Partido Social-Democrata Alemão cresceu aos trancos e barrancos sob as leis antissocialistas de Bismarck. O fator fundamental em ambos os casos foi uma organização centralizada, uma unidade não necessariamente de sentimentos, mas de ação. Ao Partido Socialista dos Estados Unidos multilíngue, geograficamente disperso e ideologicamente dividido, faltava justamente isso, e não surgiu nenhuma liderança nova para mudar esse estado de coisas.

Também vale a pena refletir sobre o fato de que os estadunidenses tentaram criar um partido político socialista nos moldes alemães, em vez de se basear nos esforços britânicos de primeiro criar um partido trabalhista. Esse segundo caminho talvez fosse viável na década de 1890 se não fosse pela combinação de violência da elite, sectarismo do Partido Socialista Operário (Socialist Labor Party) e o conservadorismo da AFL de Gompers. Não havia nenhuma garantia de sucesso, é claro. No início dos anos 1900, a maioria dos trabalhadores estadunidenses já era partidária de uma ou outra organização política e, ao contrário dos alemães, os socialistas não tiveram grandes batalhas por sufrágio universal masculino para galvanizar apoio político pelo país. Além disso, em termos institucionais, o sistema bipartidário incentivava os reformadores progressistas a adotar reivindicações socialistas. Diante dessas condições herdadas, os socialistas ficaram com pouca margem para erros.

O Partido Socialista ainda persistiria por décadas depois de 1919. Os socialistas e ex-socialistas viriam a se tornar os precursores do liberalismo da Guerra Fria, do socialismo democrático e até mesmo do neoconservadorismo. Mas, com exceção de um período de ressurgimento na década de 1930, o partido deixou de ser uma força relevante na política nacional.

* * *

Por um breve período, o comunismo assumiu seu lugar, embora aos trancos e barrancos. Os primeiros anos do comunismo americano não foram nada gloriosos. Tratava-se de uma tradição estrangeira, sob constante cerco do governo, concentrada em enclaves étnicos e atravessada por divisões. Milhares de pessoas nos Estados Unidos responderam ao apelo de Lênin por uma ruptura decisiva com o oportunismo da Segunda Internacional e pela criação de uma nova Internacional Comunista. Expulsos do Partido Socialista, um conjunto de esquerdistas de origem estrangeira formaram o Partido Comunista dos Estados Unidos (Communist Party USA – CPUSA) em 1919. No mesmo ano, um grupo de radicais, em sua maioria nascidos nos Estados Unidos, liderados por John Reed e Benjamin Gitlow, criaram o Partido Comunista Operário dos Estados Unidos (Communist Labor Party of America – CLPA), organização rival da primeira.

O Comintern forçou as duas organizações a se fundir, mas apenas um punhado dos 12 mil membros somados tinham o inglês como língua materna – isso apesar de grande parte da esquerda histórica do Partido Socialista ser composta de radicais ocidentais nascidos nos Estados Unidos. Os comunistas estavam tão à esquerda que, em meio à mais importante onda grevista da história dos Estados Unidos em 1919, eles estavam denunciando sindicalistas de esquerda, como seu futuro líder William Z. Foster. Na ausência de uma base no movimento dos trabalhadores, os comunistas faziam pronunciamentos do tipo: "A verdadeira questão da greve dos metalúrgicos é a revolução", chegando a defender a "destruição das organizações sindicais existentes"[29].

O Comintern combateu essas tendências isolacionistas e buscou forjar um movimento multirracial que fosse capaz de atrair trabalhadores não comunistas. Orientou os radicais a fazer trabalho de base para além dos seus nichos, e inclusive no interior da AFL. No Segundo Congresso do Comintern, o líder comunista internacional Karl Radek observou que o enorme crescimento do sindicalismo no pós-guerra havia beneficiado sindicatos reformistas, não revolucionários, e que "não há vantagem tática alguma em nossa recusa teimosa de aderir à AFL". Reed respondeu amargamente que "os únicos amigos que a Internacional Comunista tem nos Estados Unidos estão no IWW", mas que os estrangeiros tinham razão a respeito do trabalhador estadunidense, e a delegação estadunidense estava errada[30].

Um agente do Comintern, entretanto, pode ter queimado uma das maiores oportunidades da esquerda estadunidense. O húngaro József Pogány, conhecido como

---

[29] Theodore Draper, *The Roots of American Communism*, cit., p. 199.

[30] Jacob Zumoff, *The Communist International and U. S. Communism, 1919-1929* (Chicago, Haymarket, 2015); Branko M. Lazić e Milorad M. Drachkovitch, *Lenin and the Comintern*, v. 1 (Stanford, Stanford University Press, 1972), p. 345.

John Pepper, chegou aos Estados Unidos em 1922 e juntou-se ao movimento fazendo apelos úteis: aprendam inglês, criem um partido legal, deem ênfase à libertação negra. Mas sua contribuição mais decisiva foi estragar um esforço promissor de construir um partido operário nacional[31].

Crítico da linha de Gompers, o presidente da Federação do Trabalho de Chicago (Chicago Federation of Labor), John Fitzpatrick, estava à frente desse esforço em 1923, quando convidou os comunistas a se juntarem a ele. No entanto, em vez de ser um parceiro de boa-fé numa coalizão em crescimento, colhendo pacientemente os benefícios, Pogány estimulou o partido a assumir o comando da organização nascente. Deu certo, mas afastou de vez os sindicatos e ativistas não comunistas, fazendo que a iniciativa acabasse naufragando[32].

A liderança em Moscou teria se oposto a Pogány se soubesse de seus planos, mas ela foi responsável por outras situações de discórdia do partido. Os principais organizadores dos Estados Unidos se desentenderam com o regime soviético: Stálin expulsou James Cannon sob a acusação de trotskismo; em seguida, expulsou o membro que havia denunciado Cannon, Jay Lovestone, por conta de seu bukharinismo. E, assim, durante a insanidade do Terceiro Período – quando a liderança internacional stalinista declarou que os sociais-democratas eram a principal barreira impedindo uma revolução iminente –, os comunistas estadunidenses acabaram trilhando um curso sectário.

Nos anos precedentes, o partido abraçara William Z. Foster e sua Liga Educacional Sindical (Trade Union Educational League – Tuel), que vinha tendo êxito apoiando grupos da militância radical de base no interior da AFL. De uma hora para outra, a organização foi desmontada e transformada na Liga de Unidade Sindical (Trade Union Unity League – Tuul), que, como muitas frentes comunistas ao longo dos anos, significava o oposto de seu nome. A Tuul criou pequenos sindicatos "vermelhos" que aderiam integralmente ao programa comunista e se contrapunham à AFL por fora. Não é de surpreender que poucos trabalhadores de fato concordavam que a AFL era na verdade "um instrumento dos capitalistas para explorar os trabalhadores". Entre 1928 e 1932, período decisivo de crise capitalista, o número de filiados do partido caiu de 24 mil para 6 mil.

---

[31] Thomas Sakmyster, *A Communist Odyssey: The Life of József Pogány* (Budapeste, Central European University Press, 2012).

[32] Eric Blanc, "Defying the Democrats: Marxists and the Lost Labor Party of 1923", *John Riddell: Marxist Essays and Commentary*, 10 set. 2014; disponível em: <http://www.johnriddell.wordpress.com/2014/09/10/defying-the-democrats-marxists-and-the-lost-labor-party-of-1923>.

* * *

Nos anos 1930, com a ascensão de Hitler e o fracasso total de sua política internacional do Terceiro Período, o Comintern voltou novamente às políticas de "frente única" que aparentemente estavam funcionando em meados da década anterior. A partir de 1934, o partido teve um papel crucial nas lutas que deram origem ao Congresso de Organizações Industriais (Congress of Industrial Organizations – CIO)[33].

O fundador do CIO, John L. Lewis, era uma liderança da União dos Trabalhadores da Mineração (United Mine Workers – UMW) e ex-*business unionist*. Tendo constatado a inocuidade dessa forma de agir no período da Grande Depressão, optou por adotar uma abordagem mais militante e passou a defender a organização dos trabalhadores da produção em massa conforme seus respectivos setores. Depois de perder uma disputa pela direção da AFL para levar adiante essa estratégia, o UMW e nove outros sindicatos foram expulsos da Federação em 1936. Juntos, eles formaram o CIO, que tinha uma militância de base mobilizada, mas precisava de quadros mais treinados. Lewis os encontrou em seus ex-adversários socialistas e comunistas: talvez um terço da equipe do CIO fosse composta por membros do CPUSA. Ao ser questionado sobre isso, Lewis respondeu: "Quem fica com o pássaro? O caçador ou o cachorro?"[34].

Mas os comunistas também se beneficiaram dos resultados. O Comintern inaugurou uma Frente Popular composta não apenas por partidos da classe trabalhadora, mas também por partidos reformadores de classe média. Nenhum adotou o conceito com mais entusiasmo do que o Partido Comunista dos Estados Unidos sob a batuta de Earl Browder. O partido batizou seus esforços educacionais em homenagem a Thomas Jefferson – Abraham Lincoln, Frederick Douglass e Thomas Paine eram outras referências possíveis, inclusive mais apropriadas. "O comunismo é o americanismo do século XX", declarou. Quando uma das seções, a Filhas da Revolução Americana (Daughters of the American Revolution – DAR), deixou de fazer a comemoração anual da famosa cavalgada de Paul Revere, a Liga da Juventude Comunista (Young Communist League – YCL) prontamente contratou um cavaleiro e o mandou galopar pela Broadway

---

[33] Charlie Post, "The Popular Front: Rethinking CPUSA History", *Against the Current*, v. 63, jul./ago. 1996.

[34] Joe Richard, "Hunters and Dogs", *Jacobin*, 28 out. 2016; disponível em: <http://www.jacobinmag.com/2016/10/cio-unions-communist-party-socialist-party-afl>.

vestido de *minuteman* com uma placa dizendo "A DAR esquece, mas o YCL lembra"[35].

Anedotas ridículas à parte, além de desenvolver um papel-chave na organização sindical, o partido soube dialogar com os sentimentos do New Deal e moldou um movimento liberal de esquerda mais amplo por meio de seus grupos da frente, como o Congresso Nacional Negro (National Negro Congress) e a União Estudantil Americana (American Student Union). O CPUSA congregou não apenas 85 mil membros, como também uma rede muito mais ampla de aliados. Os comunistas passaram a desempenhar um papel proeminente no cinema, na música e nas artes estadunidenses. Das lutas internas contra o racismo e por direitos sindicais ao apoio demonstrado à causa republicana na Espanha, os comunistas eram vistos como defensores da democracia, mesmo com a chegada das notícias sobre os expurgos soviéticos.

Se o CPUSA foi longe demais na dissolução de sua identidade, o caso do Partido Socialista oferece um exemplo de quão desastrosa a abordagem oposta pode acabar sendo. O Partido Socialista recuperou parte de sua antiga relevância sob a batuta de Norman Thomas, um ex-pastor presbiteriano que se espelhava na figura de Debs; Thomas conseguiu obter quase 900 mil votos em sua campanha presidencial de 1932. O partido atraía não apenas jovens esquerdistas que navegavam entre o reformismo social-democrata e o leninismo revolucionário, como também quadros sindicais extremamente talentosos, como Walter e Victor Reuther.

Mas Thomas e a maior parte do Partido Socialista se agarraram à estratégia da era debsiana de se opor aos reformadores burgueses – independência de classe era primordial. Thomas considerava o New Deal um "programa que faz concessões aos trabalhadores a fim de mantê-los quietos por mais tempo e, assim, consolidar o poder dos proprietários privados". Isso sem dúvida era verdade, mas essas reformas não aplacaram os trabalhadores; elas os levaram a exigir mais[36].

Quaisquer que fossem as intenções do presidente Franklin D. Roosevelt, milhões de pessoas acreditavam que ele queria que elas entrassem para um sindicato e achavam que mereciam um emprego com uma remuneração decente e proteções sociais. Esses trabalhadores estadunidenses começaram a reivindicar coisas do Estado pela primeira vez, e o Partido Socialista lhes disse que estavam

---

[35] Michael Kazin, *American Dreamers: How the Left Changed a Nation* (Nova York, Alfred A. Knopf, 2011), p. 171.

[36] Irving Howe, *Socialism and America*, cit., p. 74.

agindo da maneira errada. Em decorrência do abismo entre a postura do SP e as convicções dos trabalhadores por ele organizados, abandonaram o partido líderes sindicais socialistas como os irmãos Reuther, do Trabalhadores Automotivos Unidos (United Automobile Workers), Leo Krzycki, do Sindicato dos Trabalhadores de Confecção de Roupas (Amalgamated Clothing Workers Union) e Emil Rieve, do Sindicato dos Trabalhadores de Malharia e Meias (Hosiery Workers Union).

Na eleição presidencial de 1936, os trabalhadores de todo o país tomaram uma decisão racional de apoiar o Partido Democrata, ávidos por dar continuidade às reformas de Roosevelt e cientes dos entraves institucionais à política independente. O grupo de Thomas não era capaz de oferecer uma estratégia viável para superar qualquer um desses entraves ou mesmo uma forma de não se contrapor às melhores reformas do New Deal. Ele só tinha palavras de ordem sobre se opor a partidos capitalistas. Ironicamente, o Partido Comunista, mais marginalizado, foi quem melhor soube se relacionar com os apoiadores de Roosevelt.

Ao se alinhar com os democratas, o CPUSA da Frente Popular escondeu sua identidade socialista. Quando foi obrigado a revelá-la, o partido apontou para uma União Soviética autoritária como seu modelo. Um mês antes do infame pacto de não agressão de 1939 entre Hitler e Stálin, Browder chegou a dizer: "Um acordo germano-soviético é tão provável de ocorrer quanto a eleição de Earl Browder para presidente da Câmara do Comércio". Mas, quando chegou a notícia do acordo, o CPUSA simplesmente adotou a nova linha, sem debate algum. O partido alienou de vez seus principais aliados e manchou sua autoridade moral[37].

Quando a Alemanha nazista invadiu a União Soviética em junho de 1941, o partido transformou a Frente Popular em uma forma ainda mais extrema de "frente democrática". A direção comunista defendeu a cooperação para prosseguir a guerra a qualquer custo, abandonando trabalhadores militantes ao prometer se opor às ações grevistas. No desespero de evitar o isolamento e encontrar parceiros institucionais nas lideranças sindicais e no Partido Democrata, os comunistas apostaram que a mudança os ajudaria a permanecer relevantes.

A devoção do partido ao Estado dos Estados Unidos – ele apoiou o Smith Act de 1940, usado contra trotskistas e socialistas que eram contra a guerra – não foi

---

[37] Maurice Isserman, *Which Side Were You on? The American Communist Party during the Second World War* (Middletown, CT, Wesleyan University Press, 1982), p. 18.

retribuída. A mesma lei se voltaria contra eles no final da década. Depois da guerra, o Partido Comunista foi afastado das principais posições de liderança do CIO. Uma das consequências disso foi o abandono dos planos do CIO de sindicalizar o Sul do país, desproporcionalmente negro (Operação Dixie). Talvez não fosse mesmo possível um partido trabalhista na década de 1940, mas uma estratégia diferente poderia ao menos ter impedido a guinada conservadora do CIO e dado mais poder à militância mais radical de base.

A Frente Popular colocou o CPUSA em uma posição que o impedia de ganhar hegemonia dentro do movimento da classe trabalhadora estadunidense contra as forças liberais. Mas esse também foi o último momento em que o socialismo teve uma presença de massa nos Estados Unidos. O CPUSA pressionou o New Deal de Roosevelt a ser mais inclusivo e apoiou os movimentos de sindicalização em massa da época. Os comunistas, unidos por sua filiação a uma organização que a maior parte dos estadunidenses comuns veio a temer e desprezar, desempenharam um papel descomunal e amplamente positivo na política e na cultura dos Estados Unidos.

O comunismo estadunidense não era cinzento, burocrático e rígido, como se tornara na União Soviética; era criativo e dinâmico. Irving Howe, o fundador da revista *Dissent*, pensava que o CPUSA era uma farsa, uma "brilhante pantomima" que lutou por algumas das causas certas, mas de forma enganosa e oportunista. Mas o Partido Comunista também tinha um lado menos monolítico. Era uma organização que promovia bailes e eventos sociais para a juventude, além de comícios de militância. Apesar das maquinações de seus líderes e de suas justificativas retóricas para os crimes do stalinismo, os comunistas eram os oprimidos que estavam combatendo o *establishment* por justiça nos Estados Unidos. Eles foram as vítimas, e não os perpetradores, da censura e da repressão policial[38].

A questão hoje é se podemos trazer a esquerda para o *mainstream* – modulando nossa retórica, enraizando-nos na vida cotidiana – ao mesmo tempo que construímos um projeto de política independente da classe trabalhadora que seja mais do que uma oposição leal ao liberalismo. Em outras palavras, será que conseguiremos tornar o *socialismo* o americanismo do século XXI sem perder a alma nesse processo (ou ter de nos vestir como Paul Revere)?

* * *

---

[38] Vivian Gornick, *The Romance of American Communism* (Nova York, Basic Books, 1979).

O socialismo e os Estados Unidos | 193

O período do imediato pós-guerra parecia promissor para os comunistas. Em 1946, uma enorme onda grevista revirou o país, com greves gerais nas cidades de Rochester, Nova York e Oakland, na Califórnia. Com o esmagamento de uma greve ferroviária pelo presidente Truman e sua rejeição das partes mais ambiciosas do programa de 1944 de Roosevelt, começaram a circular rumores de uma nova campanha trabalhista contra ele, talvez até um partido trabalhista. Mas se antes as conexões com a União Soviética costumavam dar prestígio ao CPUSA, agora tornavam o partido um pária. A Guerra Fria estava começando, e cada vez menos liberais queriam se envolver em frentes com os comunistas ou acreditavam na revista *New Masses* quando dizia que "a União Soviética é a forma mais elevada de democracia"[39].

Exagerando no sentido oposto a postura dos tempos de Browder e interpretando mal os sinais de Moscou, o CPUSA, agora liderado por William Z. Foster, apoiou a campanha presidencial do antigo vice-presidente Henry A. Wallace em 1948, como candidato pelo Partido Progressista. Ao fazê-lo, o partido deveria ter atentado para o que observou um oficial soviético: dada a influência limitada do CPUSA e a desunião do movimento trabalhista, "é perfeitamente evidente que, se tal partido fosse criado, não receberia amplo apoio entre as organizações de trabalhadores e progressistas e não teria êxito em sua luta contra os poderosos partidos políticos"[40].

O endosso do partido a Wallace, assim como o apoio do Partido Socialista a Norman Thomas em 1936, custou-lhe importantes apoiadores sindicais, incluindo o fundador do Sindicato dos Trabalhadores de Transporte [Transport Workers Union], Mike Quill, e facilitou ainda mais a expulsão dos comunistas remanescentes do CIO. O endosso também devastou partidos estaduais sob influência comunista, como o Partido Trabalhista Americano (American Labour Party) de Nova York, que naquele ano perdeu o apoio de sindicatos como o dos Trabalhadores de Confecção de Roupas.

O CPUSA esperava ao menos reviver os vínculos com os liberais progressistas e que o Partido Progressista obtivesse em torno de 8 milhões a 15 milhões de votos. Wallace acabou com pouco mais de um milhão de votos, menos que o segregacionista Strom Thurmond. A vitória inesperada de Truman sobre Thomas Dewey, do Partido Republicano, fez os líderes do Trabalhadores Automotivos Unidos (United Auto Workers – UAW) engavetarem seus planos de criar um

---

[39] Howard Brick e Christopher Phelps, *Radicals in America: The U. S. Left since the Second World War* (Nova York, Cambridge University Press, 2015), p. 31-4.

[40] Thomas W. Devine, *Henry Wallace's 1948 Presidential Campaign and the Future of Postwar Liberalism* (Chapel Hill, University of North Carolina Press, 2013), p. 19.

194 | O manifesto socialista

partido trabalhista. Desde então, os socialistas estadunidenses nunca mais lançariam um terceiro partido capaz de desafiar seriamente o Partido Democrata[41].

O impasse dos comunistas foi agravado pela ascensão do macarthismo. Quando o "discurso secreto" de Khruschev revelou em 1956 alguns dos crimes do stalinismo, o partido já era uma sombra de si mesmo.

Ainda assim, no final dos anos 1950, com a desintegração dos velhos partidos da esquerda, começou a se formar uma nova onda de ativismo. Entre as décadas de 1870 e 1940, uma das preocupações primordiais dos socialistas era como organizar a classe trabalhadora em sindicatos industriais. Esse objetivo foi em larga medida alcançado no final da Segunda Guerra Mundial, mas os radicais acabaram excluídos do movimento ao final desse processo. Agora o objetivo era forjar um novo casamento entre ativistas e intelectuais radicais, de um lado, e o movimento trabalhista, do outro. Os esquerdistas mais uma vez estimulariam as melhores partes do liberalismo estadunidense – seus "sociais-democratas" em uma cultura política que não usava essa linguagem – a efetivamente proporcionar ganhos para os trabalhadores[42].

Muitos esquerdistas, como o fundador dos Socialistas Democráticos da América (Democratic Socialists of America), Michael Harrington, argumentaram que o movimento dos trabalhadores havia criado um partido social-democrata *no interior* do Partido Democrata. Essa força defendia a expansão do Estado de bem-estar social e buscava fazer que o "segundo partido capitalista mais animado" do mundo desempenhasse um papel político semelhante ao dos partidos trabalhistas europeus.

Na década de 1960, os movimentos trabalhistas e outros movimentos progressistas foram capazes de forçar a aprovação de leis importantes quando o Congresso era controlado pelos democratas. A mais significativa delas dizia respeito aos direitos civis. Os radicais desempenharam papéis vitais na Segunda Reconstrução de meados da década, que uniu reivindicações por igualdade política para os negros estadunidenses com as reivindicações por justiça econômica. Socialistas como Ella Baker, Bayard Rustin e A. Philip Randolph juntaram-se a Martin Luther King Jr. na tentativa de substituir o sistema Jim Crow por uma social-democracia igualitária. Randolph era o estadista mais velho do grupo; desde 1910 era socialista e estava na linha de frente das lutas pelos direitos civis e trabalhistas. O próprio Martin Luther King Jr. abraçaria o socialismo democrático ao se radicalizar ao longo dos anos

---

[41] Howard Brick e Christopher Phelps, *Radicals in America*, cit., p. 39.

[42] Maurice Isserman, *If I Had a Hammer: The Death of the Old Left and the Birth of the New Left* (Nova York, Basic Books, 1987).

1960. Mas nenhum deles havia marchado por transformações sob a bandeira socialista ou militado nas organizações socialistas que as gerações anteriores de ativismo de esquerda sustentaram.

O Partido Democrata nunca foi realinhado em uma força capaz de produzir a social-democracia. No entanto, o fim do sistema Jim Crow transformou os Estados Unidos e pode ser o legado mais importante e duradouro da esquerda estadunidense.

No esforço político de tornar a igualdade radical uma realidade, Bayard Rustin e outros socialistas colocaram em segundo plano alguns de seus princípios mais arraigados. Ao final da década de 1960, muitos sentiram que deveriam silenciar suas críticas à Guerra do Vietnã e se reconciliar com os líderes sindicais conservadores. Entraram assim em conflito com a geração mais jovem da nova esquerda em ascensão. Quando Stokely Carmichael encontrou Bayard Rustin pela primeira vez, ficou pasmo: "Aquele homem era um ativista radical, um intelectual e um estrategista. É assim que quero ser quando crescer". Mas logo surgiriam divergências entre militantes mais jovens, insatisfeitos com o ritmo das mudanças, e um mentor mais velho que advertia que "a capacidade de acabar preso não deve substituir um programa mais amplo de reforma social"[43].

Muitos dos grupos que ficaram sob a rubrica da Nova Esquerda, incluindo os Estudantes para uma Sociedade Democrática (Students for a Democratic Society – SDS), vieram das instituições da velha esquerda trabalhista. Mas, em meio à turbulência da década de 1960 – com o liberalismo da Guerra Fria cometendo um morticínio no Vietnã e os sindicatos aparentemente agindo como grupos restritos de interesse –, os jovens de esquerda queriam uma ruptura radical. Se ao Partido Comunista restava pouco brilho a essa altura, o contrário podia ser dito do maoísmo e do terceiro-mundismo. Boa parte do ativismo da Nova Esquerda era produzido por estudantes que lutavam para construir uma base por meio de militância antirracista e comunitária, mas muitos acabaram recaindo no sectarismo. Na convenção de 1968 do SDS, duas tendências "marxista-leninistas" rivais começaram a entoar bordões uma contra a outra: de um lado, ouvia-se "Ho, Ho, Ho Chi Minh!", do outro, "Mao, Mao, Mao Zedong!" (um terceiro grupo ainda tentou puxar um "Vai Mets!", em homenagem ao time de beisebol)[44].

---

[43] Harold Meyerson, "The Socialists Who Made the March on Washington", *American Prospect*, 23 ago. 2013.

[44] Paul Heideman, "Half the Way with Mao Zedong", *Jacobin*, primavera 2018.

Mas a primavera radical deixou um impacto real. Com a participação de grupos como o Partido dos Trabalhadores Socialistas (Socialist Workers Party) desempenhando um papel, um movimento de massas ajudou a acabar com a Guerra no Vietnã. O movimento Black Power, o feminismo e a libertação *gay* transformaram os Estados Unidos para melhor. Ainda assim, embora houvesse socialistas individuais à frente de muitos desses esforços, a presença do socialismo não era mais sentida institucionalmente.

A década de 1960 certamente não testemunhou o retorno do Partido Socialista da América. Ele se dividiu em três em 1972. A ala direita formou o Social-Democrata, Estados Unidos (Social-Democrats, USA), e teve Rustin como seu primeiro presidente. A organização acabou ficando associada a um anticomunismo feroz e atuou como um grupo de pressão menor no interior do *establishment* sindical. A ala esquerda se tornou o Partido Socialista dos Estados Unidos (Socialist Party USA), que tentou dar continuidade ao foco debsiano nos esforços eleitorais independentes, com resultados tímidos (em 1912, Debs obteve quase um milhão de votos; em 2012, seus herdeiros obtiveram apenas 4.430).

O centro, liderado por Michael Harrington, formou o Comitê Organizador dos Socialistas Democráticos (Democratic Socialist Organizing Committee – DSOC), um precursor dos Socialistas Democráticos da América. O DSOC tentou unir líderes sindicais progressistas, funcionários do Partido Democrata e novos movimentos sociais em uma coalizão ampla e eficaz. Embora seu estilo e objetivos políticos fossem muito diferentes, Harrington seguiu essencialmente a estratégia do browderismo. Mas o esforço rendeu poucos resultados práticos.

Um dos aliados mais proeminentes de Harrington, o senador Ted Kennedy, disse em seu funeral de 1989 que "Michael Harrington nunca acreditou que não poderíamos fazer melhor e nunca parou de nos estimular a nos esforçar mais". Ele podia estar falando sobre a sociedade estadunidense ou a humanidade como um todo. Mas é uma descrição acertada da relação de Harrington com o Partido Democrata. Ele tentou unir sua ala progressista a fim de reconstruir a coalizão do New Deal e dar início a um novo programa de reformas. Mas, embora muitos eleitores democratas estivessem com ele, o partido estava em meio a uma lenta guinada para a direita. Na virada do século, não apenas o socialismo, como inclusive o liberalismo do Estado de bem-estar social, estavam quase totalmente varridos do mapa político estadunidense.

* * *

O socialismo e os Estados Unidos | 197

Por que os Estados Unidos foram diferentes de outros países capitalistas avançados? Por que o país não teve um partido independente da classe trabalhadora para construir, se não o socialismo, pelo menos um Estado de bem-estar social-democrata? Para retomar a formulação de Sombart, por que não há socialismo nos Estados Unidos?

Essas questões nos afligem até hoje. Por mais que a tradição socialista nos Estados Unidos tenha sido mais influente do que comumente se pensa, não derrubamos as barricadas e tomamos o poder. Os socialistas conseguiram desempenhar papéis importantes nas lutas para tornar os Estados Unidos mais democráticos e humanos, mas as desigualdades que atravessam a sociedade estadunidense hoje não nos deixam esquecer dos nossos fracassos.

Michael Harrington costumava dizer que os radicais tinham que "andar numa perigosa corda bamba". Tínhamos que "ser fiéis à visão socialista de uma nova sociedade" e ao mesmo tempo "colocar essa visão em contato com os movimentos reais que estão lutando não para transformar o sistema, mas para obter um pequeno acréscimo de dignidade, ou mesmo apenas um pedaço de pão". Em vários momentos, nós socialistas estadunidenses ou nos isolamos em irrelevância sectária ou albergamos nossas identidades no interior do Partido Democrata e do conjunto mais amplo de forças liberais em busca de relevância. Por fim, atravessar essa corda bamba significaria criar uma estratégia eleitoral capaz de representar os interesses distintos dos trabalhadores, sem contudo exigir que os eleitores comecem a imediatamente apoiar candidaturas inviáveis de algum terceiro partido. Do mesmo modo, precisamos ampliar e democratizar radicalmente o movimento trabalhista, sem no entanto exigir que os trabalhadores deem um salto de fé e passem a apoiar incipientes "sindicatos vermelhos"[45].

A questão agora é se, com uma classe dominante brutal tentando de tudo para aumentar o abismo entre os que têm e os que não têm, seremos capazes de criar uma política socialista mais durável nos Estados Unidos. A popularidade do socialista democrático Bernie Sanders e o ativismo inspirador dos últimos anos fazem que até mesmo este pessimista pense que a resposta é sim.

---

[45] Michael Harrington, *Fragments of the Century* (Nova York, Simon and Schuster, 1977), p. 225.

Parte II

8
O retorno

O melhor que podemos dizer sobre o socialismo no século XX é que foi um falso começo. Mas isso estava longe de estar claro naquele momento. O jornalista estadunidense Lincoln Steffens pensou que "o futuro era luminoso" quando visitou a União Soviética de Stálin. Nikita Khruschev estava sendo sincero quando disse que, até 1980, "o principal" do comunismo estaria construído. No mínimo, as outras vertentes de socialismo pareciam oferecer a única saída da condição de subdesenvolvimento para o mundo das ex-colônias e a prosperidade do Estado de bem-estar social para os antigos países colonizadores.

A confiança no socialismo foi destruída ao longo da década de 1980. No início dos anos 1990, a teoria marxista da história havia sido virada de ponta-cabeça: os defensores do capitalismo estavam confiantes de que o "fim da história" havia sido alcançado. Se fosse possível encontrar Marx fora das salas de aula das universidades (onde ele era cada vez mais apresentado como um filósofo humanista em vez de um revolucionário incendiário), eram operadores financeiros metidos de Wall Street que interrompiam as citações de Sun Tzu para exaltar o finado pensador alemão como um profeta da globalização.

O capitalismo havia certamente produzido imenso progresso em países como a China e a Índia. Em 1991, quando o ministro das Finanças indiano Manmohan Singh anunciou planos para liberalizar a economia do país, ele citou Victor Hugo: "Nenhum poder na Terra pode interromper uma ideia cuja hora chegou". Nos 25 anos seguintes, o PIB da Índia cresceria quase 1.000%. Um processo ainda mais impressionante ocorreu na China, onde Deng Xiaoping virou do avesso as

O manifesto socialista

políticas da era Mao para entregar o que ele denominou "socialismo com características chinesas" e o que o resto do mundo reconheceu como uma política de liberalização gerenciada pelo Estado. A China é hoje tão radicalmente desigual quanto a América Latina, mas mais de 500 milhões de chineses foram retirados da extrema pobreza nos últimos trinta anos[1].

Não é preciso ser otimista para dizer que agora é o melhor momento da história humana para estar vivo. No entanto, se nos debruçarmos mais detidamente sobre a Índia e a China, veremos que os trabalhadores vêm se envolvendo em enormes ondas grevistas a fim de defender sua dignidade e seus direitos e para recuperar uma parte da riqueza que ajudaram a criar. E, no mundo desenvolvido – onde os salários reais estão estagnados há uma geração inteira e milhões de pessoas foram deixadas para trás –, o apelo do capitalismo é, em larga medida, o fato de aparentemente não haver uma alternativa viável a ele.

É fácil esquecer que, em meados do século XX, o capitalismo e o socialismo disputavam o futuro. Na Feira Mundial de 1939, em Nova York, as corporações apresentavam novas tecnologias – náilon, ar condicionado, lâmpadas fluorescentes, o sempre impressionante estereoscópio View-Master. Mas, mais do que apenas produtos, oferecia-se um ideal de lazer e abundância de classe média a uma população cansada da depressão econômica e da escassez. A exibição "Futurama" da Feira Mundial conduzia os visitantes através de versões em miniatura de paisagens transformadas, retratando novas rodovias e projetos de desenvolvimento; em suma, o mundo que estava por vir.

Depois da Segunda Guerra Mundial, parte dessa visão tornou-se realidade. Mas, depois das idas e vindas das batalhas da década de 1970, com a derrota da social-democracia europeia e de seu equivalente menor estadunidense, os sonhos de uma prosperidade amplamente compartilhada começaram a desaparecer. Um neoliberalismo emergente segurou a inflação e restaurou o crescimento, mas ao custo de uma ofensiva implacável contra a classe trabalhadora. Desde então, os salários reais estagnaram, a dívida explodiu, e as perspectivas de uma nova geração que ainda tem a expectativa de viver vidas melhores do que as de seus pais são sombrias.

A explosão tecnológica dos anos 1990 trouxe à tona uma "nova economia" adaptativa, algo que substituiria o antigo local de trabalho fordista. Mas estava

---

[1] Entretanto, o desenvolvimento indiano tem se mostrado tudo menos uniforme, havendo, de fato, um aumento nos índices de desnutrição rural nos últimos anos.

a anos-luz do futuro prometido na Feira Mundial de 1939. Com poucos caminhos para a ação coletiva disponíveis, as pessoas se comportaram tão racionalmente quanto qualquer marxista esperaria: mantiveram a cabeça baixa e tentaram se virar com o que tinham. Não consegue encontrar um emprego? Repagine seu currículo, e ensaie melhor esse aperto de mão. Sua fábrica está terceirizando o quadro de funcionários? Pare de se queixar, e faça um curso de informática. Como diz o título de um famoso livro ultraliberal de autoajuda, *Você está quebrado porque quer.*

Hoje, os figurões do Vale do Silício estão apresentando uma nova visão do futuro: viagens espaciais, impressão 3D, inteligência artificial, carros autônomos. Mas, sem a garantia de que haverá empregabilidade em massa para acompanhar todas essas transformações, essa visão evoca mais preocupações de que os robôs estão vindo para roubar nossos empregos do que propriamente sentimentos de encanto. Não dá para todo mundo simplesmente cursar uma "oficina de inovação" e lançar seu próprio aplicativo. Isso não impediu que os novos capitães da indústria tentassem expandir sua influência no campo político. Mark Zuckerberg e outros líderes e filantropos do universo da tecnologia visam desestruturar o setor público com seus discursos e doações, enquanto efetivamente o mantém subfinanciado ao protegerem suas fortunas da tributação. Muitos fazem bicos como gurus de autoajuda implorando às pessoas a "fazer o que amam", mesmo quando milhões lutam para sobreviver em uma infernal economia "uberizada".

A recessão de 2008, provocada pelo capital especulativo livre de ameaças de baixo, ao menos quebrou temporariamente o triunfalismo. É mais ou menos evidente que os fundamentos ideológicos do capitalismo ficaram abalados. Mesmo muitas pessoas com formação universitária estão se vendo em situação de desemprego e endividamento. Livres tanto das memórias da Guerra Fria quanto da lealdade ao sistema existente, os estadunidenses entre 18 e 29 anos têm uma opinião muito mais favorável do socialismo do que do capitalismo. O que os jovens entendem por socialismo já não é tão claro, mas quando até mesmo programas básicos de bem-estar social são denunciados pela direita como "socialismo traiçoeiro", não é de se espantar que muitos apoiem a ideia.

O sofrimento não se limita a uma única geração. Ele é amplamente sentido. Nos Estados Unidos, os salários cresceram meros 0,2% desde 1979. As coisas estão efetivamente piores no Reino Unido, onde os salários caíram cerca de 10% entre 2007 e 2014, mesmo com um ritmo semelhante de crescimento da produtividade econômica. E em ambos os países, assim como em outras economias "pós-industriais" em

204 | O manifesto socialista

toda a Europa, o aumento da flexibilidade para os empregadores significou um aumento da incerteza para os trabalhadores. No Reino Unido, cerca de 9% dos trabalhadores de meio período relataram não conseguir encontrar um emprego de tempo integral em 2008, e esse percentual mais do que dobrou em 2013. O "trabalhador involuntário de meio período" ou o "pejota" – inédito na era pós-guerra – agora faz parte de nosso cenário econômico[2].

Você poderia pensar que um movimento socialista seria inevitável em tempos como estes. E estaria certo.

* * *

A crise financeira de 2007-2008 não provocou grandes protestos, mas sem dúvida proporcionou muitos vilões. Os avanços na tecnologia da informação e o afrouxamento das regulamentações do setor financeiro desde a década de 1980 tinham deixado os banqueiros livres para correr enormes riscos. No final da década de 1990, com os preços dos imóveis em ascensão vertiginosa, os corretores de financiamentos hipotecários viram uma oportunidade de arrebatar lucros enormes repassando os riscos para o público.

Desenvolveu-se uma indústria escusa nos cubículos e escritórios de bancos de investimento em todo o país. Passaram-se a liberar financiamentos imobiliários altíssimos indiscriminadamente e a toque de caixa para, ato contínuo, venderem essas dívidas a terceiros, convertendo a promessa de renda futura em ativos líquidos que podiam, por sua vez, imediatamente ser usados para emitir ainda mais empréstimos. Os empréstimos hipotecários se tornaram peças daquilo que a pesquisadora Kathe Newman chamou de "linhas de produção pós-industriais", uma vez que os empréstimos eram emitidos apenas para serem revendidos, as hipotecas eram rapidamente empacotadas, repartidas, reunidas em grandes fundos e então comercializadas para investidores situados a milhares de quilômetros das verdadeiras casas físicas às quais se referiam – e das famílias reais que moravam naquelas casas[3].

---

[2] Lawrence Mishel, Elise Gould e Josh Bivens, "Wage Stagnation in Nine Charts (White Paper)", *Economic Policy Institute*, 6 jan. 2015; disponível em: <http://www.epi.org/files/2013/wage-stagnation-in-nine-charts.pdf>; Katie Allen e Larry Elliott, "UK Joins Greece at Bottom of Wage Growth League", *Guardian*, 26 jul. 2016; disponível em: <http://www.theguardian.com/money/2016/jul/27/uk-joins-greece-at-bottom-of-wage-growth-league-tuc-oecd>; Valentina Romei, "How Wages Fell in the UK While the Economy Grew", *Financial Times*, 2 mar. 2017; disponível em: <http://www.ft.com/content/83e7e87e-fe64-11e6-96f8-3700c5664d30>.

[3] Kathe Newman, "Post-Industrial Widgets: Capital Flows and the Production of the Urban", *International Journal of Urban and Regional Research*, v. 33, n. 2, 2009.

O retorno | 205

Portanto não deve ter sido nenhuma surpresa quando, em 2007, um declínio econômico periódico se tornou algo muito mais grave. Os preços das casas começaram a cair pela primeira vez em décadas e o fluxo de dinheiro fictício que sustentava o mercado evaporou da noite para o dia. Isso provocou a pior crise financeira desde a Grande Depressão e a maior falência bancária da história dos Estados Unidos. O Washington Mutual de Seattle, que na época valia mais de 300 bilhões de dólares, entrou completamente em colapso apenas dois anos depois que seu quadro de executivos havia puxado um bordão motivacional de ostentação cantando "I like big bucks and I cannot lie" [Não minto, gosto mesmo é de um dinheirão]*, em um luxuoso retiro da empresa no Havaí. O Washington Mutual acabou sendo absorvido pelo JPMorgan, e seu presidente ainda saiu com uma compensação de 11 milhões de dólares. De fato, um "dinheirão" e tanto! Esse padrão se repetiu em todo o setor financeiro, à medida que bancos considerados "too big to fail" [grandes demais para falir] foram sendo socorridos com injeções de dinheiro público pelo governo federal[4].

Os estadunidenses comuns, incluindo aqueles que foram vítimas de práticas financeiras predatórias, não receberam esse tipo de auxílio. Logo os bancos começaram a reconstruir suas carteiras de investimento, chutando os proprietários endividados de suas casas – as execuções hipotecárias aumentaram em mais de 81% em 2008, com 3,2 milhões de notificações de despejo despachadas naquele ano. Houve alguns sinais de descontentamento à medida que as pessoas nas cidades mais duramente atingidas organizaram manifestações apelando aos políticos e ao poder público por ajuda. A revelação, no verão de 2009, de que os bancos tinham usado parte do dinheiro do socorro financeiro para distribuir bonificações de fim de ano de mais de 1 milhão de dólares a cerca de 5 mil executivos gerou um breve alarde público. Ainda assim, apesar da raiva latente, os estadunidenses estavam mais assustados do que qualquer outra coisa[5].

---

*   O bordão parodia uma famosa canção de *hip-hop* gravada por Sir Mix-a-Lot em 1992 intitulada "Baby Got Back". (N. T.)

4   Catey Hill, "Employees of Now-Defunct WaMu Sang, 'I Like Big Bucks and I Cannot Lie' at Company Retreat: Reports", *New York Daily News*, 14 abr. 2010; disponível em: <http://www. nydailynews.com/news/money/employees-now-failed-wamu-sang-big-bucks-lie-company-retreat-reports-article-1.166709>; Eric Dash e Andrew Ross Sorkin, "Government Seizes WaMu and Sells Some Assets", *New York Times*, 25 set. 2008; disponível em: <http://www.nytimes.com/2008/09/26/business/26wamu.html>.

5   Lynn Adler, "Foreclosures Soar 81 Percent in 2008", *Reuters*, 15 jan. 2009; disponível em: <reuters.com/article/us-usa-mortgages-foreclosures/foreclosures-soar-81-percent-in-2008-id USTRE50E1KV20090115>; Louise Story e Eric Dash, "Bankers Reaped Lavish Bonuses during

Se as pessoas encontraram alguma inspiração na política, isso se deu na campanha presidencial de Barack Obama em 2008. Ao contrário dos oito anos do governo George W. Bush, Obama trazia uma mensagem de "esperança" e "mudança" que se mostrou maleável o bastante para sustentar uma coalizão política. Como disse o próprio Obama: "Eu sirvo como uma tela em branco sobre a qual pessoas de tendências políticas muito diferentes projetam seus próprios pontos de vista". Mas o apoio a ele não deixava de ser real. A eleição do primeiro presidente negro foi um divisor de águas para uma nação construída em cima da exploração de escravos negros e marcada pela discriminação contra a população afro-americana[6].

A ascensão de Obama e a recessão coincidiram com o falatório a respeito de um "Novo New Deal". Comentaristas como Paul Krugman e Joseph Stiglitz passaram a defender um pacote de estímulos federais histórico a fim de reavivar a economia, e pessoas em todo o espectro político saudaram o retorno da economia keynesiana ao cenário nacional. A revista *Time* estampou em sua capa uma foto do novo presidente vestido como Franklin Delano Roosevelt e atualizou seu artigo de 1965 "We Are All Keynesians Now" [Somos todos keynesianos agora] com um texto celebrando "O retorno de Keynes". Mesmo a revista de extrema esquerda *Socialist Worker* reservou um momento para apreciar a novidade: as elites empresariais, o Partido Democrata e uma onda popular espontânea convergiram para apoiar o pacote de estímulos proposto por Obama, sinalizando "enfim o término do domínio conservador que remonta a mais de uma geração". Era um enorme contraste com o clima de festa do liberalismo de mercado da década de 1990 e das tentativas dos democratas da Terceira Via, como Bill Clinton, de privatizar até a seguridade social. A ocupação pelos trabalhadores da fábrica Republic Windows and Doors, de Chicago, no final de 2008 parecia ser o prenúncio da entrada em cena de uma militância trabalhista que havia décadas não existia no país[7].

No fim, essa e muitas outras esperanças acabaram não se concretizando. A gestão Obama, ao contrário de muitos governos europeus, foi inteligente o suficiente para evitar medidas extremas de austeridade, e a recuperação veio. O desemprego, que havia atingido um pico de 10% em 2009, caiu para seu índice de 2007 no

---

Bailouts", *New York Times*, 30 jul. 2009; disponível em: <http://www.nytimes.com/2009/07/31/business/31pay.html>.

[6] Barack Obama, *The Audacity of Hope: Thoughts on Reclaiming the American Dream* (Nova York, Crown, 2006), p. 11.

[7] Lance Selfa, "What's in Store in the Obama Era", *Socialist Worker*, 20 jan. 2009; disponível em: <http://www.socialistworker.org/2009/01/20/the-obama-era>.

final do segundo mandato de Obama, e, em 2011, o PIB já havia retornado ao nível pré-crise. Se você fosse um banqueiro observando a situação de cima de um arranha-céu espelhado, provavelmente teria acreditado na conversa sobre a milagrosa reviravolta da economia. Mas, da perspectiva de uma pessoa comum – consultando, quem sabe, os classificados locais, ou segurando aquele holerite minguado e olhando aquela pilha de boletos –, essa imagem otimista não correspondia à realidade.

Obama pode até ter estabilizado uma economia volátil, mas fez pouco para confrontar os grandes interesses empresariais. Até mesmo a conquista que é muitas vezes considerado carro-chefe de sua gestão – a Lei de Proteção e Cuidado ao Paciente (Patient Protection and Affordable Care Act – PPACA), apelidada de Obamacare, que ampliou o seguro-saúde para milhões de estadunidenses através do Medicaid e protegeu os portadores de doenças preexistentes – foi concebida não como uma ofensiva contra o sistema de saúde organizado em torno do lucro, mas como uma grande conciliação com ele.

A revolta política mais proeminente desse período veio em resposta à PPACA, mas não partiu da esquerda. Ao contrário, partiu da direita, na figura do movimento antigoverno Tea Party, que era composto principalmente de brancos ressentidos de classe média que já estavam firmemente situados na tenda republicana, mas cuja raiva ajudou a forçar o partido para a direita. Para o público mais amplo, as políticas de Obama foram suficientes para lhe conceder um segundo mandato.

No entanto, a tendência de estagnação salarial e diminuição das oportunidades não dava sinais de queda. Além disso, o Partido Democrata também foi sendo corroído internamente por conta de má administração e negligência. Durante o governo Obama, os democratas perderam o controle de 13 governos estaduais, deixando o partido com o seu menor número de governadores desde 1920: apenas 16. Os democratas também viram seu controle sobre as câmaras estaduais cair drasticamente, de 59% no início da presidência de Obama para 31% no final[8].

Os retrocessos começaram para valer em muitos estados dominados pelos republicanos. O ponto mais crítico foi a tentativa do governador republicano Scott

---

[8] Matthew Yglesias, "The Democratic Party Down-Ballot Collapse, Explained", *Vox*, 10 jan. 2017; disponível em: <http://www.vox.com/policy-and-politics/2017/1/10/14211994/obama-democrats-downballot>.

Walker de aniquilar, num único golpe, um século de vitórias trabalhistas em Wisconsin. Em 2011, Walker apresentou a Lei de Reparo Orçamentário (Budget Repair Bill), que, se aprovada, teria debilitado os sindicatos ao proibir a negociação coletiva dos trabalhadores do setor público. O projeto de lei propunha cortes em programas sociais vitais, incluindo o Medicare, proteções ambientais e até educação pública. As medidas provocaram resistência: professores de todo o estado organizaram *"sick outs"** para contornar as regras que proibiam ação grevista, mais de 100 mil pessoas marcharam em Madison, e manifestantes ocuparam o prédio da Assembleia Legislativa de Wisconsin por duas semanas e meia, exigindo a renúncia de Walker.

O que começou como o levante popular mais radical da nossa memória recente, entretanto, rapidamente se converteu em uma variável no cálculo político do Partido Democrata. Um referendo estadual acabou se transformando em uma reprise da última eleição para governador, e logo a onda de energia que havia levado milhares de trabalhadores do setor público e seus aliados a ocupar a Assembleia acabou sendo redirecionada para uma campanha esquisita por um candidato que já havia perdido uma vez. Os resultados foram previsíveis: depois de uma disputa eleitoral feita aos trancos e barrancos, Scott Walker acabou vencendo novamente, e por uma margem ainda maior do que na eleição anterior. Seu ataque aos trabalhadores continuou. Em 2015, ele completou aquilo que não havia conseguido fazer em 2011: entre as reformas devastadoras aprovadas naquele ano estava um corte de 300 milhões de dólares na educação pública e a introdução de leis de "direito ao trabalho" que quebrou as pernas dos sindicatos de Wisconsin.

As batalhas em Wisconsin eram de real interesse para os cidadãos do estado e para aqueles que buscavam um renascimento do movimento trabalhista, mas tiveram pouca repercussão nacional. Em contraste, o Movimento Occupy, uma rebelião contra a desigualdade e o poder financeiro, conquistou os holofotes da mídia. Era uma ideia que tinha tudo para fracassar. O Occupy brotou da mesma tradição do movimento antiglobalização do final dos anos 1990 e 2000, mais especificamente, do minúsculo movimento anarquista da América do Norte. Enquanto os socialistas esperavam por outro Wisconsin, lideravam pequenas organizações com

---

* O *"sick out"* designa uma forma de ação grevista na qual os trabalhadores se organizam para faltar no trabalho alegando estar doentes. A tática é geralmente utilizada em casos nos quais a lei proíbe que determinados setores entrem em greve, como é o caso dos professores da rede pública em muitos estados nos Estados Unidos. (N. T.)

pautas mais particulares ou simplesmente discutiam entre si, os anarquistas agiam. Era um momento no qual a esquerda não tinha nada a perder.

O movimento, deflagrado em setembro de 2011 por um disparo de *e-mails* da revista anticonsumista *Adbusters*, tornou-se um espetáculo nacional. Acampamentos Occupy pipocaram em todas as grandes cidades do país. Os confrontos com a polícia, especialmente em cidades como Nova York e Oakland, foram acontecimentos polarizadores que geraram ainda mais simpatia pública pelos manifestantes. O alcance da imagem do movimento se ampliou ainda mais graças à astúcia de relações públicas dos manifestantes, e seis apelos aos seus pares internacionais – incluindo o movimento Indignados, da Espanha, e aqueles que haviam participado do levante da praça Tahrir no Egito. Em pouco tempo, a desigualdade de renda se tornou uma questão política nacional. Menos de um mês depois do início dos protestos, uma pesquisa mostrava que o Occupy Wall Street contava com um índice de aprovação de 54% em todo o país, mais que o dobro do Tea Party[9].

Por estar associado a um apelo populista facilmente compreensível, o espírito dos jovens "ocupas" ressoou em milhões de pessoas que jamais participariam de um acampamento urbano. Alguns dos jograis e palavras de ordem mais radicais do movimento Occupy tinham raízes *mainstream*, até mesmo respeitáveis. O *slogan* "Nós somos os 99%, eles são o 1%" pode ter estourado no Zuccotti Park no distrito financeiro de Manhattan, mas suas origens remontam a um artigo publicado em maio de 2011 na *Vanity Fair* assinado pelo economista aposentado do Banco Mundial Joseph Stiglitz. A convocatória capturou o descontentamento popular, e até mesmo o Congressional Budget Office aproveitou a frase em um relatório publicado cerca de um mês após o início do Occupy[10].

"Nós somos os 99%." Não é à toa que essa frase ressoou tanto. Entre 1979 e 2007, a renda do 1% mais rico dos estadunidenses cresceu 275%, um aumento de 700 mil dólares, em média, na renda anual. Enquanto isso, os nossos salários cresceram mais devagar do que a inflação, e os 90% mais pobres dos estadunidenses na verdade

---

[9]   Dave Weigel, "Poll: Occupy Wall Street Twice as Popular as the Tea Party", *Slate*, 13 out. 2011; disponível em: <http://www.slate.com/blogs/weigel/2011/10/13/poll_occupy_wall_street_is_twice_as_popular_as_the_tea_party.html>.

[10] Joseph E. Stiglitz, "Of the 1%, by the 1%, for the 1%", *Vanity Fair*, maio 2011; disponível em: <http://www.vanityfair.com/news/2011/05/top-one-percent-201105>; "Trends in the Distribution of Household Income between 1979 and 2007", US Congressional Budget Office, out. 2011; disponível em: <http://www.cbo.gov/sites/default/files/cbofiles/attachments/10-25-HouseholdIncome.pdf>.

O manifesto socialista

sofreram uma perda de cerca de 900 dólares por ano. O 1% mais rico dos estadunidenses não havia abocanhado uma fatia tão grande do bolo nacional desde 1928[11].

O caráter aberto e indefinido do Occupy deve muito às tendências horizontalistas do movimento anarquista. Algumas dessas características, contudo, acabaram se tornando empecilhos. Como apontou Jo Freeman nos anos 1970, abandonar a estrutura para promover o espontaneísmo pode não apenas dificultar a ação política, como muitas vezes inclusive torná-la menos democrática. Sem uma organização coerente ou vínculos com uma base social, o movimento acabou se dissipando muito rapidamente[12].

Mas também é pouco realista esperar que jovens que estão se politizando pela primeira vez seriam capazes de construir uma organização e realizar reformas de amplo alcance. O verdadeiro legado do Occupy Wall Street foi ter ressuscitado uma forma de protesto de massa e posto em primeiro plano a questão da austeridade e da desigualdade de maneira acessível. Foi um lampejo, mais evidente do que o levante de Wisconsin, de que uma mensagem simples baseada em equidade e democracia poderia angariar um amplo apoio.

* * *

Alguns anos depois do Occupy, outro movimento tornou impossível ignorar os fracassos da democracia estadunidense. No dia 9 de agosto de 2014, em Ferguson, um subúrbio de St. Louis, Missouri, um policial branco chamado Darren Wilson alvejou um adolescente negro, Michael Brown. Apenas dois anos antes disso, Trayvon Martin, um negro de dezessete anos da Flórida, foi morto a tiros por um vigilante branco enquanto caminhava em seu próprio bairro, provocando indignação em todo o país. O homem que o matou, um autoproclamado vigia de bairro chamado George Zimmerman, disse que teve medo do adolescente magrelo e se esquivou de punições alegando ter agido em legítima defesa.

Agora a história parecia estar se repetindo em Ferguson: Wilson absurdamente sustentou que, diante de Brown, se sentiu um "menino de cinco anos" ao lado de Hulk Hogan, alegando ter disparado para proteger sua vida. Menos de um dia

---

[11] Hannah Shaw e Ted Stone, "Tax Data Show Richest 1 Percent Took a Hit in 2008, but Income Remained Highly Concentrated at the Top", *Center on Budget and Policy Priorities*, 25 maio 2011; disponível em: <http://www.cbo.gov/sites/default/files/cbofiles/attachments/10-25-Household Income.pdf>.

[12] Jo Freeman, "The Tyranny of Structurelessness", site pessoal da Jo Freeman; disponível em: <http://www.jofreeman.com/joreen/tyranny.htm>.

depois, Ferguson foi tomada por uma onda de enormes protestos que se transformaram em confrontos violentos ao anoitecer, à medida que a polícia tentava dispersar as manifestações. As ações duraram semanas e inspiraram protestos de solidariedade em cidades de todo o país.

Foi o momento inaugural do Movimento por Vidas Negras (Movement for Black Lives – M4BL), que lutava por um fim do policiamento racista. O M4BL colocava em xeque realidades comumente aceitas a respeito da violência estatal e o assédio sofridos por negros nos Estados Unidos. Depois de Ferguson, à medida que pessoas desarmadas continuavam morrendo nas mãos da polícia dos Estados Unidos – em alguns casos, registrados em vídeo por câmeras de telefones celulares –, protestos semelhantes sacudiram cidades como Baltimore, Baton Rouge, Chicago e Nova York. As reivindicações feitas pelos manifestantes de Ferguson e de todo o país – incluindo o fim da impunidade policial e a criação de programas de redução de pobreza em bairros negros – eram em larga medida social-democráticas e angariaram ampla simpatia.

Os manifestantes estavam se havendo com a tensão entre o inegável progresso desde o movimento por direitos civis – agora havia prefeitos negros, chefes de polícia negros e até mesmo um presidente negro – e o fato de que as condições sociais e econômicas dos negros estadunidenses ainda eram deploráveis. O M4BL desafiava, portanto, as máquinas locais do Partido Democrata e a postura de um partido nacional que agia como se o eleitorado negro já estivesse garantido a seu favor. Mas, assim como no caso do Occupy, o caráter organizacional difuso do Movement for Black Lives se transformou de força em fraqueza. Na busca por caminhos para realmente mudar as políticas públicas, alguns segmentos do movimento foram atraídos para o mundo das ONGs de elite e ao Partido Democrata. Muitas de suas principais figuras passaram a representar a retórica e os interesses de uma classe gerencial profissional muito distante daqueles que se manifestaram em Ferguson e Baltimore[13].

Hoje, as reivindicações por igualdade social e pelo fim da violência estatal se chocam contra operações de *branding* e contra as prerrogativas mais individualistas da classe profissional – por representação, e não por redistribuição material. Não é de se espantar que as fundações liberais ajudaram a alavancar as vozes mais banais do movimento, enquanto as mais radicais foram marginalizadas. No final

---

[13] Keeanga-Yamahtta Taylor, *From #BlackLivesMatter to Black Liberation* (Chicago, Haymarket Books, 2016). [Ed. bras.: *#VidasNegrasImportam e libertação negra* (trad. Thali Bento, São Paulo, Elefante, 2020).]

212 | O manifesto socialista

das contas, a trajetória do Movement for Black Lives é outro lembrete de que qualquer luta séria contra a opressão precisa reivindicar uma redistribuição em peso de poder e riqueza da elite para os pobres e as classes trabalhadoras.

* * *

A campanha presidencial de Bernie Sanders em 2016 começou com alguns comentários soltos feitos em um comício quase vazio no National Mall. Bernie subiu calmamente ao pódio, disse algumas palavras sobre a desigualdade e desceu do palco como se nada tivesse acontecido.

A vida política de Sanders começou na obscuridade, em meio aos últimos remanescentes do Partido Socialista dos Estados Unidos. Como estudante universitário filiado à ala juvenil do partido, ele desenvolveu uma compreensão do mundo da qual nunca mais abriu mão: os ricos não eram moralmente confusos, tinham um interesse efetivo na exploração dos outros. O poder teria que ser retirado deles pela força, ou nada mudaria. Durante os anos 1960, Sanders se dedicou a lutas trabalhistas e por direitos civis, mas, no final da década, o nova-iorquino nativo se retirou para a vida rural em Vermont.

Sua trajetória foi como a de muitos esquerdistas de sua geração. Ele morava em Stannard, uma cidade de menos de duzentos habitantes situada na região de Northeast Kingdom, em Vermont. Não havia escolas, correios ou estradas pavimentadas. Mas abraçou a vida da pacata comunidade, aprendendo a sobreviver e cooperar com os outros. As lições morais e de vida da experiência de Stannard certamente não substituíam uma política mais ampla. Felizmente, Sanders abandonou esse seu retiro dentro de alguns anos. Ele se conectou com o Partido da União pela Liberdade (Liberty Union Party – LUP), um grupo local de esquerda comprometido em permanecer independente do Partido Democrata. Sua primeira incursão na política eleitoral produziu resultados familiares à esquerda estadunidense: 2,2% dos votos em uma eleição especial do Senado em 1972[14].

Mas Sanders foi persistente e sua mensagem era simples: ele denunciou "o mundo de Richard Nixon e os milionários e bilionários que ele representa". Mesmo naquela época, ele já estava lembrando o público de que "este é o mundo dos 2% da população que possui mais de um terço da riqueza que o total das pessoas individuais detêm nos Estados Unidos"[15].

---

[14] Bernie Sanders, *Our Revolution: A Future to Believe in* (Nova York, Thomas Dunne Books, 2016), p. 23.

[15] Michael Kruse, "Bernie Sanders Has a Secret", *Politico*, 9 jul. 2015; disponível em: <http://www.politico.com/magazine/story/2015/07/bernie-sanders-vermont-119927>.

Sua mensagem era demasiadamente clara e importante para não ressoar. Embora seu histórico eleitoral fosse pontuado por nobres fracassos ao longo dos anos 1970, ele triunfou em sua campanha como socialista independente disputando a prefeitura de Burlington em 1981, no auge do reaganismo. Nos quase quarenta anos desde então, a mensagem de Sanders não mudou: a desigualdade nos Estados Unidos é um abismo cada vez maior e só uma coalizão de trabalhadores pode enfrentá-la. Na campanha presidencial de 2016, quando vinculou essa mensagem a um programa concreto de Medicare for All, ensino superior gratuito e um salário mínimo nacional de 15 dólares por hora, conquistou o apoio de milhões de pessoas. A maioria delas nunca tinha ouvido falar muito de socialismo, mas estava pronta para uma política orientada em torno das suas necessidades.

Quase toda a esquerda dos Estados Unidos abraçou o movimento Bernie Sanders, mas havia dúvidas sobre o que exatamente ele queria dizer quando se dizia um socialista democrático. O senador citava, num mesmo fôlego, tanto Eugene V. Debs quanto o Estado de bem-estar social dinamarquês. Mas, longe de ser "apenas" um social-democrata moderno, Sanders acreditava que o caminho para a reforma passava pelo confronto com as elites. Em vez de dizer que todos trabalharíamos juntos para fazer uma América melhor, Sanders declarou que tomaríamos o poder daqueles mesmos "milionários" (alguns até "bilionários" agora) que ele havia denunciado meio século atrás. Nesse sentido, está mais alinhado com os socialistas ao longo da história do que com os reformadores liberais com os quais teve de se aliar para aprovar leis. Sanders deu ao socialismo estadunidense uma tábua de salvação ao devolvê-lo às suas raízes: a luta de classes e uma base de classe.

A campanha de 2016 colocou Sanders contra uma adversária quase perfeita para marcar sua diferença. Como uma figura do *establishment*, Hillary Clinton parecia calibrar toda a sua mensagem e discurso a partir das pesquisas realizadas com grupos focais para comunicação política. Nas palavras de Sanders, "a estratégia de Clinton era tentar fundir os interesses de Wall Street e do setor corporativo dos Estados Unidos com as necessidades da classe média. Uma tarefa impossível". O campo de batalha de Sanders, no entanto, era no interior das próprias primárias do Partido Democrata; ele não conseguiria ter ido muito longe como candidato socialista independente (basta ver os resultados pífios de Jill Stein, do Partido Verde, e de Gary Johnson, que concorreu pelo Partido Libertário)[16].

---

[16] Bernie Sanders, *Our Revolution*, cit., p. 50.

Mesmo no seu auge, o Partido Democrata sempre foi menos coeso do que os partidos trabalhistas e social-democratas na Europa. Embora privados de uma política independente própria, os interesses da classe trabalhadora foram incorporados pelo partido. Ainda assim, mesmo no auge do New Deal dos anos 1930 e dos programas da Great Society da década de 1960, boa parte da agenda do partido era sempre determinada por interesses empresariais aliados. Um dos resultados disso foi que os Estados Unidos nunca tiveram um Estado de bem-estar social comparável ao de outras nações industriais, mesmo durante os primeiros anos do pós-guerra.

Na era neoliberal, o Partido Democrata teve que se reinventar: como agora só tinha condições de entregar uma quantidade limitada de bens materiais aos trabalhadores, optou por se apresentar como uma opção menos cruel do que o Partido Republicano, e como uma força para ajudar grupos oprimidos: negros, mulheres, pessoas LGBT, entre outros. (Embora as vitórias mais substantivas no campo dos direitos civis para pessoas LGBT, por exemplo, tenham vindo da mobilização popular, não de iniciativas do Partido Democrata.) A campanha de Hillary Clinton se valeu dessa estratégia: zombava das propostas de salário mínimo de 15 dólares por hora e, ao mesmo tempo, abraçava a retórica acadêmica da "interseccionalidade".

Mas Sanders oferecia uma verdadeira alternativa. No início, sua campanha parecia pouco mais do que uma candidatura de protesto. Mas rapidamente conquistou um apoio de massa, atraindo dezenas de milhares de pessoas aos comícios e obtendo quase 13 milhões de votos nas primárias democratas.

Também suscitou a ira do *establishment* do partido, que já tinha fechado com a candidatura de Hillary Clinton. Para Clinton, Sanders parecia um demagogo. No livro que escreveu em 2017 sobre a campanha, *What Happened* [O que aconteceu], ela inventou o seguinte diálogo para tirar sarro de Bernie e seus apoiadores:

BERNIE: Acho que a América deveria ter um pônei.

HILLARY: Como pretende pagar por esse pônei? De onde virá o pônei? Como você fará o Congresso aprovar o pônei?

BERNIE: Hillary acha que a América não merece um pônei.

APOIADORES DO BERNIE: Hillary odeia pôneis![17]

---

[17] Hillary Rodham Clinton, *What Happened* (Nova York, Simon & Schuster, 2017), p. 227.

Mas, para os eleitores, saúde, bons empregos e uma educação acessível estavam longe de ser pôneis metafóricos; eram questões de vida e morte. Assim como Trump (e ao contrário do que fez Clinton), Sanders foi capaz de se comunicar com a raiva que fervilhava entre muitos estadunidenses, incluindo trabalhadores brancos que vivenciavam uma queda em seu padrão de vida sem nem poder contar com os pequenos ganhos sociais que outros grupos na coalizão democrata experimentavam. Embora Sanders estivesse mais à esquerda do que qualquer candidato democrata importante, ele conquistou o voto de eleitores independentes e que se autodenominavam "moderados", mas que estavam decepcionados com o partido. Afinal, ser "moderado" nos Estados Unidos não significa que você é fã de Michael Bloomberg e de outros políticos do centro do espectro político. Antes, muitas vezes, significa que alguém está farto do "liberalismo" (o Partido Democrata) e do "conservadorismo" (o Partido Republicano), e está procurando por algo diferente.

Sanders atacou elites gananciosas, assinalou as maneiras pelas quais elas controlavam as decisões políticas e falou do sofrimento da classe trabalhadora do país. Mas o programa político de Sanders ainda era bastante moderado. Defendia o fornecimento universal de certos bens sociais básicos e uma revisão de determinados acordos comerciais como parte de um apelo para retomar a prosperidade compartilhada do período pós-guerra.

Não deixa de ser revelador que foi por conta desse sonho modesto que Sanders foi retratado como um radical alucinado pelas elites do Partido Democrata. Todos os segmentos da *nomenklatura* do partido se opuseram à candidatura de Sanders: desde os remanescentes do Conselho de Liderança Democrata (Democratic Leadership Council) até a burocracia trabalhista e o Caucus Congressional Negro (Congressional Black Caucus). Eles não precisavam de ordens diretas do Comitê Nacional Democrata (Democratic National Committee – DNC) para saber que não deveriam se indispor com a classe de doadores e os interesses corporativos que sustentavam o partido.

Isso não significa dizer que a vitória de Clinton nas primárias foi meramente um produto de manipulações por parte do Comitê Nacional Democrata ou que ela efetivamente não gozasse de mais apoio do que Sanders na base do partido. O DNC pode muito bem ter forçado um pouquinho a balança a favor de sua candidata, mas não tinha o poder de fazer muito mais do que isso. Nem por isso deixaram de tentar. Durante a temporada das primárias, uma série de *e-mails* vazados revelou que membros do DNC haviam feito uma articulação com personalidades midiáticas visando promover uma imagem ruim de Sanders. A maior parte desses esforços foi mais risível do que propriamente assustadora: o diretor financeiro do DNC aparentemente pensava que bastava convencer um repórter a perguntar a Sanders se ele acreditava em Deus que qualquer chance de vitória do candidato na Virgínia Ocidental evaporaria. Ainda assim, o vazamento levou à renúncia da presidente do DNC Debbie Wasserman Schultz, aliada de longa data de Clinton. A nova presidente, Donna Brazile, se dedicou prontamente a aplacar as preocupações dos eleitores sobre a existência de acordos nos bastidores e canais secretos, mas, aparentemente, nem ela resistiu à tentação de dar uma vantagem a Clinton. Poucos meses depois, uma nova rodada de *e-mails* vazados revelou que Brazile havia convidado a equipe de campanha de Clinton a ter acesso antecipado às questões que seriam feitas em um importante debate público entre os dois candidatos.

Ainda assim, o caráter dos desafios que Sanders enfrentou era mais estrutural do que conspiratório: muitos partidários democratas simplesmente fizeram um cálculo racional. Pegue os eleitores negros do Sul do país. Logo no início das primárias, eles apoiaram Clinton por uma margem esmagadora, mas o fator determinante não foram tanto as propostas políticas, mas, antes, o fato de Sanders ser um nome pouco conhecido na época e, por conta disso, parecer ter menos chance de vencer nas eleições gerais. Para quem mais tinha a perder com uma presidência republicana, faz todo o sentido do mundo apostar as fichas na opção mais certeira. Outro elemento que favoreceu Clinton foi o domínio dos mecanismos mobilizados para fazer que as pessoas efetivamente fossem votar nas eleições primárias, que historicamente têm baixo índice de comparecimento: ela tinha vínculos de longa data com importantes organizações negras, como igrejas e associações profissionais.

À medida que a disputa avançava, Sanders foi aumentando sua popularidade entre os eleitores negros, sobretudo os jovens, a ponto de, ao final da temporada das primárias, Sanders já gozava de um índice de aprovação de 73% entre os negros estadunidenses, segundo uma pesquisa Harvard-Harris. Mas, para o alívio de Clinton, ele ficou sem tempo e foi obrigado a reconhecer a derrota[18].

Com Sanders fora do páreo, o partido tinha a seguinte estratégia para derrotar Trump na eleição geral: conquistar eleitores republicanos moderados nos subúrbios e convencer o capital a apoiar Clinton contra a figura errática de Trump.

---

[18] Symone D. Sanders, "It's Time to End the Myth that Black Voters don't Like Bernie Sanders", *Washington Post*, 12 set. 2017; disponível em: <http://www.washingtonpost.com/news/posteverything/wp/2017/09/12/its-time-to-end-the-myth-that-black-voters-dont-like-bernie-sanders>.

Faltando poucos meses para a eleição, Chuck Schumer, um senador pelo Partido Democrata de Nova York, resumiu da seguinte forma o plano supostamente infalível: "Para cada democrata de colarinho azul que perdermos no oeste da Pensilvânia, ganharemos dois republicanos moderados nos subúrbios da Filadélfia – e podemos repetir isso em Ohio, Illinois e Wisconsin". Os acenos ao empresariado também foram bem recebidos, especialmente nos setores financeiro, tecnológico e de entretenimento – a DreamWorks Pictures contribuiu com nada menos que 2 milhões de dólares para a campanha de Clinton, enquanto empresas como a Time Warner, JPMorgan Chase, Alphabet (conglomerado que controla a Google) e Morgan Stanley contribuíram, cada uma, com mais de um quarto de milhão de dólares. Muitos membros das elites avaliavam que o segundo partido mais entusiasta do capital no mundo (depois do Partido Republicano) representava a escolha mais responsável[19].

O discurso e o posicionamento de Clinton foi moldado com base nesse cálculo. Enquanto Donald Trump enchia a boca para falar de seus planos para "Tornar a América Grande Novamente", Clinton apostou numa estratégia defensiva, contra Trump, em vez de investir na construção de uma visão que contemplasse uma melhoria efetiva para as pessoas comuns. Clinton foi alvo de incontáveis ataques machistas (sem falar no grande número de sofisticadas teorias de conspiração às quais foi sujeita). Mas ela também tinha de se haver com o fato de que existia uma parcela considerável de eleitores que odiava políticos e não tinha uma avaliação nada boa das últimas três décadas de austeridade neoliberal – e tentar ganhar o voto desse eleitorado com o argumento de que você está na política há trinta anos era no mínimo uma tarefa complicada, para não dizer impossível. Clinton obteve cerca de 3 milhões de votos a mais do que Trump, mas perdeu por pouco em ex-redutos do Partido Democrata em Michigan, Pensilvânia e Wisconsin.

A surpreendente derrota de Clinton deu razão aos seguidores de Bernie Sanders, os "berniecratas", e nem o mais letárgico dos democratas foi capaz de ignorar o que havia ocorrido. Por mais que tivessem se oposto à visão de Sanders, sem dúvida sentiram sua potência eleitoral depois de tudo. O mesmo senador Schumer que semanas antes estava mais do que disposto a perder proletas e substituí-los por profissionais liberais, agora passaria a dizer: "Se você quiser chegar no trabalhador do setor manufatureiro em Scranton, no estudante universitário de Los

---

[19] "Hillary Clinton's 10 Biggest Corporate Donors in the S&P 500", *Forbes*, 2016; disponível em: <http://www.forbes.com/pictures/emdk45ehhgg/hillary-clintons-10-big/#110cb0c13629>.

Angeles e na mãe solteira ganhando um salário mínimo no Harlem, uma mensagem econômica funcionará"[20].

Por mais que Schumer não estivesse efetivamente comprometido com esse caminho, o simples fato de ele tê-lo cogitado já é um indício de como os democratas ficaram à deriva depois da eleição. Bernie passou da condição de *outsider* problemático a possível salvador de um partido do qual nem era membro. No entanto, não tardou para que surgissem novos bodes expiatórios. Falou-se do racismo e do machismo dos eleitores. Mas também do papel da Rússia, das *fake news* e do FBI. Esses fatores – inclusive o peso atribuído à suposta incapacidade pessoal de Clinton de fazer campanha – desviavam a atenção da necessidade premente de uma nova direção. Algumas declarações chegavam ao exagero, como no caso do comentarista liberal Keith Olbermann, que cravou que os poderosos Estados Unidos haviam sido "vítimas de um golpe russo"[21].

No entanto, a desigualdade, o endividamento e a pobreza continuam aí. Sanders identificou e ajudou a criar o que pode ser um eleitorado duradouro na política estadunidense. Sanders está concorrendo novamente, e outros virão depois dele, possivelmente com propostas ainda mais radicais. O sucesso da deputada Alexandria Ocasio-Cortez, uma socialista democrática assumida, é apenas um exemplo disso.

Se é possível que Bernie Sanders ganhe uma eleição nacional, isso significa que a capital do capitalismo pode estar a meses de ter um socialista na Casa Branca. Mas, como veremos, ao contrário de simplesmente vencer uma eleição, conquistar o poder é uma proposta muito mais difícil.

* * *

"Dos partidos políticos que reivindicam o socialismo como seu objetivo, o Partido Trabalhista inglês sempre foi um dos mais dogmáticos – não a respeito do socialismo, mas a respeito do sistema parlamentar." Foi assim que o acadêmico marxista Ralph Miliband abriu seu texto clássico de 1961 *Parliamentary Socialism* [Socialismo parlamentar], uma análise crítica do partido no qual a maior parte da esquerda britânica estava de olho.

---

[20] Dana Milbank, "How Schumer and the Democrats Are Preparing to Fight", *Washington Post*, 9 dez. 2016.

[21] "Is There a Russian Coup Underway in America? The Resistance with Keith Olbermann GQ", vídeo, 12 dez. 2016; disponível em: <http://www.youtube.com/watch?v=IAFxPXGDH4E>.

Miliband via com ceticismo esse plano. Mas, havia tempos, uma esquerda socialista vinha sobrevivendo, por mais que não propriamente prosperando, no interior do Partido Trabalhista inglês. Aliados com sindicatos radicais e às vezes até comunistas, eram vozes da consciência dentro dos governos do partido. Nye Bevan, um ministro socialista, foi a força motriz por trás da criação do Serviço Nacional de Saúde (National Health Service) na década de 1940, a maior realização de qualquer governo social-democrata do pós-guerra. O bastão foi passado para Tony Benn, que exerceu cargos de ministro nos governos de Harold Wilson e James Callaghan, além de atuar como parlamentar durante quase meio século. Nem o fato de ele vir da elite nem os privilégios todos atrelados ao exercício do serviço público foram capazes de moderar a atuação política de Benn, que liderou uma batalha incansável por democracia dentro e fora do partido.

Na década de 1970, a crise do capitalismo britânico – e do Estado de bem-estar social que dele dependia – já era evidente. As reivindicações salariais mais militantes dos trabalhadores ingleses, junto com o embargo de 1973 da Organização dos Países Exportadores de Petróleo (Opep), que quadruplicou o preço do barril de petróleo, acarretaram uma explosão inflacionária. Em teoria, um índice débil de crescimento significaria inflação baixa, não alta, mas essa foi a era da "estagflação", e as políticas anticíclicas keynesianas não estavam funcionando[22].

Os trabalhadores da mineração entraram em greve em 1972 e 1974, e os sindicatos do setor público mostraram ao que vieram, mas, em 1975, ficou claro para um ministro de Harold Wilson, Anthony Crosland, que "a crise diante de nós é infinitamente mais grave do que qualquer uma das que enfrentamos nos últimos vinte anos. [...] Ao menos por enquanto, a festa acabou". Esse discurso é muito citado, mas o que ninguém costuma lembrar é o que ele disse na sequência: "Não estamos defendendo um recuo precipitado. Mas defendemos sim uma suspensão temporária". No entanto, no ano seguinte – quando James Callaghan, do Partido Trabalhista britânico, substituiu Wilson como primeiro-ministro, e teve que contrair um empréstimo de 3,9 bilhões de dólares do Fundo Monetário Internacional –, a suspensão temporária já havia se tornado plenamente um recuo. De dentro de seu gabinete, Benn apresentou uma Estratégia Econômica Alternativa, caracterizada por políticas de controle de capital e protecionismo, mas, assim como em outros lugares da Europa, não parecia haver nem meios técnicos, nem

---

[22] Meghnad Desai, *Marx's Revenge: The Resurgence of Capitalism and the Death of Statist Socialism* (Nova York, Verso, 2002), p. 251.

meios políticos para evitar o apelo monetarista por uma restauração das taxas de lucro através de medidas de restrição da oferta monetária, redução do poder sindical e desregulamentação[23].

No período que antecedeu a eleição de 1979 acirrou-se a polarização no interior da esquerda. Para Tony Benn, que havia dado uma guinada radical à esquerda durante seus anos no governo, o Partido Trabalhista tinha que fazer mais do que supervisionar a aplicação da austeridade. Tinha, mais uma vez, que mostrar na prática ao que veio: "Não dá para seguir dizendo indefinidamente que você é um partido socialista quando não é, dizendo que vai fazer algo quando não vai, se limitar a atacar os *tories* quando isso simplesmente não é o bastante. As pessoas querem saber o que o Partido Trabalhista vai fazer". Outros adotaram uma postura mais retraída. O título, bastante adequado, que Eric Hobsbawm deu para sua conferência na Biblioteca Memorial Marx em 1978 foi "The Forward March of Labour Halted?" [A marcha para a frente do Partido Trabalhista cessou?]. Nela, o famoso historiador marxista discutiu a mudança na composição do capitalismo britânico e se perguntava se a classe trabalhadora organizada poderia ser o eixo de um movimento de esquerda. Se, por um lado, a coalizão política do Partido Trabalhista tinha se fragmentado desde a eleição geral de 1951, por outro, seus sindicatos haviam se tornado mais militantes; tratava-se, contudo, de "uma militância quase inteiramente economicista" nos locais de trabalho, e a "consciência sindical unicamente economicista pode às vezes acabar na prática colocando os trabalhadores uns contra os outros em vez de estabelecer padrões mais amplos de solidariedade"[24].

A vitória "esmagadora" de Margaret Thatcher em maio de 1979 (ela obteve apenas 43,9% dos votos) transformou o reexame cauteloso de Hobsbawm em algo mais urgente. O teórico continental Andre Gorz disse logo seu "adeus à classe trabalhadora", dando preferência agora a "novos movimentos sociais" baseados em raça, gênero, paz ou ecologia em detrimento do "economicismo" mais tacanho do trabalhismo organizado. Ele, assim como outros autores, confundiu uma recomposição da classe trabalhadora (seu movimento dos setores industriais para os de serviços, por exemplo) com o declínio da classe trabalhadora e subestimou, nas palavras de Ralph Miliband, como "a exploração, discriminação e opressão a que mulheres, negros e *gays* são submetidos também é crucialmente moldada pelo

---

[23] Julian Glover, "The Party Is Over: This Phrase Has a History", *Guardian*, 29 set. 2008; Tony Benn, *Against the Tide. Diaries 1973-1976* (Londres, Hutchinson, 1989), p. 301.

[24] Eric Hobsbawm, "The Forward March of Labour Halted?", *Marxism Today*, set. 1978, p. 286.

fato de serem trabalhadores situados em um determinado ponto do processo produtivo e da estrutura social". Essa situação temerária se agravou ainda mais com a reeleição de Thatcher em 1983, instando figuras como o teórico cultural Stuart Hall a superestimar tanto o apelo popular do neoliberalismo quanto a dimensão do conservadorismo da classe trabalhadora. O que deveria ter servido de estímulo para reexaminar a estratégia da esquerda em uma era de transformações tornou-se uma desculpa para abrir mão da teoria marxista e da política socialista[25].

Essa guinada contra a política de classe teve efeitos práticos. Uma década antes, poucos teriam adivinhado que a Nova Esquerda (New Left) e a velha *intelligentsia* comunista passariam identificar a fonte dos problemas do Partido Trabalhista nos trotskistas e nos apoiadores de Benn, e não na postura comedida da liderança ou na debandada da ala direita do partido, que optou por compor uma aliança com o Partido Liberal. Embora usassem uma linguagem diferente, eles poderiam muito bem ter concordado com os moderados, que tacharam o programa eleitoral de centro-esquerda do candidato trabalhista Michael Foot de "o mais longo bilhete de suicídio da história". Enquanto Benn e a esquerda do Partido Trabalhista travavam campanhas a fim de conquistar a direção do partido e assim conseguir democratizá-lo, e enquanto Arthur Scargill encabeçava uma última grande greve dos mineradores em 1984-1985, foi-se fornecendo respaldo intelectual para que entrassem em cena o substituto de Foot, Neil Kinnock, e a corrente do Novo Trabalhismo [New Labour] a fim de desafiar esses movimentos.

Kinnock deu lugar a Tony Blair, que reforçou ainda mais a política centrista e construiu uma máquina de relações públicas para repaginar o Partido Trabalhista como uma organização de modernizadores com pinta de novidade. Essa estratégia rendeu uma vitória esmagadora em 1997 – uma vitória rara para um partido que já foi considerado o menos bem-sucedido dos principais partidos do mundo. Para início de conversa, o Partido Trabalhista inglês também tinha sido o menos socialista da geração da Segunda Internacional, mas também foi um dos que se ateve por mais tempo à velha "política da produção" da classe operária. Nos dez anos subsequentes do partido no poder ocorreria uma transformação radical, com Blair tentando transformar um antigo partido operário em uma enorme organização guarda-chuva liberal social.

---

[25] Ralph Miliband, "The New Revisionism in Britain", *New Left Review*, mar./abr. 1985; Stuart Hall, "Faith, Hope or Clarity", *Marxism Today*, jan. 1985, p. 16.

O manifesto socialista

Para alguns comentaristas, a ascensão do Novo Trabalhismo finalmente dava razão ao reformador de meados do século XX, Anthony Crosland. O aliado e sucessor de Blair, Gordon Brown, inclusive prefaciou a nova edição de *The Future of Socialism*, lançada em 2006 em comemoração aos cinquenta anos de sua publicação original. Brown defendeu que a nova orientação do partido seria "radical e plausível". Mas o Novo Trabalhismo acabou não sendo nem radical nem plausível. Se Eduard Bernstein apresentou um caminho reformista para o socialismo, e Crosland um caminho reformista para a igualdade social, Brown defendia um caminho que nem reformista era para a implementação de políticas pró-capitalistas.

Os japoneses têm um termo para descrever quando alguém, depois de um corte de cabelo, acaba saindo com um visual piorado: *age-otori*. Sua tradução para o inglês britânico deveria ser *blairism*. Apesar de seu sucesso eleitoral inicial e de algumas tentativas marginais de resolver questões sociais como a pobreza infantil, Blair e Brown adotaram políticas que minaram sua própria base social. Quando Blair se tornou primeiro-ministro em 1997, o Partido Trabalhista contava com 400 mil filiados. Em 2004, esse número havia caído pela metade. Naquele ano, o Partido Trabalhista perdeu 464 cadeiras nas eleições locais. Com o descontentamento gerado pela agenda de privatizações do partido e sua atitude diante da crise financeira, bem como seu apoio à desastrosa Guerra do Iraque, em 2010 o Partido Trabalhista já estava fora do poder e completamente desmoralizado[26].

O fracasso do Novo Trabalhismo não foi imediatamente benéfico para a esquerda. Quando Tony Benn faleceu aos 88 anos em 2014, parecia que o projeto ao qual ele havia dedicado sua vida inteira não tinha futuro. Ed Miliband foi o primeiro sucessor de Brown em 2010, uma escolha surpreendente proveniente da centro-esquerda do partido, embora estivesse longe de ser radical. Ed Miliband disputou a liderança contra seu irmão, David. Ambos eram filhos de Ralph Miliband. A piada, na época, era de que Ralph pensava que o Partido Trabalhista jamais seria um veículo para transformação socialista e que, para provar isso, tinha posto dois filhos no mundo.

Contudo, ainda que involuntariamente, Ed Miliband acabou de fato abrindo as portas para uma guinada à esquerda. Ele criticou o que chamou de "capitalismo predatório" e provocou a ira da *Economist* antes da eleição de 2015 por querer "reformular o capitalismo britânico tendo em vista uma sociedade mais justa". Ele

---

[26] Patrick Wintour e Sarah Hall, "Labour Membership Halved", *Guardian*, 3 ago. 2004; disponível em: <http://www.theguardian.com/politics/2004/aug/03/uk.labour>.

perdeu aquela eleição, mas seu legado duradouro foi a reforma institucional do partido. Tradicionalmente, o presidente do Partido Trabalhista era eleito por um colégio eleitoral composto por filiados, representantes públicos e sindicatos, sendo que cada uma dessas três categorias tinha direito a um terço dos votos. No entanto, sob pressão da direita do partido para limitar a influência sindical, Miliband introduziu um sistema de "um voto por membro" que permitia que até mesmo os "apoiadores" do partido participassem do processo eleitoral[27].

Esse sistema havia muito tinha sido uma das metas dos seguidores de Tony Blair, que acreditavam que os filiados e os eleitores do Partido Trabalhista estavam à direita da liderança sindical e que esse alargamento do direito ao voto tornaria quase impossível a eleição de uma liderança esquerdista. No final das contas, o que ocorreu foi exatamente o oposto. Com a saída de Miliband após sua derrota em 2015, o novo sistema pavimentou o caminho para a eleição (com 59,5% dos votos, sendo que o segundo colocado obteve apenas 19%) do velho parlamentar trabalhista Jeremy Corbyn. Para conseguir emplacar seu nome nas cédulas eleitorais, Corbyn precisou da indicação de outros 35 parlamentares. Ele obteve os votos necessários no último minuto, sendo que muitos deles vieram de parlamentares da direita do partido que apostavam que a presença de um esquerdista na disputa passaria uma imagem de equilíbrio. Arrependeram-se amargamente dessa decisão.

Cria política do falecido Tony Benn, Corbyn é um verdadeiro radical e é, de longe, o líder mais de esquerda da história do Partido Trabalhista. Tal como Bernie Sanders nos Estados Unidos, ele é um sobrevivente genuíno de uma era diferente da política socialista. Ao contrário de Sanders, teve a vantagem de desfrutar de uma conexão mais íntima com sindicatos progressistas, movimentos sociais e um conjunto mais amplo de políticos de esquerda para compor sua base de apoio, incluindo figuras como John McDonnell e Diane Abbott.

Apesar de sofrer constantes ataques midiáticos – desde tentativas difamatórias de acusá-lo de ser antissemita ou um agente da KGB, ou simplesmente como alguém que janta feijão enlatado frio e não levava sua ex-mulher para comer fora – e apesar de enfrentar tentativas de golpe vindas de dentro de seu próprio partido, o mandato de Corbyn como líder tem sido um notável sucesso até agora*. Ele

---

[27] Robin Blackburn, "From Ed Miliband to Jeremy Corbyn", *Jacobin*, 12 nov. 2015; disponível em: <http://www.jacobinmag.com/2015/11/from-ed-miliband-to-jeremy-corbyn>.

* Após este livro ter sido escrito, nas eleições gerais de 2019, o Partido Trabalhista teve sua maior derrota desde 1930. Em abril de 2020, Corbyn foi substituído por Keir Stammer como líder do Partido Trabalhista inglês. (N. E.)

ajudou a reconstruir a base do partido, transformando o Partido Trabalhista no maior partido da Europa, com mais de meio milhão de filiados. Momentum, a organização de base criada para apoiar o esforço, mobiliza dezenas de milhares de pessoas em comunidades em toda a Grã-Bretanha[28].

Os primeiros dezoito meses de sua liderança não pareciam tão promissores, no entanto. A maioria dos parlamentares do Partido Trabalhista se opôs duramente a Corbyn, assim como boa parte da burocracia partidária. Os aliados históricos do Partido Trabalhista na mídia – do *Guardian* ao *Daily Mirror*, passando pelo *New Statesman* – abandonaram seu papel no combate aos ataques dos *tories*, passando a contribuir com a onda contra o líder do partido. A pequena equipe organizada em torno de Corbyn foi bombardeada por vazamentos internos hostis e desinformação, e compreensivelmente penou para conseguir forjar uma direção socialista para um partido tão completamente inundado por ideias neoliberais. Apesar do fracasso de uma tentativa de golpe contra a liderança de Corbyn no rescaldo da votação do Brexit em 2016, até o ano seguinte se ouviam apelos para que ele renunciasse à direção do partido.

Mas Corbyn e seus partidários perseveraram. E quando Theresa May convocou uma eleição antecipada para junho de 2017, na tentativa de capitalizar em cima da aparente fraqueza do Partido Trabalhista, o movimento organizado em torno de Corbyn rapidamente entrou em ação. Uma campanha impulsionada por uma mobilização de base sem precedentes transformou a eleição em uma derrota para os *tories*. Foi a primeira eleição desde 1997 na qual o Partido Trabalhista aumentou seu número de assentos no Parlamento. O partido obteve sua maior participação na votação em mais de uma década – tudo isso enquanto superava um déficit de 24 pontos nas urnas, efetivamente arrancando dos conservadores o privilégio de compor maioria absoluta e forçando-os a governar numa coalizão com os extremistas do Partido Unionista Democrático (Democratic Unionist Party) da Irlanda do Norte.

Corbyn salvou a eleição ao resistir às tendências conservadoras do partido e confiou nas suas armas de esquerda. Essa sua estratégia fornece uma referência do que os socialistas democráticos de todo o mundo deveriam fazer nos próximos anos. Também confirma aquilo que a esquerda vinha dizendo desde Tony Benn: as pessoas gostam de uma defesa honesta dos bens públicos. O programa do Partido

---

[28] Sanchez Manning, "Take Me Out? No, Jeremy Liked a Night in Eating Cold Beans with his Cat Called Harold Wilson, Corbyn's First Wife Reveals", *Daily Mail*, 15 ago. 2015.

Trabalhista era arrebatador, o mais socialista em décadas. Trata-se de um documento simples e direto, que reivindica a nacionalização de serviços-chave; acesso a educação, moradia e atendimento de saúde para todos; e medidas para redistribuir a renda das corporações e dos ricos para as pessoas comuns. Com promessas de destinar 6,3 bilhões de libras para as escolas primárias, garantir a proteção das pensões, instituir um ensino superior gratuito e investir na construção de habitações públicas, não havia mais dúvida sobre o que o Partido Trabalhista faria pelos trabalhadores britânicos. Na imprensa, o plano foi atacado por conta da sua simplicidade antiquada – resumida por seu *slogan* "para os muitos, não para os poucos" –, mas reverberou bem no público em geral.

Se, por um lado, o programa econômico apresentado pelo Partido Trabalhista de Corbyn era inspirador, por outro, a liderança também ressuscitou uma visão da política social-democrata que aponta para além do capitalismo. O mais marcante do corbynismo é que seus protagonistas entendem os limites inerentes das reformas sob o capitalismo e visam ampliar o escopo da democracia e contestar o controle e a propriedade do capital, não apenas sua riqueza. Vale notar que o Partido Trabalhista britânico é hoje o único partido tradicional de centro-esquerda no mundo que está elaborando planos para expandir o setor cooperativo, criar empresas comunitárias, transferir aos funcionários ações das empresas em que trabalham e restaurar o controle do Estado sobre setores-chave da economia. Essas estratégias não são por si sós radicais, mas são pré-requisitos necessários para qualquer transformação socialista mais profunda no futuro. É um sonho arrojado, que levará décadas para se concretizar; mas, pela primeira vez em muito tempo, ele agora parece plausível por conta de um Partido Trabalhista orientado para um horizonte que vai muito além do trabalhismo britânico tradicional.

Assim como a campanha presidencial de Bernie Sanders, a reviravolta de Corbyn mostrou que os socialistas podem angariar apoio popular construindo uma oposição plausível ancorada numa visão assumidamente de esquerda – isto é, oferecendo esperanças e sonhos, não apenas medo e expectativas reduzidas. Ainda há obstáculos para uma eleição de Corbyn a primeiro-ministro. No entanto, se ele triunfar, com uma base social mobilizada, apoio sindical e uma liderança politicamente comprometida, o Partido Trabalhista oferece a melhor chance para a esquerda conseguir romper com o neoliberalismo desde a década de 1980.

* * *

Tanto nos Estados Unidos quanto na Grã-Bretanha existe hoje uma oportunidade impressionante para a política socialista. Mas, embora o socialismo tenha sido ressuscitado, seu pulso está fraco. A direita populista ainda parece mais bem preparada que a esquerda socialista para mobilizar a raiva, o ressentimento e a conjuntura de desigualdade que as políticas neoliberais inevitavelmente produzem. Para ter sucesso, a esquerda precisa não apenas construir uma narrativa de oposição às elites econômicas, como saber conseguir vitórias reais que também ajudem a construir uma rede de instituições para enfrentar o capital.

9
Como faremos para ganhar

Os esquerdistas não se resumiram apenas a sonhadores utópicos. Para o bem e para o mal, os socialistas conquistaram o poder, em várias ocasiões, em grande parte do mundo. Mas em nenhum lugar fomos capazes de romper decisivamente com o capitalismo e construir uma alternativa democrática. Mesmo com a ambição mais modesta de apenas humanizar o capitalismo, nenhum governo nacional de esquerda na Europa nos últimos quarenta anos foi capaz de realizar seu programa. Nos Estados Unidos, o movimento socialista não desempenha um papel relevante há ainda mais tempo.

Mesmo assim, um futuro melhor parece estar ao nosso alcance. Apesar de toda a sua resiliência, o capitalismo continua propenso a crises, como as pessoas hoje bem sabem. As desigualdades que ele gera suscitam resistências. Bilhões de pessoas se ressentem das escolhas injustas que lhes são oferecidas. Mas a maioria delas não tem nenhuma razão para acreditar que a política pode melhorar suas vidas. A ação coletiva – seja no local de trabalho ou fora dele – é muitas vezes mais arriscada do que aceitar o *status quo*. O desafio para os socialistas hoje é descobrir como transformar a raiva diante das consequências injustas do capitalismo em uma contestação do próprio sistema.

A tarefa torna-se ainda mais desanimadora pelo fato de que nós, nos Estados Unidos, não dispomos dos três ingredientes que foram necessários para quase todos os avanços socialistas dos últimos 150 anos: partidos de massa, uma base ativista e uma classe trabalhadora mobilizada. No entanto, não estamos começando do zero. A campanha de Bernie Sanders inspirou milhões de pessoas a acreditar que as coisas podem ser diferentes. Novas ações de massa, como as greves dos professores de 2018, também revelaram o poder dos trabalhadores nesta nossa era. O que precisamos agora são organizações: partidos da classe trabalhadora e sindicatos que possam unificar as resistências dispersas em um movimento socialista[1].

Falar é fácil. Mas este capítulo oferece um roteiro – baseado na história longa, complexa, por vezes inspiradora, por vezes sombria, da política de esquerda – para fazer frente ao capitalismo e criar uma alternativa socialista democrática a ele.

1. A social-democracia da luta de classes não fecha caminhos para os radicais; ela os abre.

Na superfície, Corbyn e Sanders defendem um conjunto de demandas essencialmente social-democráticas. Mas eles representam algo muito diferente da moderna social-democracia. Enquanto a social-democracia se converteu no período do pós-guerra em uma ferramenta para suprimir o conflito de classes em favor de acordos tripartites entre os setores empresarial, sindical e estatal, tanto Sanders quanto Corbyn estimulam uma renovação do antagonismo de classe e dos movimentos de baixo para cima.

Para Sanders, o caminho para a reforma passa pelo confronto com as elites. Em vez de falar sobre uma nação inteira lutando em conjunto para restaurar a economia dos Estados Unidos e a prosperidade compartilhada, e em vez de buscar negociar um acordo melhor com líderes empresariais (se ao menos estes entendessem que uma mudança progressiva está nos seus interesses!), o movimento de Sanders gira em torno da criação de uma "revolução política" para reaver de "milionários e bilionários" aquilo que é nosso por direito. Seu programa conduz a uma polarização demarcada em termos de classe; de fato, é isso que ele convoca.

A visão de Sanders é tão frequentemente confundida com a dos progressistas que os comentaristas muitas vezes falam sobre a "ala Sanders-Warren" do Partido Democrata. Mas há uma diferença crucial entre a abordagem de Sanders, calcada na luta de classes, e a abordagem mais acadêmica e tecnicista de alguém como Elizabeth Warren, que busca desenhar políticas públicas melhores, mas não tanto promover uma política alternativa. Não é de surpreender que Warren não perde uma oportunidade de assegurar aos interesses empresariais que ela acredita que

---

[1] Sam Gindin, "Building a Mass Socialist Party", *Jacobin*, 20 dez. 2016; disponível em: <http://www.jacobinmag.com/2016/12/socialist-party-bernie-sanders-labor-capitalism>.

"mercados fortes e saudáveis são a chave para uma América forte e saudável" e que ela "é uma capitalista"[2].

A formação política de Sanders se deu, como estudante, na Liga Socialista da Juventude (Young People's Socialist League) e através de organizações sindicais e de direitos civis. Sua visão de mundo foi constituída sobre esse pano de fundo improvável. Corbyn, por sua vez, é membro de longa data da esquerda do Partido Trabalhista, um socialista comprometido com as lutas dos movimentos sociais e sindicais, e com a batalha contra o blairismo.

Sanders e Corbyn não representam uma política social-democrata que servirá de alternativa moderada às demandas socialistas mais militantes. Ao contrário, oferecem uma alternativa radical a uma centro-esquerda decrépita. Eles introduziram uma linguagem de luta de classes e redistribuição para públicos que nunca haviam ouvido demandas como essas. A social-democracia da luta de classes, então, está fomentando a força da classe trabalhadora por meio de campanhas eleitorais, em vez de subordinar as lutas existentes para conseguir eleger um punhado de figuras. A diferença entre essa corrente política e a social-democracia de Tony Blair ou mesmo a de Olof Palme é patente.

2. A social-democracia da luta de classes tem potencial de vencer uma grande eleição nacional hoje.

Neste momento, é mais provável que isso ocorra no Reino Unido, onde Corbyn está à frente de um partido de classe trabalhadora, mas vale considerar a quantas anda o clima popular nos Estados Unidos hoje. Há um sentimento *antiestablishment* generalizado, e, apesar da ascensão de Donald Trump, há preferência pelas políticas de esquerda em questões-chave, incluindo imigração.

O presidente pode até querer erguer um belo e grande muro, mas 60% dos americanos são contra essa ideia. Uma enquete de 1994 realizada pelo Centro de Pesquisas Pew registrou que 63% dos estadunidenses consideravam os imigrantes um fardo e apenas 31% avaliavam que eles fortaleciam o país. Quando a mesma pergunta foi feita em 2016, apenas 27% dos entrevistados enxergava os imigrantes como um fardo e 63% avaliavam que a imigração era uma coisa boa[3].

---

[2] Albert Hunt, "Warren Isn't Sanders, and Vice Versa", *Bloomberg*, 29 abr. 2018; disponível em: <http://www.bloomberg.com/view/articles/2018-04-29/elizabeth-warren-and-bernie-sanders-aren-t-the-same>.

[3] "Americans' Views of Immigration Marked by Widening Partisan, Generational Divides", *Pew Research*, 15 abr. 2016.

Mesmo depois de sofrer três anos de ataques tanto da direita quanto dos democratas corporativos, Bernie Sanders permanece entre os políticos mais populares dos Estados Unidos. Suas principais bandeiras – um programa universal de emprego e um sistema de saúde de "pagador único" – desfrutam de apoio substancial entre os eleitores. As pesquisas mostram que 52% das pessoas são a favor de um sistema de garantia de empregos em escala nacional, com ainda maior adesão em estados pobres como Mississippi (72%). O Medicare for All poderia ser uma bandeira política igualmente popular: em abril de 2018, o apoio ao programa ultrapassou a marca dos 50%[4].

O desafio é pegar essas "preferências" individuais quanto a determinadas políticas públicas e congregá-las em uma política coerente, mas foi justamente essa a reviravolta que a campanha de Sanders representou. Se não na figura de Sanders especificamente, parece possível ganhar uma eleição presidencial com uma candidatura populista de esquerda que, como ele, comunique uma mensagem direta e apresente um conjunto de reivindicações voltadas para a classe trabalhadora.

3. Ganhar uma eleição não é a mesma coisa que conquistar o poder.

Nas últimas décadas, a esquerda parece ter exagerado na correção dos equívocos do passado: do arraial *new age* de "mudar o mundo sem tomar o poder" do pós-socialismo dos anos 1990 passamos hoje a dar uma ênfase excessiva à mobilização eleitoral.

De fato, as eleições são importantes. Em muitos países, votar e prestar atenção a campanhas eleitorais são os únicos atos políticos nos quais a maioria das pessoas participa. As disputas eleitorais não só ajudam a avançar nossa visão política, inclusive entre aqueles que de outra forma não estariam nos escutando, como também envolvem a construção de organizações e redes que podem concentrar energia para além do período eleitoral.

Mas de que adianta vencer uma eleição se não pudermos realmente realizar as coisas que prometemos? Em certos contextos, poderíamos até "ocupar o poder" – como fez o socialista francês Léon Blum na década de 1930 – meramente para

---

[4] "A Slim Majority of Americans Support a National Government-Run Health Care Program", *Washington Post*, 12 abr. 2018; disponível em: <http://www.washingtonpost.com/page/2010-2019/WashingtonPost/2018/04/12/National-Politics/Polling/release_517.xml?Tid=a_mcntx>.

manter a direita afastada por um ou dois ciclos eleitorais ou para diminuir o impacto da austeridade sobre os trabalhadores, mas essa é uma maneira infalível de desiludir sua base e sair derrotado no médio e longo prazo. Desde a década de 1980 – com o impasse do governo de François Mitterrand e a retirada dos Estados de bem-estar social nórdicos –, a social-democracia representou somente a face mais humana do neoliberalismo. O que parece à primeira vista uma vitória pode logo se revelar uma derrota.

Os eleitores da classe trabalhadora hoje estão em larga medida desiludidos com o consenso político da classe dominante. Mas, assim como outros eleitores, eles não acreditam no potencial da política para mudar suas vidas; não se dão ao trabalho de votar e são menos ativos nos partidos, sindicatos e organizações cívicas do que no passado. Essa "crise da política" é sobretudo uma crise da esquerda. A centro-direita europeia não precisa de uma base consciente e ativa de apoiadores para levar a cabo o seu programa; ela é perfeitamente capaz de administrar o capitalismo no interesse dos capitalistas com a ajuda de apenas uma dúzia de tecnocratas da União Europeia (UE). Nos Estados Unidos, a direita sabe muito bem como tomar e exercer o poder em condição de minoria, por meio de suas instituições, práticas de *gerrymandering** e o sistema judiciário. Já a esquerda sempre dependeu da mobilização das massas, não apenas para ganhar eleições, como para de fato promover transformações.

Então, como fazer que as eleições funcionem para nós? É extremamente difícil realizar uma social-democracia da luta de classes por meio das urnas eleitorais, porque os candidatos enfrentam tanto incentivos para fazer concessões quanto pressões estruturais – administrar um Estado capitalista exige manter a confiança dos empresários e os lucros corporativos. Esse foi o dilema que o governo de Mitterrand enfrentou. A solução é saber criar alguma pressão da nossa parte. Manifestações de rua e ações grevistas podem disciplinar candidatos mais vacilantes que não estiverem seguindo uma agenda redistributiva e podem forçar empresas a fazer concessões aos reformadores uma vez eleitos.

Ainda assim, resta um dilema a ser resolvido: precisamos de uma base de massa para obter reformas, mas é difícil conseguir reunir essa base sem dar às pessoas provas de que a política pode mudar suas vidas para melhor.

---

* *Gerrymandering* é uma prática para influenciar na eleição de representantes de um partido manipulando os limites geográficos de um distrito eleitoral. (N. E.)

4. Eles farão de tudo para nos deter.

Os primeiros dias de Donald Trump na Casa Branca foram uma boa lição de teoria marxista do Estado. Ele chegou trazendo consigo um conjunto contraditório de políticas: seu populismo de direita se contrapunha à Organização do Tratado do Atlântico Norte (Otan) e à rede de acordos de livre comércio liderada pelos Estados Unidos, ao mesmo tempo que rejeitava os compromissos pró-negócios mais tradicionais do Partido Republicano. Não é de surpreender que as partes desse amálgama que efetivamente passaram foram as que o capital considerou mais aceitáveis. Os cortes de imposto apoiados por Paul Ryan foram aprovados, mas os planos protecionistas mais radicais de Trump morreram na praia e Steve Bannon saiu de cena, junto com seus sonhos de um programa massivo de empregos ancorado na construção de infraestruturas financiadas via déficit.

Se essas são as pressões às quais o ferrenho pró-capitalista Trump foi submetido, dá para imaginar o tipo de forças que seriam mobilizadas contra um presidente Sanders em 2021. Para início de conversa, ele teria que enfrentar uma virulenta ofensiva midiática – cada nova política ou proposta seria atacada sistematicamente, com a pronta ajuda dos integrantes do Partido Democrata ligados ao setor corporativo.

Os primeiros anos de Jeremy Corbyn à frente do Partido Trabalhista podem nos oferecer uma imagem instrutiva dos desafios que podem se impor nesse sentido. Ao final de seu primeiro mandato, Corbyn havia enfrentado, entre muitos outros problemas, tentativas de difamação tanto de vozes do Partido Conservador quanto do *establishment* do Partido Trabalhista, além de uma movimentação interna de seu próprio partido de expulsar muitos de seus apoiadores das listas de votação. Das acusações de antissemitismo e sexismo às críticas à sua oposição a um segundo referendo sobre o Brexit, a oposição interna a Corbyn assumiu um verniz progressista a fim de minar sua liderança.

Mais significativo será o papel das greves do capital – empresas optando por reter seus investimentos até que prevaleçam "condições mais favoráveis", aproveitando ainda para chantagear seus funcionários que declaram voto na esquerda[5]. Algumas dessas ameaças serão menos dramáticas do que outras. Tony Benn, um parlamentar do Partido Trabalhista, resumiu bem a coerção diária que vem junto com a ocupação do poder: faça o que queremos e garantimos que você ficará bem na fita; experimente seguir seu próprio programa, e tornaremos sua vida impossível.

---

[5] Isso é perfeitamente racional em condições de lucratividade reduzida ou alto grau de incerteza.

5. Nossas demandas imediatas são bastante realizáveis.

O dilema da social-democracia é impossível de ser resolvido: mesmo quando se diz anticapitalista, não deixa de depender da manutenção da lucratividade das empresas capitalistas privadas. Desde as comissões de nacionalização do entreguerras, não foi feita nenhuma tentativa de introduzir uma economia política alternativa. Da mesma forma, as tentativas de imaginar uma socialização mais gradual a partir de um Estado de bem-estar social existente foram abandonadas desde a neutralização do Plano Meidner na Suécia no final dos anos 1970.

Mas isso não significa dizer que não há espaço para conquistarmos reformas no aqui e agora. Peguemos o caso dos Estados Unidos, um país que não está nem perto de esbarrar nos limites da social-democracia. O programa Medicare for All, ou a desmercantilização de um sexto da economia mais importante do mundo, não parece fora de nosso alcance. Também podemos garantir o acesso a alimentação nutritiva, moradia segura e salubre, creches gratuitas e educação pública em todos os níveis. Outras demandas devem girar em torno de permitir que as pessoas tenham liberdade de se organizar sindicalmente e fazer negociações coletivas, contribuindo para reconstruir a capacidade de ação política necessária para sustentar e aprofundar as reformas.

Felizmente, os Estados Unidos não precisam enfrentar organizações supranacionais antidemocráticas como a zona do euro e dispõem de imensos recursos com os quais trabalhar. Em última análise, nossas ambições são maiores do que o "socialismo em um só país", mas, se há um lugar em que isso é possível, esse lugar é aqui.

Compor o Poder Legislativo para realizar essas reformas não será fácil. Mas é possível alcançar certos objetivos socialistas no interior do capitalismo. Como vimos ao longo da história da social-democracia, qualquer conquista será vulnerável a crises e contará, a cada passo de sua implementação, com resistências, mas elas não deixam de ser moral e politicamente necessárias.

6. Devemos passar rapidamente da social-democracia para o socialismo democrático.

Para qualquer social-democrata, independente das suas intenções, sempre será mais fácil deslocar-se à direita do que à esquerda. De um lado estarão garantias de estabilidade por parte de interesses poderosos; do outro, greves de capital e resistência obstinada. Hoje, mais ainda do que no século XX, os socialistas democráticos enfrentam não apenas o problema de como conquistar o poder, mas também o de como lidar com as tentativas do capital de minar seu programa.

Em outras palavras, o compromisso social-democrático é inerentemente instável, e precisamos, portanto, encontrar uma maneira de conseguir avançar, em vez de recuar, diante de tal instabilidade. A social-democracia enfrenta desafios em duas direções. O capital vai procurar controlá-la de saída, mas, se as reformas iniciais forem bem-sucedidas, os trabalhadores terão mais força para fazer greves e o poder mais elevado de barganha na ponta do trabalho pode produzir incursões insustentáveis na lucratividade das empresas. O Estado de bem-estar social das décadas de 1960 e 1970 não apaziguou os trabalhadores; ele os tornou mais ousados. As "demandas de transição", como a garantia empregatícia, podem fazer o mesmo em nosso tempo. Precisamos entender, porém, que, quando a crise vier, o próximo passo não será recuar, mas avançar ainda mais.

Por uma série de outros aspectos enfrentamos hoje um ambiente muito diferente do que os sociais-democratas do pós-guerra enfrentaram. O capital se internacionalizou, as taxas de crescimento diminuíram no mundo capitalista avançado e a automação está ameaçando áreas cruciais da força da classe trabalhadora. Tudo isso significa que provavelmente não temos trinta anos para fazer reformas como os sociais-democratas no período do pós-guerra.

Nesse ciclo mais curto, precisamos imaginar que esbarraremos nos limites da reforma muito mais cedo, mas que o caminho para um socialismo mais radical virá da crise da social-democracia que o nosso próprio êxito deflagrará. A social da luta de classes, então, não é inimiga do socialismo democrático – o caminho para o segundo passa pela primeira.

A questão é: como garantir que qualquer governo de esquerda consiga efetivamente permanecer no poder por tempo suficiente para conquistar algumas vitórias (e não simplesmente recuar imediatamente, como ocorreu com o Syriza, na Grécia)? Em particular, como arrancar as "reformas não reformistas", que não apenas beneficiam os trabalhadores no curto prazo, mas podem empoderá-los para vencer as batalhas que sua implementação irá incitar?

Nossa tarefa é formidável. Os socialistas democráticos precisam garantir maiorias decisivas nas bancadas legislativas e ao mesmo tempo conquistar hegemonia no interior dos sindicatos. Além disso, nossas organizações precisam estar dispostas a exercer seu poder social na forma de mobilizações de massa e greves políticas a fim de conter o poder estrutural do capital e garantir que nossos líderes optem pelo confronto em vez da acomodação com as elites. Essa é a única maneira de não apenas tornar nossas reformas duráveis, mas romper totalmente com o capitalismo e ensejar um mundo que prioriza as pessoas acima do lucro.

7. Precisamos de socialistas.

Núcleos de socialistas ideológicos não podem por si só ensejar o socialismo – e mesmo que pudéssemos, certamente não queremos repetir as tentativas do século passado, seja na Rússia ou na China, de impor o "socialismo de cima para baixo". Mas nem por isso deixamos de desempenhar um papel insubstituível nas batalhas para conquistar reformas e torná-las duráveis e cumulativas.

Podemos apreender, melhor do que os outros, as relações de classe e a forma pela qual elas oferecem caminhos comuns de luta. Não podemos, contudo, nos isolar de correntes mais amplas de transformação progressista que podem ainda não ser socialistas. Esses movimentos têm o potencial de obter conquistas materiais para os trabalhadores. Sem um envolvimento constante com eles, cairemos na irrelevância sectária, como ocorreu com o Partido Socialista Operário de Daniel De Leon.

O desafio é saber fazer isso ao mesmo tempo que fortalecemos nosso poder organizacional e construímos nossa capacidade de operar como força política independente. Precisamos ser capazes de resistir à abordagem transacional da política frequentemente praticada por dirigentes sindicais e representantes profissionais de classe média de grupos de interesse.

Mesmo uma organização relativamente pequena como os Socialistas Democráticos da América (Democratic Socialists of America – DSA), que está longe de ser um partido de massas enraizado na classe trabalhadora, já mostra o impacto que podemos produzir se incorporarmos nossos esforços a um arcabouço de classe. O DSA conta hoje com mais de 50 mil integrantes – 45 mil a mais do que há alguns anos. Impulsionado pela ascensão de Sanders, a desilusão da juventude com a política do centro democrata e a indignação com as ações de Trump, o DSA rapidamente atraiu atenção generalizada e conquistou sua cota de vitórias locais.

São 50 mil pessoas em um país de 330 milhões de habitantes. Mas o potencial de mobilização dos partidos políticos, sindicatos e organizações cívicas foi esvaziado. Dezenas de milhares de pessoas, se organizadas em campanhas comuns, se treinadas para falar e se conectar com as pessoas e ajudá-las em suas lutas, podem de fato ter um impacto nacional. Um contingente muito menor do que esse já pode influenciar disputas eleitorais locais e alçar novas ideias e demandas à consciência popular.

É por isso que treinar uma nova geração de quadros socialistas não sectários é tão importante. Precisamos de socialistas democráticos que sejam oradores qualificados, escritores competentes e pensadores afiados – que sejam humildes o suficiente para aprender, mas ousados o suficiente para inspirar confiança. Nossas organizações dependem da existência de um núcleo disciplinado de pessoas assim se quisermos reconstruir um poder da classe trabalhadora que seja capaz de exercer uma pressão alternativa à do capital. Mesmo que seus esforços por si sós não sejam suficientes, não será possível alcançar o socialismo sem eles.

8. A classe trabalhadora mudou nos últimos 150 anos – mas não tanto quanto pensamos.

Nós socialistas não seremos eficazes se ficarmos apenas nos *campi* universitários ou se gastarmos nosso tempo atacando uns aos outros nas redes sociais. Não é por acaso que durante o último século e meio a classe trabalhadora esteve no centro da política socialista. Os marxistas não romantizavam os trabalhadores por sua condição de oprimidos, por terem sido arrancados de suas terras e estarem sofrendo em fábricas apinhadas e condições esquálidas de moradia. Eles prestaram atenção à classe trabalhadora porque os trabalhadores eram mais poderosos do que qualquer outro grupo dominado: os capitalistas dependem de seu trabalho para obter lucro e, quando organizados, os trabalhadores podem suspender esse trabalho para conquistar reformas[6].

Algumas coisas mudaram desde que Marx publicou *O capital* há 150 anos, ou mesmo desde que poderosos partidos de esquerda governaram de Kingston, na Jamaica, a Estocolmo, na Suécia, nas décadas de 1960 e 1970. Houve um tempo em que era possível identificar imediatamente um bairro operário em um lugar como Turim, na Itália, por exemplo. Um pequeno número de indústrias representariam a principal fonte de emprego de determinada região. As pessoas moravam apinhadas, forçadas pelo capitalismo, se não à solidariedade, pelo menos à vida

---

[6] Vivek Chibber, "Why Do Socialists Talk So Much about Workers?", em Bhaskar Sunkara (org.), *The ABCs of Socialism* (Londres, Verso, 2016). [Ed. bras.: "Por que os socialistas falam tanto sobre trabalhadores?", *O Minhocário*, 27 set. 2016 (trad. Everton Lourenço); disponível em: <https://ominhocario.wordpress.com/2016/09/27/por-que-os-socialistas-falam-tanto-sobre-trabalhadores/>.]

em comum. Fiéis a essa condição compartilhada, os trabalhadores votavam em larga medida nos grandes partidos de esquerda. A tarefa do revolucionário era convencer os trabalhadores comprometidos com uma política de reforma a abraçar uma política de ruptura.

Hoje é possível encontrar bolsões de trabalhadores organizados e com consciência de classe em todo o mundo capitalista avançado, mas eles são a exceção, não a regra. A classe trabalhadora do século XXI se encontra fragmentada. William Morris escreveu em 1885 que, embora os trabalhadores constituam uma classe, os socialistas devem convencê-los de que "eles devem ser uma sociedade". Agora precisamos convencê-los a respeito da parte da classe também.

Embora a classe trabalhadora tenha mudado, essas mudanças têm sido exageradas por aqueles que proclamam que estaríamos agora na era do "precariado". Não há nada de novo no fato de haver trabalhadores sofrendo em empregos precários e mal remunerados. Afinal, Karl Kautsky já havia se deparado com a questão da heterogeneidade da classe trabalhadora na década de 1880, a "era de ouro" do proletariado industrial, assim como Engels quando estudou a Manchester na década de 1840. Qualquer aparência de segurança que possa ter existido no passado não se deve ao caráter intrínseco do capitalismo "pré-neoliberal"; é, antes, resultado do êxito da luta de classes e da organização política. Os trabalhadores do setor automotivo, por exemplo, não eram sindicalistas inerentemente militantes. Até a década de 1930, a Renault, a Ford e outras grandes montadoras eram tão hostis aos sindicatos quanto o Walmart é hoje[7].

Embora a porcentagem de trabalhadores empregados na produção industrial tenha diminuído nas últimas décadas, as linhas tendenciais remontam ao final do século XIX. Os trabalhadores remanescentes nesses setores (que, em números absolutos, são na verdade mais numerosos do que nunca) ainda podem exercer considerável poder econômico. Para construir uma coalizão majoritária, contudo, os socialistas precisam pensar de forma mais ampla.

Nossa concepção de classe trabalhadora hoje vai além dos trabalhadores formalmente empregados para abarcar o trabalho e a ação política presentes nos bairros e domicílios. Mas o local de trabalho tradicional ainda deve ter importância central na nossa visão. Isso significa dar ênfase especial aos trabalhadores situados em setores em crescimento, como educação e saúde, bem como aqueles que

---

[7] Kim Moody, "The State of American Labor", *Jacobin*, 20 jun. 2016; disponível em: <http://www.jacobinmag.com/2016/06/precariat-labor-us-workers-uber-walmart-gig-economy>.

trabalham com abastecimento e logística. Significa, ainda, saber desenvolver conexões entre pessoas desempregadas e empregadas e se dedicar a uma ampla prática de sindicalismo de justiça social – isto é, uma organização sindical que vai além das demandas típicas do local de trabalho –, capaz de mobilizar um apoio popular mais amplo para greves e iniciativas políticas de esquerda.

De quantas pessoas estamos falando ao todo? Na maioria das sociedades desenvolvidas, cerca de 60% da população ainda depende de salários para sobreviver e possui pouca ou nenhuma riqueza líquida. Esses trabalhadores se encontram mais diferentes e divididos do que nunca, mas ainda assim têm o potencial de abalar o sistema e obter ganhos reais. No interior do capitalismo, simplesmente não pode haver uma política emancipatória que não gire em torno da classe cujo trabalho faz o sistema girar. Os socialistas precisam emergir dessa classe, devem tentar criar uma cultura política em torno dela e se organizar nos seus marcos – e não buscar substitutos para ela.

9. Os socialistas devem se incorporar nas lutas da classe trabalhadora.

Em 2018, os Estados Unidos foram palco de uma onda de greves no setor público – acontecimento que representou, com efeito, o levante trabalhista mais significativo do país desde os anos 1970. Não eram explosões espontâneas – foram deflagradas tanto por condições intoleráveis quanto pelos esforços de pequenos grupos de organizadores[8].

Vejamos a dinâmica da greve dos professores na Virgínia Ocidental, em 2018: foi um estado no qual Bernie Sanders fez bastante campanha, e no qual seus apoiadores foram capazes de construir uma infraestrutura robusta o suficiente para vencer em todos os condados nas primárias do Partido Democrata em 2016. Depois da derrota de Sanders para Hillary Clinton naquele ano, alguns jovens recrutas ansiosos para dar continuidade à "revolução política" se somaram ao DSA. De progressistas isolados em um estado republicano, passaram a constituir uma rede organizada de socialistas capaz de ajudar a iniciar e conduzir a histórica greve de nove dias. Os integrantes que eram professores conseguiram se conectar e se organizar com colegas de trabalho de todo o espectro político, sempre com o

---

8   Ver os escritos de Eric Blanc em *Jacobin*, incluindo: "The Lessons of West Virginia", 9 mar. 2018; "Red Oklahoma", 13 abr. 2018; "Arizona Versus the Privatizers", 30 abr. 2018; "Betting on the Working Class", 29 maio 2018.

objetivo de melhorar as condições de trabalho e, em última análise, transformar a política do estado[9].

Ações semelhantes encabeçadas por professores mal remunerados nos estados de Arizona, Kentucky e Oklahoma mobilizaram dezenas de milhares de pessoas. Assim como a Virgínia Ocidental, tratava-se de estados relativamente conservadores que contavam com burocracias sindicais fracas. A onda grevista pegou a mídia e os políticos de surpresa. Só quem entendia que uma "minoria militante" seria capaz de promover uma mobilização de massas – e como, uma vez postos em movimento, esses trabalhadores poderiam ter sua consciência e seu senso de possibilidade política transformados – poderia ter antecipado o tamanho e o fervor das greves.

Essas greves ganharam atenção e simpatia do público em âmbito nacional. Depois que os professores do Arizona aderiram à onda grevista em abril de 2018, uma enquete nacional conduzida pela Associated Press registrou que a grande maioria das pessoas os apoiava: 78% do país achava que os salários dos professores eram muito baixos (apenas 6% os considerava muito altos). O sentimento atravessava as demarcações partidárias: maiorias consideráveis de eleitores democratas (90%), independentes (78%) e republicanos (66%) pensavam que os professores deveriam ser mais bem remunerados. E 52% dos estadunidenses apoiam o direito dos professores de fazer greve por melhores salários – isso apesar das leis antissindicais que em muitos estados colocam esse tipo de ação no campo da ilegalidade[10].

Ao entrar em greve, os professores não apenas demonstraram sua própria força enquanto atores políticos, como desenvolveram uma consciência política e uma infraestrutura militante de base. É um sinal do que precisa acontecer, embora em escala ainda muito maior, nos próximos anos.

Esforços adicionais de organização por parte de socialistas comprometidos e competentes serão fundamentais para aproveitar e ampliar as conquistas das greves de professores de 2018. Mas os jovens socialistas não devem se ver apenas como organizadores externos: devemos também estimular uns aos outros a assumir empregos comuns em uma variedade de setores em crescimento. Os socialistas já

---

[9]   Eric Blanc e Jane McAlevy, "A Strategy to Win", *Jacobin*, 18 abr. 2018; disponível em: <http://www.jacobinmag.com/2018/04/teachers-strikes-rank-and-file-union-socialists>.

[10] Carole Feldman e Emily Swanson, "More than Half of Americans Support Pay Raises for Teachers, Poll Finds", *PBS News Hour*, 23 abr. 2018; disponível em: <http://www.pbs.org/newshour/nation/more-than-half-of-americans-support-pay-raises-for-teachers-poll-finds>.

chegaram a evitar conscientemente empregos de classe média a fim de se "industrializar" em setores estratégicos, e com razão. Nossa última grande tentativa nos Estados Unidos – o esforço de organizar a indústria pesada na década de 1970 – exigiu enormes sacrifícios daqueles que se dispuseram a dela participar, e ainda calhou de se dar num momento mais do que desfavorável, no qual esses setores começaram a passar por um período brutal de reestruturação neoliberal. Mas isso não significa que devemos abandonar a estratégia de nos juntar à luta no chão de fábrica.

Este não é apenas um bom conselho de organização política; é também um bom conselho de carreira! Na economia de hoje, os jovens socialistas, apesar de seus níveis relativamente elevados de instrução, não conseguem mais o tipo de emprego profissional oferecido aos seus homólogos da década de 1970. É capaz de realmente terem melhores perspectivas econômicas se entrarem em setores estratégicos, como enfermagem e educação, em vez de criar uma colcha de retalhos de trabalhos temporários ou de meio período no mundo profissional.

10. Não basta trabalhar junto com sindicatos em prol de transformações progressistas. Precisamos travar batalhas democráticas no interior deles.

Sindicatos são importantes. Eles podem não ser organizações revolucionárias, mas são o principal veículo dos trabalhadores na batalha contra o capital pelos frutos da produção. Hoje, apesar de organizar apenas 11% da força de trabalho dos Estados Unidos, os sindicatos ainda são as únicas instituições capazes de exercer pressão política na escala necessária para fazer frente às elites nacionais. É importante ressaltar que eles também se parecem menos com a força de trabalho industrial do século XIX e mais com a classe trabalhadora diversificada do século XXI. Embora sua imagem na mente popular ainda não corresponda a isso, os sindicatos representam hoje sobretudo negros, latinos e mulheres.

Os sindicatos têm uma função que vai além da negociação coletiva: eles podem levar os trabalhadores a desenvolver mais consciência de classe e aprender habilidades políticas. Uma enfermeira que for ativa em seu sindicato pode se tornar uma educadora e uma organizadora.

Mas os sindicatos só serão eficazes na luta pelos interesses dos seus integrantes e no desenvolvimento dessas capacidades se a militância de base for autorizada a desempenhar um papel ativo dentro deles. Além dos casos evidentes de corrupção, os sindicatos estadunidenses costumam ser extremamente hierárquicos e burocráticos. São dominados por sindicalistas profissionais, assalariados, e por uma equipe de funcionários de tempo integral. Os membros são treinados a enxergar seus sindicatos como organizações prestadoras de serviço. As interações dos trabalhadores com seus sindicatos muitas vezes se limitam a deduções automáticas de contribuições sindicais e breves consultas a respeito de negociações salariais ou endossos políticos. Eles têm poucos motivos para comparecer a uma reunião sindical[11].

Os funcionários sindicais ocupam uma posição intermediária entre a direção da empresa e os trabalhadores comuns. A estabilidade que oferecem é às vezes benéfica para todos, mas, por mais que os trabalhadores possam avançar por meio de greves, a burocracia sindical geralmente prefere a estabilidade. Poderíamos traçar uma analogia aqui com a estrutura dos partidos políticos, em que os dirigentes geralmente optam pela cautela em vez de ações ousadas.

É sem dúvida necessário ter algum grau de especialização, e os trabalhadores comuns não querem ser submetidos a reuniões intermináveis, mas, se não forem abertas vias para a participação e fiscalização por parte dos membros, o abismo entre os sindicalistas "profissionais" e as bases continuará se aprofundando, e os trabalhadores se sentirão cada vez menos conectados a suas organizações sindicais.

Resumindo: precisamos fazer mais do que defender os sindicatos existentes contra os ataques da direita. Nosso objetivo deve ser transformá-los em veículos de um sindicalismo mais aberto e democrático, através da facilitação da participação dos membros e da criação de estruturas internas que tornem as lideranças mais responsabilizáveis. No entanto, não podemos apenas nos contentar em democratizar um movimento cada vez menor – para conseguir restaurar a coesão sindical, uma tarefa-chave da atualidade é também encontrar formas de organização que correspondam à configuração da economia do século XXI.

11. Não basta termos uma rede mais solta de esquerdistas e trabalhadores de base. Precisamos de um partido político.

Quando falamos em partido político de esquerda hoje, há quem se lembre dos partidos monolíticos e maçantes das velhas esquerdas stalinistas e social-democratas. Mas devemos também lembrar que esses partidos coordenaram o trabalho de ativistas muito diversos entre si e aprofundaram a análise e a visão de gerações de militantes da classe trabalhadora.

---

[11] Ver Kim Moody, *An Injury to All: The Decline of American Unionism* (Nova York, Verso, 1988).

Por conta da estrutura peculiar do sistema político britânico, a ala esquerda de longa data do Partido Trabalhista foi capaz de obter controle do partido em 2015. De modo geral, não devemos tentar capturar partidos social-democratas desacreditados, mas sim trabalhar dentro dos partidos de esquerda que surgiram nos últimos anos. Partidos como o Die Linke na Alemanha, o Bloco de Esquerda em Portugal e o Podemos na Espanha reúnem forças de toda a esquerda, dos radicais aos reformistas. Eles enfrentam um caminhão de desafios, mas representam uma verdadeira brecha para construir uma política com o que restou da social-democracia.

Para socialistas democráticos, faz sentido se organizar no interior dessas formações. Não como infiltrados oportunistas interessados em capturar seus membros e recursos, mas como membros genuinamente empenhados em construir esses partidos sem deixar de manter um perfil independente, questionando as lideranças conforme for necessário. Nesse quesito, há muito a se aprender com a história da social-democracia: os partidos que representavam forças de reforma da classe trabalhadora converteram-se em sócios menores do capital. A presença de socialistas organizados constitui um freio necessário para a inevitável tendência de afastamento da política de luta de classes em direção à burocratização e moderação política.

Desenvolver novos partidos também implica desafios. Embora tenhamos visto sucessos recentes na Europa e em outros lugares, nem todos os exemplos são positivos. Muitos dos novos partidos europeus são construídos sobre o terreno movediço dos movimentos sociais, com a premissa de que podemos construir um "movimento de movimentos" no interior do qual o movimento dos trabalhadores constitui um dos elementos, embora não necessariamente o decisivo. Além disso, a ênfase excessiva em heterogeneidade ideológica – na tentativa de reunificar uma esquerda dividida e fragmentada – enfraqueceu a capacidade desses partidos de articular um programa político claro e uma estratégia unitária.

A experiência das últimas duas décadas, começando com o Bloco de Esquerda português em 1999, mostra como não vão longe abordagens que, em vez de colocar em primeiro plano a capacidade disruptiva dos trabalhadores, priorizam construir atropeladamente coalizões eleitorais defensivas e convocar, de tempos em tempos, as pessoas às ruas no que equivale a pouco mais do que um teatro político. Um partido político, ao contrário, deveria ser o elo decisivo entre as correntes explicitamente socialistas e um movimento mais amplo dos trabalhadores. Se as coisas derem certo algum dia, será possível falar dos dois como um mesmo movimento socialista dos trabalhadores.

12. Precisamos levar em conta as particularidades estadunidenses.

A construção de um movimento socialista nos Estados Unidos exigirá uma abordagem própria – não por razões culturais, mas por motivos estruturais.

Conforme explicou Seth Ackerman, editor da *Jacobin*, além de realizarem eleições do tipo "o vencedor leva tudo" [*winner-takes-all*], os Estados Unidos também possuem uma lei eleitoral especialmente antidemocrática. O sistema bipartidário não surgiu naturalmente na política estadunidense. Muito pelo contrário, foi sendo construído pouco a pouco à medida que os partidos Democrata e Republicano consolidaram seu poder na virada do século XX. Políticos de ambos os lados se valeram de seus cargos nas assembleias legislativas estaduais para aprovar leis criadas com o intuito de impedir que algum terceiro partido conseguisse representar uma ameaça à hegemonia bipartidária. O sistema restritivo de leis eleitorais que se desenvolveu nos Estados Unidos permanece único entre as democracias capitalistas avançadas[12].

As elites, tanto do Partido Democrata quanto do Republicano, têm interesse em manter o sistema bipartidário – e de fato requer muito esforço para sua manutenção. O cientista político Theodore Lowi comparou-o a um paciente ligado a aparelhos de suporte vital que "entraria em colapso imediatamente caso os tubos fossem removidos". Mas os dois partidos dominantes continuam a manter esses tubos firmemente em seus lugares – por exemplo, aprovando leis como a Lei Federal das Campanhas Eleitorais (Federal Elections Campaign Act), de 1971, que disponibiliza enormes verbas de financiamento "público" de campanha aos grandes partidos, com os menores tendo que se virar por conta própria[13].

As coisas eram difíceis na época do Partido Socialista de Eugene V. Debs, quando, apesar de estarem presentes em grande parte do país, os socialistas nunca chegaram a ultrapassar 6% do voto popular nacional. Hoje, todo estado exige que qualquer terceiro partido recolha milhares de assinaturas apenas para poder aparecer nas cédulas em uma única disputa eleitoral, uma prática inédita em países democráticos. Os partidos Republicano e Democrata inclusive operam de maneira diferente da maioria dos partidos políticos: os membros individuais não votam em programas

---

[12] Seth Ackerman, "A Blueprint for a New Party", *Jacobin*, outono 2016.

[13] J. David Gillespie, *Challengers to Duopoly: Why Third Parties Matter in American Two-Way Politics* (Charleston, University of South Carolina Press, 2012), p. 1.

partidários, nem se vinculam a correntes políticas internas. Não se trata de instituições democráticas, mas máquinas antidemocráticas que fornecem vias de acesso bem azeitadas para o poder político, ao mesmo tempo que barram forças alternativas vindas de baixo.

Como observa Ackerman, estamos diante de um conjunto de desafios que mais se assemelham àqueles dos partidos de oposição de países "de autoritarismo brando", como a Rússia ou Cingapura, do que aos dos partidos de oposição da Grã-Bretanha ou do Canadá.

Não será nenhuma surpresa saber que sou filiado ao Partido Democrata desde meu aniversário de dezoito anos – mesmo dia em que passei a integrar o Socialistas Democráticos dos Estados Unidos (DSA). Entrei para o DSA porque ele refletia as minhas crenças políticas; e me filiei ao Partido Democrata porque morava em Nova York e queria participar das únicas eleições significativas na minha região: as primárias do partido.

Como filiado do Partido Democrata, não tenho o poder de influenciar a política partidária de nenhuma maneira efetivamente relevante: assim como a maior parte dos eleitores registrados dos Estados Unidos, não tenho voto no que diz respeito à plataforma política do meu próprio partido. Em compensação, os democratas não têm direito de me expulsar ou condicionar minha permanência à adesão a determinada pauta política. Posso dedicar boa parte do meu tempo a atacar os Clinton e outras figuras da ala corporativa do partido e não sofrerei por conta disso nenhum tipo de sanção ou medida disciplinar. Só perderei minha capacidade de votar nas primárias do Partido Democrata em Nova York caso altere meu registro, cometa um crime e estiver preso ou sob liberdade condicional. Justamente por ser tão antidemocrático, o Partido Democrata pode na verdade ser vulnerável ao que Ackerman chama de um "equivalente eleitoral de uma insurgência de guerrilha".

O que não implica dizer que o Partido Democrata seja apenas uma sigla eleitoral que pode ser capturada pelos socialistas. Por conta da fragmentação do partido – o fato de que nos níveis municipal, estadual e nacional ele pareça muito mais milhares de partidos diferentes do que uma organização única e coerente –, não fica muito claro quais barricadas devemos atacar. Essa pulverização fortalece os interesses econômicos que atualmente estão por trás do Partido Democrata.

O que precisamos é criar o primeiro partido tradicional de massas nos Estados Unidos, uma organização baseada no modelo de representação política por delegação. Imagine um partido dos trabalhadores criado fora do Partido Democrata que lance centenas, se não milhares de candidatos, e seja composto de diversas tendências que debatem entre si e elaboram um programa único democraticamente acordado. A curto prazo, esse partido poderia lançar algumas candidaturas independentes, outras pela sigla democrata. Mas todas essas candidaturas subscreveriam os princípios básicos do programa partidário e seu financiamento teria de vir da base de filiados do partido e de seus sindicatos e organizações aliados. Também teriam de prestar contas à militância de base do partido. O objetivo imediato seria criar um perfil ideológico e político independente para o socialismo democrático.

Tal partido precisaria ser uma organização flexível que combinasse campanhas eleitorais com mobilização no chão de fábrica. Com o tempo, o partido poderá eventualmente dar o salto para uma sigla eleitoral socialista democrática completamente independente.

13. Precisamos democratizar nossas instituições políticas.

Considere alguns fatos: Donald Trump está na Casa Branca, apesar de ter obtido quase 3 milhões de votos a menos do que Hillary Clinton. O Senado, a câmara legislativa mais poderosa do país, oferece aos 579.315 residentes do estado de Wyoming a mesma representação política que os 39.536.653 californianos. Direitos fundamentais de voto são negados a cidadãos do distrito de Columbia, Porto Rico e outros territórios estadunidenses. O governo dos Estados Unidos é estruturado com base em texto do século XVIII que é quase impossível mudar.

Esses males não surgiram por acidente; subverter a democracia foi uma intenção explícita das figuras que arquitetaram a Constituição. No número 10 do periódico *O Federalista*, James Madison escreveu: "As democracias sempre foram espetáculos de turbulência e discórdia", incompatíveis com os direitos dos proprietários. A Constituição bizantina que ele ajudou a criar serve de base para um sistema de governo que efetivamente domina as pessoas, em vez de ser uma ferramenta em evolução para o autogoverno popular[14].

Ao mesmo tempo que preservamos e ampliamos as salvaguardas incompletas das liberdades individuais da Declaração dos Direitos, precisamos começar a trabalhar para o estabelecimento de um novo sistema político que verdadeiramente

---

[14] Ver Daniel Lazare, *The Velvet Coup: The Constitution, the Supreme Court, and the Decline of American Democracy* (Nova York, Verso, 2001).

represente os estadunidenses. Nosso ideal deve ser o de um governo federal forte, movido por uma legislatura unicameral eleita de modo proporcional. Mas podemos dar passos intermediários em direção a essa visão se abolirmos as práticas de obstrucionismo, estabelecermos controle federal sobre as eleições e desenvolvermos uma maneira mais simples de emendar a Constituição por meio de referendos nacionais.

De modo mais geral, essas mudanças poderiam colocar em xeque um federalismo que fragmenta o poder e permite um controle regional e local antidemocrático. Nas palavras do falecido jornalista do movimento operário Robert Fitch: "O objetivo da direita é sempre restringir o escopo do conflito de classes – para reduzi-lo ao nível mais baixo possível. Quanto menor e mais local for uma unidade política, mais fácil será controlá-la oligarquicamente"[15].

Abolir o Colégio Eleitoral e pressionar para que adotemos sistemas de votação mais proporcionais que incentivem a participação devem ser demandas imediatas. Outras reformas, como o projeto de lei de Bernie Sanders conhecido como Democracia no Local de Trabalho (Workplace Democracy Act), podem contribuir para estimular a militância da classe trabalhadora na medida em que facilitaria o processo de formação de sindicatos, protegeria os trabalhadores de retaliação patronal, reverteria leis de "direito de trabalhar" e ampliaria o escopo das ações jurídicas no local de trabalho. (Não que a militância sindical deva se abster de descumprir essas leis até lá – muitas vezes, isso é exatamente o que é preciso para que o movimento trabalhista seja bem-sucedido.) Em outros países, a batalha pela democracia se concentrará em reformar a administração pública, eliminar câmaras superiores antidemocráticas do Parlamento ou minar o poder dos interesses da mídia corporativa.

14. Nossa política deve ser universalista.

O racismo existe há séculos. A opressão sexual há ainda mais tempo. Ambos estavam presentes no período de formação da classe trabalhadora moderna, e não devemos contar com a perspectiva de que a intolerância interpessoal simplesmente vá desaparecer com a revolução socialista – muito menos através de reformas socialistas.

A história dos socialistas no quesito opressão é desigual, mas ainda assim é melhor do que a de qualquer outra tradição política. Aliás, a maioria dos marxistas da

---

[15] Robert Fitch, "What Is Union Democracy?", *New Politics*, inverno 2011.

história eram pessoas de cor: basta lembrar a proliferação de movimentos de libertação nacional liderados por marxistas no século XX para se dar conta desse fato. Há muito tempo os socialistas também vêm se colocando na linha de frente da luta contra a opressão das mulheres e pela libertação sexual, guiados pela ideia de que qualquer luta por justiça precisa abordar questões básicas sobre distribuição de poder e recursos.

No entanto, desde a derrota mais ampla dos movimentos de caráter classista nos anos 1970 e 1980, esse vácuo vem sendo preenchido por lutas mais estreitas calcadas no identitarismo. Esses movimentos conseguiram algumas conquistas significativas na esfera da cultura e da representação, melhorando milhões de vidas. (Estou feliz por ter crescido nos Estados Unidos dos anos 1990, e não na década de 1950.) Mas muitos desses avanços tiveram êxito principalmente na diversificação das nossas elites, não em melhorar a vida dos mais oprimidos. Um mundo no qual metade dos diretores executivos da Fortune 500 for mulher e menos deles forem brancos seria melhor do que o que temos hoje, mas ainda não significa grande coisa se a quantidade de crianças pobres sofrendo opressão continuar a mesma. Sem o fundamento sólido de uma política de classe, a política identitária tornou-se pauta de um neoliberalismo inclusivo que permite abordar angústias individuais, mas não as desigualdades estruturais.

Claro, ainda estamos longe de equalizar as oportunidades mesmo dentro do próprio sistema neoliberal atual. Os socialistas não devem rejeitar as experiências das pessoas, mas, se quisermos combater a opressão em sua raiz, precisamos questionar a redistribuição de poder e riqueza – ou seja, questões que remontam à classe. Como disse Martin Luther King Jr. em 1967: "Nossa luta não é meramente para poder sentar num balcão de lanchonete agora. Estamos lutando para ter algum dinheiro com o qual possamos comprar um hambúrguer ou um bife quando chegarmos ao balcão"[16].

Os socialistas também precisam combater a ideia de que o racismo e o machismo são inatos e de que a consciência das pessoas não mudará por meio da luta. O racismo assumiu um papel quase metafísico na política liberal: ele é, de alguma maneira, a causa, a explicação e a consequência da maioria dos fenômenos sociais. A verdade é que as pessoas podem superar seus preconceitos no processo de luta em massa por interesses em comum, mas para isso é preciso que as pessoas de fato se engajem nessas lutas coletivas para começar.

---

[16] Michael Honey, *Going down Jericho Road* (Nova York, Norton, 2007), p. 444-5.

248 | O manifesto socialista

Os socialistas não rejeitam as lutas contra a opressão; ao contrário, buscam incorporá-las em um movimento mais amplo dos trabalhadores. Devemos nos esforçar para eliminar a intolerância, o chauvinismo e qualquer forma de preconceito no interior das nossas organizações. Isso significa levar a igualdade a sério, não como uma meta para um futuro distante, mas como uma prática no aqui e agora. Mas também implica evitar uma "cultura do cancelamento" rasteira, bem como o tipo de política identitária que, levada ao seu extremo, nos conduzirá a uma política hiperindividualizada e antissolidarista. A hipérbole e a política da exposição da humilhação pessoal são uma receita pronta para desmoralização, paranoia e derrota.

A premissa socialista é clara: em sua essência, as pessoas querem dignidade, respeito e uma chance justa de ter uma vida boa. Uma política democrática de classe é a melhor maneira de unir as pessoas contra nosso oponente comum e conseguir o tipo de transformação que ajudará os mais marginalizados, ao mesmo tempo que levamos a cabo uma campanha muito mais longa contra as opressões de raça, gênero e sexualidade, entre outras.

15. A história é importante.

É isso que ao fim e ao cabo este livro procurou minimamente demonstrar. Por mais que a empolgação em torno do socialismo hoje apareça como nova e original para muitas pessoas fora do movimento (e também para muitos dentro dele), é pouco provável que consigamos realizar nossos objetivos se não aprendermos com aqueles que marcharam, se organizaram e sonharam antes de nós.

As lições e análises que os socialistas oferecem – junto com o arcabouço teórico marxista – são vitais para que consigamos traçar um caminho que nos tire da desigualdade extrema em que nos encontramos e nos coloque no rumo de uma sociedade justa. Também é vital termos uma tradição à qual as pessoas possam se referir. Nesta era de atomização e alienação, essa tradição pode nos fornecer uma noção de nosso lugar na história e conferir significado ao nosso trabalho. Isso não quer dizer que um movimento popular de classe em defesa de políticas redistributivas precise ser explicitamente socialista para conquistar reformas, mas a presença dos socialistas é necessária nesse tipo de movimento, para fornecer uma visão e conseguir levar as coisas adiante.

Naturalmente, também há lições da experiência dos movimentos comunistas ocupando o poder: as dificuldades do planejamento central, a importância dos direitos e das liberdades civis, e o que acontece quando o socialismo se converte, de um movimento democrático de base, em uma forma autoritária de coletivismo. Contudo, o pluralismo e a democracia não se encontram embutidos apenas nas sociedades civis do mundo capitalista avançado, mas também no interior do próprio movimento socialista. O que parece mais relevante são as lições da social-democracia, a saber, que o poder antidemocrático do capital vai sobrepujar reformas democraticamente respaldadas que sejam favoráveis aos trabalhadores.

Mas o que dizer do objetivo final do socialismo? Estender a democracia radicalmente às nossas comunidades e aos nossos locais de trabalho, acabar com a exploração dos humanos por outros humanos. Fundamentalmente, a estratégia política da esquerda precisa conseguir colocar essas questões mais radicais na mesa, uma a uma, empenhando-se, ao mesmo tempo, para não perder a mobilização. E, ao mesmo tempo que fazemos a defesa das conquistas obtidas, precisamos lutar para evitar a burocratização paralisante que levou os grandes movimentos social--democratas do início do século XX a se acomodarem ao sistema de maneira autodestrutiva. Não será fácil, mas ainda temos um mundo a vencer.

10
"Eu sei voar"

Nas últimas décadas, o socialismo foi desafiado de todas as direções. O influente sociólogo alemão Ralf Dahrendorf estava certo quando escreveu que a proclamação de Francis Fukuyama da "democracia liberal como a forma final de governo humano" era "uma caricatura de um argumento sério", mas ele não discordava da sua premissa central: "o socialismo está morto, e nenhuma de suas variantes pode ser revivida para um despertar mundial do duplo pesadelo do stalinismo e do brejnevismo". Na esquerda, Andre Gorz ecoou esse sentimento: "Como sistema, o socialismo está morto. Como movimento e força política organizada, está nos seus últimos suspiros. Todas as metas que ele certa vez proclamou estão obsoletas"[1].

As frustrações de Gorz dirigiam-se ao movimento dos trabalhadores como um todo. Ele não havia cumprido seu destino revolucionário, embora os socialistas continuassem vinculados a ele e a seus fracassos. O capitalismo provou ser extremamente resiliente. Mas, vista de uma perspectiva diferente, a história da política da classe trabalhadora desde os tempos de Marx e Engels foi de um sucesso espantoso. Deus descansou no sétimo dia; o movimento dos trabalhadores nos garantiu a folga também no sexto. Passamos de uma era em que o capital reinava absoluto e sem peias para uma era marcada por poderosos limites à sua conduta: a jornada semanal de quarenta horas, as regulamentações trabalhistas e ambientais e muito mais. Essas reformas e as conquistas mais amplas em direção à libertação das mulheres e à igualdade racial estão sob constante cerco, mas elas aconteceram.

---

[1] Ralf Dahrendorf, *Reflections on the Revolution in Europe* (Nova Brunswick, NJ, Transaction, 2005), p. 2; Andre Gorz, *Capitalism, Socialism, Ecology* (Nova York, Verso, 1994), p. vii.

Não vivemos no pior dos mundos possíveis. O mundo em que vivemos, por mais brutal e desigual que seja, tornou-se mais humano pelos movimentos de classe. No entanto, esse consolo parece pequeno, tendo em vista o quão ousadas já foram as nossas ambições. Muitas pessoas concordariam que os socialistas sempre compreenderam como o capitalismo funciona e inclusive se mostraram capazes de reformar algumas de suas facetas mais horrorosas. Mas por que, elas perguntam, repetiríamos os desastres do século XX em uma nova tentativa de criar um sistema socialista?

Este livro oferece algumas respostas a essa pergunta. A primeira é que o enorme sofrimento do mundo hoje exige uma resposta. O desenvolvimento capitalista criou imensa abundância, mas não foi capaz de atender às necessidades básicas dos mais vulneráveis. Milhões de pessoas ainda morrem todo ano por doenças evitáveis. Muitas mais passam a vida chafurdando em pobreza. A segunda resposta é ideológica: o capitalismo é construído com base no trabalho assalariado, que repousa na exploração e dominação dos humanos por outros humanos. A existência de locais de trabalho democráticos integrados a uma economia comprometida com o valor moral e o florescimento de todos poderia fazer que essa subordinação não fosse mais necessária. Uma terceira resposta: mesmo que nos contentemos em simplesmente reformar o capitalismo, essas reformas serão continuamente minadas pelo poder estrutural do capital. Enfrentar esse dilema implica avançar para o socialismo democrático.

Mais uma resposta, à qual apenas aludi, é a crise climática e a possibilidade real de que o capitalismo pode destruir a civilização tal como a conhecemos. Estamos a caminho de um aquecimento de mais de três graus Celsius acima dos patamares pré-industriais – e isso mesmo se os pactos climáticos internacionais vigentes forem mantidos. É provável que seja necessário manter esse número abaixo de 1,5 °C para evitar uma recessão econômica profunda, uma devastação descomunal da produção agrícola e o declínio irreversível das geleiras. Isso sugere que, de fato, estamos fadados a sofrer a catástrofe que muitos vêm prevendo[2].

A intensificação da crise climática será o teste pelo qual as gerações futuras nos julgarão, da mesma maneira que hoje julgamos as atitudes (ou falta delas) tomadas contra o fascismo nas décadas de 1920 e 1930. À medida que o aquecimento global se intensifica, provavelmente veremos enormes fluxos de refugiados, desestabilização econômica e o crescimento de novos e violentos movimentos de

---

[2] Jeff Tollefson, "Can the World Kick its Fossil-Fuel Addiction Fast Enough?", *Nature*, 25 abr. 2018.

direita. Numa situação dessas, é capaz que, longe de estarmos lutando para superar o capitalismo em direção a um novo estágio de civilização, nos encontremos nostálgicos por este nosso presente nada ideal.

A luta contra a mudança climática não pode esperar até "depois da revolução", e teremos que encontrar uma maneira de moldar as prioridades de investimento capitalista e conquistar reformas amplas no aqui e agora. No entanto, seria politicamente contraproducente e moralmente inescrupuloso se o "esverdeamento" do capitalismo for meramente utilizado como uma ferramenta de austeridade no Norte Global ou para negar àqueles no Sul Global a possibilidade tão necessária de se desenvolverem. Ainda assim, os socialistas precisam entender a complexidade da natureza e as consequências não intencionais de certas tentativas de "dominá-la". O capital busca expandir-se infinitamente, mas o mundo material – tanto o trabalho humano quanto o ambiente físico – possui limites finitos. Marx saudou reformas como a Lei das Dez Horas como um triunfo da "economia política da classe trabalhadora", porque limitou o escopo da exploração capitalista sobre os trabalhadores. Precisamos impor radicalmente novos limites à capacidade do capital de explorar o planeta[3].

A União Soviética e a China sob Mao estavam longe de ser modelos de ambientalismo. Na corrida para alcançar os rivais capitalistas, sua industrialização envenenou paisagens por gerações. No furor de expandir a produção, os planificadores e gestores estatais atentaram pouco para as questões ambientais.

Há razões para se acreditar que um socialismo democrático faria um trabalho muito melhor em manter a humanidade florescendo junto com a ecologia mais ampla da qual fazemos parte. As empresas controladas pelos trabalhadores não têm o mesmo imperativo de "crescer ou perecer" que as capitalistas. Um conjunto mais empoderado de cidadãos também seria mais capaz de pesar os custos e benefícios do novo desenvolvimento. No mínimo, mais democracia significa uma melhor chance de promover uma política que defenda os interesses de nossos filhos e netos.

A resposta final à pergunta "Por que socialismo?" é simples: ele seria o melhor garantidor da paz. Se você estivesse vivo há algumas centenas de anos, um nobre

---

[3] Karl Marx, "The First International: Inaugural Address of the International Working Men's Association", 1864; disponível em: <http://www.marxists.org/archive/marx/works/1864/10/27.htm>; Christian Parenti, "Why the State Matters", *Jacobin*, 30 out. 2015; disponível em: <http://www.jacobinmag.com/2015/10/developmentalism-neoliberalism-climate-change-hamilton>.

poderia eventualmente convocar você e outros camponeses, botado umas lanças em suas mãos e lhes dito que tinham que ir à guerra contra as pessoas de uma aldeia vizinha. Vocês marchariam sob uma bandeira azul com um grifo ou alguma criatura dessas em seu brasão; elas sob uma bandeira verde com uma insígnia de dragão. Na batalha, você acabaria espetando alguma pobre alma ou mesmo ter o azar de ser espetado antes. Um dia, as pessoas olharão para a divisão deste mundo minúsculo em nações rivais e exércitos com o mesmo desgosto que caracteriza as nossas reações à história pré-moderna. Talvez as bandeiras dos países não sejam substituídas do dia para a noite por bandeiras vermelhas, e talvez nunca cheguemos a cantar juntos "A Internacional" em esperanto, mas o apelo internacionalista do socialismo será uma contestação muito mais poderosa ao nacionalismo do que o cosmopolitismo liberal.

* * *

O socialismo sobreviveu a muitas coisas ao longo do último século. Sobreviveu à perseguição de tiranos e aos tiranos aos quais ele próprio deu origem. Sobreviveu à reestruturação radical do capitalismo e de seu grande protagonista, a classe trabalhadora.

Mas o socialismo realmente tem futuro? Tenho a máxima confiança moral de que um mundo em que alguns prosperam ao privar os outros de liberdade, em que bilhões de pessoas sofrem desnecessariamente em meio à abundância, e em que nos aproximamos cada vez mais da catástrofe ecológica é um mundo inaceitável. Também acredito que, enquanto vivermos em uma sociedade dividida em classes, haverá uma oposição natural à desigualdade e à exploração. Não podemos subestimar as barreiras técnicas e políticas ao progresso, mas, se quisermos fazer algo melhor deste nosso mundo, a política socialista, compreendida de modo amplo, nos oferece as melhores ferramentas de que dispomos para chegar lá.

Em *O alfaiate de Ulm*, Lucio Magri narra um debate dos últimos dias do Partido Comunista Italiano*. O ano era 1991, e a maioria dos filiados queria se desfazer de seus passados e trilhar um curso mais moderado. As velhas esperanças haviam provado ser ilusões. O líder do grupo minoritário que se opôs à decisão majoritária, Pietro Ingrao, respondeu recitando uma parábola de Bertolt Brecht, que se passa em 1592:

---

* Ver Lucio Magri, *O alfaiate de Ulm: uma possível história do Partido Comunista Italiano* (trad. Silvia de Bernardis, São Paulo, Boitempo, 2014), p. 19-20. (N. T.)

Bispo, eu sei voar
Disse ao bispo o alfaiate.
Olhe como eu faço, veja!
E com um par de coisas
Que bem pareciam asas
subiu ao grande telhado da igreja.

O bispo não ligou.
Isso é um disparate
Voar é para os pássaros
O homem nunca voou
Disse o bispo ao alfaiate.

O alfaiate faleceu
Disseram ao bispo as pessoas.
Era tudo uma farsa.
Sua asa partiu
E ele se destruiu
Sobre o duro chão da praça.

Façam tocar os sinos
Aquilo foi invenção
Voar só para os pássaros
Disse o bispo aos meninos
Os homens nunca voarão[*].

O sonho de voar, assinalava Ingrao, foi por trezentos anos um exemplo da húbris da humanidade antes de se tornar uma premonição. Pelo bem da nossa espécie e do planeta, esperemos que o mesmo possa algum dia ser dito do socialismo.

---

[*] Bertolt Brecht, "O alfaiate de Ulm (*Ulm, 1592*)", em *Poemas: 1913-1956* (sel. e trad. Paulo César de Souza, São Paulo, Editora 34, 2012), p. 163. (N. T.)

Posfácio à edição brasileira

Eu deveria ter sentado para escrever este posfácio à edição brasileira do *Manifesto socialista* meses atrás. Por sorte, nunca fui muito afeito a prazos. Se minha disposição fosse outra, este posfácio teria sido redigido cedo demais para mencionar a alçada de Bernie Sanders a favorito nas primárias do Partido Democrata, e seu posterior retorno à realidade. Eu teria deixado de fora o término da liderança de Jeremy Corbyn à frente do Partido Trabalhista britânico depois da devastadora eleição geral de dezembro de 2019, bem como a eleição de Joe Biden à presidência dos Estados Unidos, e não teria mencionado a pandemia de coronavírus em curso.

Os últimos meses, e a bem da verdade os últimos dois anos desde que escrevi o *Manifesto socialista*, foram uma montanha-russa. Fazendo um balanço desse período, a maioria das pessoas à esquerda lamentará nossas oportunidades perdidas. E eu também lamento, mas vale a pena olhar mais longe.

Cinco anos atrás, a esquerda estadunidense era praticamente inexistente, ao menos em qualquer forma mais visível. As duas campanhas de Sanders mudaram isso, confirmando nossas suspeitas de que os programas social-democratas são populares e que há milhões de pessoas cansadas de passar aperto para conseguir sobreviver em sociedades profundamente desiguais. Encontramos na figura de Sanders um porta-voz sem papo furado para uma política franca e direta e fomos recompensados com duas oportunidades viáveis de chegar ao poder estatal.

Já no caso da Grã-Bretanha, as duas derrotas de Jeremy Corbyn se mostraram mais frustrantes. Ainda assim, é difícil argumentar que a esquerda do Partido Trabalhista britânico se encontra hoje em uma situação pior do que há meia década. De vozes marginais de consciência, os esquerdistas passaram agora a representar o maior bloco de filiados do partido, especialmente entre os jovens. A recente derrota de Rebecca Long-Bailey para Keir Starmer na disputa pela liderança do partido depõe contra esse meu otimismo, mas mesmo Starmer foi forçado a seguir um programa que preservava amplamente o legado econômico de Corbyn. A Terceira Via não é mais uma ideologia triunfante no interior do Partido Trabalhista.

Mas vale a pena fazer uma avaliação da surra que acabamos de levar. Na primeira edição deste livro, escrevi que nos Estados Unidos, por exemplo, nos faltam os três ingredientes que estiveram por trás de quase todos os avanços socialistas dos últimos 150 anos: partidos de massa, uma base ativista e uma classe trabalhadora mobilizada. A campanha de Sanders representou um atalho radical, uma tentativa de se valer da política eleitoral para realizar em meses um trabalho que é de décadas.

Hoje, os eleitores da classe trabalhadora estão em larga medida desiludidos com o consenso político da classe dominante. Mas, assim como outros eleitores, eles também não acreditam no potencial da política para mudar suas vidas; não se dão ao trabalho de ir votar e são menos ativos nos partidos, sindicatos e organizações cívicas do que no passado. A política eleitoral nesse ambiente sem precedentes é o *único* tipo de política imediatamente disponível.

Antes de Corbyn e Sanders, eu concordava com o então senso comum presente na esquerda socialista: achava que precisaríamos nos organizar pacientemente em nossas comunidades e locais de trabalho e aguardar até que os efeitos cumulativos desses esforços, ao lado das irrupções repentinas de luta e consciência de classe, nos impulsionassem para a frente; e que, no fim, esse nosso trabalho constante teria um resultado eleitoral.

Bernie Sanders, em particular, abriu uma rota alternativa para a luta de classes no país onde esse cenário parecia o mais fantasioso. Nosso objetivo era usar uma campanha eleitoral e, finalmente, a plataforma privilegiada da presidência para fazer uma engenharia reversa do processo e estimular a luta de classes de baixo para cima. De fato, a campanha de Sanders estava repleta de propostas que teriam facilitado a formação de sindicatos, e seus apoiadores estavam prontos para criar órgãos duradouros da classe trabalhadora a fim de transformar a política dos Estados Unidos.

Com a derrota de Sanders, talvez não tenhamos retrocedido ao ponto de partida, mas me vejo forçado a reconhecer que construir o socialismo democrático no coração do império não será uma tarefa tão fácil. Temo, além do mais, que estão sendo tiradas muitas lições equivocadas das derrotas de Corbyn e Sanders.

Na Grã-Bretanha, o projeto Corbyn passou seu último ano voltando-se para eleitores do *Remain* *, mais socialmente liberais, mas também na maioria de classe média, no sul da Inglaterra e em outros lugares. Para os eleitores dos antigos redutos do Partido Trabalhista do norte da Inglaterra e País de Gales, a defesa de um segundo referendo por parte do partido apareceu como uma traição, e foi interpretada como parte de um plano do *establishment* para derrubar um mandato democrático.

Hoje ficou evidente que esse giro foi um desastre para a esquerda do Partido Trabalhista, não apenas nas eleições gerais em si, mas inclusive para alçar a figura de Keir Starmer no interior do partido. Mas mesmo que essa estratégia tivesse funcionado e o Labour tivesse se tornado um partido de classe média do *Remain*, trazendo a bordo democratas liberais e *tories* menos linha-dura, ele nunca teria sido capaz de levar à frente um programa radical com base nisso. E o partido sofreu uma derrota acachapante e perdeu bastiões que podem nunca mais ser recuperados. Agora enfrentam um governo *tory* disposto a fazer concessões populistas em questões econômicas, e que pode consolidar uma maioria que ainda durará por muitos anos.

Depois da derrota do Partido Trabalhista nas eleições gerais de 1992, a Sociedade Fabiana publicou *Southern Discomfort*, um panfleto defendendo que o partido se reorientasse para contemplar os profissionais liberais no sul da Inglaterra. As conclusões – a ênfase em "oportunidade", "individualismo" e restrição fiscal – foram abraçadas por Tony Blair em sua bem-sucedida campanha de 1997. O Novo Trabalhismo de Blair foi, ao menos em parte, um projeto para transformar o Partido Trabalhista de um partido social-democrata da classe trabalhadora em "braço político do povo britânico": jovem, cosmopolita e dinâmico.

O corbynismo era, pelo menos em teoria, a antítese do blairismo, uma tentativa de trazer o partido de volta às suas raízes na esquerda e no movimento operário. De certa forma, ele teve êxito nisso, revertendo décadas de esvaziamento político do Partido Trabalhista e construindo o maior partido da Europa ocidental, com

---

* Eleitores que votaram pela permanência do Reino Unido na União Europeia no referendo de 2016. (N. T.)

260 | O manifesto socialista

o número de filiados atingindo um pico de cerca de 600 mil. Não devemos caricaturar os milhares que aderiram não apenas em Londres e no sudeste, mas no noroeste da Inglaterra e em outras partes. Mas, antes da eleição de 2019, muitos desses novos ativistas eram pessoas que identificavam sua posição política principalmente com as visões sociais que defendiam. Esta não era uma base construída em termos materiais ou por meio de organização no local de trabalho, mas antes em torno de uma causa comum, por pessoas que compartilhavam pontos de vista progressistas – independentemente de sua posição de classe.

No rescaldo da eleição de dezembro, ficou muito claro que o Partido Trabalhista não estava dialogando com eleitores da classe trabalhadora em uma quantidade suficiente de regiões da Grã-Bretanha. Isso não significa dizer que o identitarismo cosmopolita deva ser combatido com um conservadorismo social paroquial. Na verdade, os trabalhadores britânicos constituem um grupo diversificado, não particularmente xenófobo em comparação com os trabalhadores de outros lugares da Europa, e estão inclusive se tornando *mais* progressistas em questões sociais. Mas significa, sim, dizer que ativistas formados menos no movimento sindical e mais nos *campi* universitários, provenientes de uma esquerda há décadas isolada da classe trabalhadora, provaram ser frágeis porta-vozes de políticas populares. Afinal, os trabalhadores de fato querem empregos melhores e acordos sindicais mais justos, eles estão dispostos a culpar os ricos pela desigualdade, e confiam nos partidos de esquerda em questões vitais como saúde e educação.

A classe trabalhadora realmente existente não é o problema. E, mesmo que fosse, como disse Bertolt Brecht em "Die Lösung" [A solução]*, não podemos simplesmente dissolver o povo e escolher outro.

É francamente impossível compreender a política socialista – e isso vale para todo o último século e meio – sem um sujeito universal. E o único sujeito que faz sentido como agente emancipatório é o da classe majoritária sob o capitalismo. Isso não porque os trabalhadores são naturalmente mais progressistas ou altruístas do que outras pessoas, mas porque eles estão posicionados no centro da realização capitalista de lucros e têm o poder de interromper as coisas.

---

* "Após a revolta de 17 de junho/ O secretário da União dos Escritores/ Fez distribuir comunicados na Alameda Stálin/ Nos quais se lia que o povo/ Desmerecera a confiança do governo/ E agora só poderia recuperá-la/ Pelo trabalho dobrado. Mas não/ Seria mais simples o governo/ Dissolver o povo/ E escolher outro?"; Bertolt Brecht, "A solução" [1953], em *Poemas 1913-1956* (sel. e trad. Paulo César de Souza, São Paulo, Editora 34, 2012), p. 326. (N. T.)

Aqui nos Estados Unidos também enfrentamos nossa própria versão da "Estratégia Sulista" do Partido Trabalhista britânico: uma guinada aos subúrbios defendida por figuras como Sean McElwee, da Data for Progress. Se ao menos os partidários de Bernie tivessem sido mais gentis na internet, se ao menos Sanders tivesse aberto mão de sua candidatura e apoiado a senadora progressista de Massachusetts Elizabeth Warren, então talvez as coisas tivessem ocorrido de maneira diferente. Enquanto os apoiadores de Sanders apostaram nosso futuro político na ideia de que uma nova coalizão da classe trabalhadora pode surgir e unir eleitores irregulares e não eleitores em torno de um socialista democrático, eles querem que a gente alie a energia ativista de esquerda dos últimos anos com a base realmente existente da política "progressista": suburbanos mais ricos.

Qualquer bom integrante dos Socialistas Democráticos da América, é claro, rejeitaria propostas como essa. Mas há uma tendência preocupante em nosso meio, e tendências paralelas em grupos como o Momentum no Reino Unido, de conceber a esquerda como uma constelação de movimentos baseados em pautas específicas. Você "faz o trabalho" no movimento ecológico, ou pela justiça dos imigrantes, ou por outras reivindicações legais, e alguns de nós podemos também dar continuidade à luta nos sindicatos. Socialismo democrático passa a significar um emoji de rosa no perfil da rede social e um lugar garantido no clube da política virtuosa, uma ideologia guarda-chuva para um conjunto disperso de lutas.

O Brasil pelo menos ainda tem uma memória recente do que é uma mobilização em massa de classe, e milhares de organizadores socialistas experientes. Mas o que dizer de seu contexto político mais amplo? Jair Bolsonaro e Donald Trump pareciam estar há anos trilhando jornadas paralelas. Tal como Trump, o homem forte da direita populista brasileira não contava com estruturas tradicionais partidárias para se alçar ao poder. Assim como Trump, ele se beneficiou do sentimento *antiestablishment* e do descontentamento com o *status quo*. Assim como a de Trump, sua eleição provocou temores não apenas do perigo de uma nova onda de autoritarismo de direita, mas do próprio fascismo. E, como no caso de Trump, o chão sobre o qual sua nova ordem repousa parece ser feito de areia.

Trump foi repudiado este mês em uma derrota eleitoral que pelos padrões estadunidenses foi esmagadora: mais de 6 milhões de votos e quase cem delegados. Ele nunca conseguiu transformar sua base minoritária em uma maioria duradoura de direita. Mas Trump não foi apenas um produto do racismo e machismo latentes. A hipocrisia econômica dos governos recentes do Partido Democrata alienou parte da base eleitoral tradicional de colarinho azul do partido, sem mencionar os milhões de eleitores não filiados que simplesmente optaram por não votar nem em Clinton nem em Trump em 2016. São esses eleitores – e não os suburbanos ricos que muitos do *establishment* do partido procuram agradar – que ainda detêm as chaves da política estadunidense e, no entanto, continuam sendo negligenciados. Se Biden governar como um democrata do *establishment*, não vai demorar muito até que os Estados Unidos elejam outro Donald Trump, muito mais eficaz, com o apoio desses eleitores.

Por ora, contudo, estamos ao menos temporariamente livres de um governo de extrema direita nos Estados Unidos. A julgar pelo resultado das eleições municipais de novembro no Brasil, Bolsonaro pode em breve sair derrotado como Trump. Mas, com a desorientação do Partido dos Trabalhadores, decorrente tanto da contrarrevolução conservadora a suas conquistas bastante reais quanto de seus próprios equívocos, é difícil vislumbrar um caminho progressista à frente.

Na condição de observador meramente casual dos desdobramentos brasileiros, só disponho de impressões muito vagas a respeito. Mas o Brasil parece estar tão cativo do movimentismo e do identitarismo quanto a esquerda contemporânea no exterior. É sem dúvida inspirador e importante ver novos atores sociais se erguendo contra o racismo e a marginalização, mas a esquerda não conseguirá formar uma coalizão capaz de transformar o capitalismo e acabar com a opressão de todos os tipos se não lutar para enfrentar o desafio de superar duas décadas de desindustrialização e fragmentação sindical.

O Partido dos Trabalhadores procurou governar nesse novo ambiente, mas, longe de reverter essas tendências, muitas de suas políticas as aprofundaram. Precisamos de uma estratégia que não só proporcione ganhos temporários para o povo trabalhador, como também seja capaz de criar uma nova hegemonia.

Assim como no caso dos Estados Unidos, não quero desestimular nenhuma das mobilizações organizativas necessárias que estão sendo conduzidas para enfrentar o encarceramento em massa, conquistar justiça para os imigrantes e combater as mudanças climáticas, entre outras. Mas, nessa concepção, a organização trabalhista fica reduzida a apenas uma entre outras questões, e a classe trabalhadora a nada mais que uma entre outras identidades. O que defendo no *Manifesto socialista* é algo diferente: uma política enraizada na centralidade da classe e na criação de instituições capazes de dar continuidade à luta de classes no interior do local de trabalho e para além dele. Não como um fetiche qualquer pela cultura proletária, mas para garantir conquistas materiais.

Mas, enfim, depois desta enorme série de lamentações, como justificar meu otimismo? Bem, a verdade é que não estou otimista. Ao menos não quanto ao curto prazo. O sujeito universal ao qual continuamos a apelar pode até existir, mas ele se encontra mais desorganizado do que nunca. O capitalismo não sobreviverá para sempre em um eterno fim da história, mas, a esta altura, parece mais provável que seu algoz venha a ser a barbárie climática, e não o socialismo.

Se adotarmos uma perspectiva mais ampla, porém, e supondo que possamos de fato mobilizar um movimento da classe trabalhadora para enfrentar as mudanças climáticas com políticas como o Green New Deal, o cerne da política socialista permanece sólido. O capitalismo é injusto e a injustiça exige uma resposta. Há um motivo pelo qual, apesar de nossos fracassos por vezes espantosos, o socialismo continua ressurgindo geração após geração.

Como costumava dizer o grande socialista britânico Tony Benn: "Não existe vitória final, assim como não existe derrota final: apenas a mesma batalha a ser travada continuamente. Então trate de levantar essa cabeça e se preparar para a luta".

Novembro de 2020

Agradecimentos

Qualquer bom editor precisa estar cercado de pessoas mais inteligentes que ele. Sou grato pelo trabalho incansável de meus colegas na revista *Jacobin* – particularmente de nosso diretor criativo, Remeike Forbes –, sem os quais eu não teria encontrado tempo para escrever este livro.

Devo muito a todos aqueles que leram partes do manuscrito deste livro ou tiveram discussões comigo a respeito dele: Seth Ackerman, Marcus Barnett, Mike Beggs, Eric Blanc, David Broder, Ronan Burtenshaw, Asher Dupuy-Spencer, Dan Finn, Dustin Guastella, Connor Kilpatrick, Sean Larson, Cyrus Lewis, Ella Mahony, Neal Meyer, Emily Morrow e David Schweickart.

Agradeço especialmente a toda a equipe em torno da revista *Socialist Register* pelo apoio. O mesmo vale para meus camaradas da editora Verso, em particular Rosie Warren.

Este livro não teria sido possível sem o estímulo de Melissa Flashman e o trabalho competente de Dan Gerstle da editora Basic Books. Talvez ele até tivesse acontecido sem os esforços de Jonah Birch e Jonah Walters, mas certamente não seria bom.

Seria um descuido da minha parte deixar de mencionar o quanto aprendi com o professor Vivek Chibber, da New York University, ao longo dos anos.

Referências bibliográficas

ABIDOR, Mitchell. Assessing Léon Blum. *Jacobin*, 26 set. 2016. Disponível em: <https://www.jacobinmag.com/2016/09/leon-blum-popular-front-france-socialists-ps-fascism>.

ACKERMAN, Seth. The Red and the Black. *Jacobin*, inverno 2013.

_____. A Blueprint for a New Party. *Jacobin*, outono 2016.

ADLER, Lynn. Foreclosures Soar 81 Percent in 2008. Reuters, 15 jan. 2009. Disponível em: <https://www.reuters.com/article/us-usa-mortgages-foreclosures/foreclosures-soar-81-percent-in-2008-idUSTRE50E1KV20090115>.

ALBERT, Michael. *Parecon*: Life after Capitalism. Nova York, Verso, 2003.

ALLEN, Katie; ELLIOTT, Larry. UK Joins Greece at Bottom of Wage Growth League. *Guardian*, 26 jul. 2016. Disponível em: <http://www.theguardian.com/money/2016/jul/27/uk-joins-greece-at-bottom-of-wage-growth-league-tuc-oecd>.

ANDERSON, Perry. The Antinomies of Antonio Gramsci. *New Left Review*, v. 1, n. 100, nov./dez. 1976.

ANWAR, Raja. *The Tragedy of Afghanistan*: A First-Hand Account. Nova York, Verso, 1990.

ATKINS, Curtis. The Third Way International. *Jacobin*, inverno 2016.

BANDYOPADHYAYA, Kalyani. Collectivization of Chinese Agriculture, Triumphs and Tragedies (1953-1957). *China Report*, 1º jan. 1971.

BENEDICTOW, Ole L. *The Black Death 1346-1353*: The Complete History. Woodbridge, NJ, Boydell, 2008.

BENN, Tony. *Against the Tide*: Diaries 1973-1976. Londres, Hutchinson, 1989.

BENTON, Gregor (org.). *Prophets Unarmed*: Chinese Trotskyists in Revolution, War, Jail, and the Return from Limbo. Nova York, Brill, 2015.

BERMAN, Marshall. *Adventures in Marxism*. Londres, Verso, 1999. [Ed. bras.: *Aventuras no marxismo*. Trad. Sonia Moreira, São Paulo, Companhia das Letras, 2001.]

BIANCO, Lucien. Comparing Mao to Stalin. *China Journal*, v. 75, 2017, p. 83-101.

BIRCH, Jonah. The Many Lives of François Mitterrand. *Jacobin*, 19 ago. 2015. Disponível em: <https://www.jacobinmag.com/2015/08/francois-mitterrand-socialist-party-common-program-communist-pcf-1981-elections-austerity/>.

BLACKBURN, Robin. From Ed Miliband to Jeremy Corbyn. *Jacobin*, 12 nov. 2015. Disponível em: <http://www.jacobinmag.com/2015/11/from-ed-miliband-to-jeremy-corbyn>.

BLANC, Eric. Defying the Democrats: Marxists and the Lost Labor Party of 1923. *John Riddell*: *Marxist Essays and Commentary*, 10 set. 2014. Disponível em: <http://www.johnriddell.word press.com/2014/09/10/defying-the-democrats-marxists-and-the-lost-labor-party-of-1923>.

_____. The Lessons of West Virginia. *Jacobin*, 9 mar. 2018.

_____. Red Oklahoma. *Jacobin*, 13 abr. 2018.

_____. Arizona Versus the Privatizers. *Jacobin*, 30 abr. 2018.

_____. Betting on the Working Class. *Jacobin*, 29 maio 2018.

_____; MCALEVY, Jane. A Strategy to Win. *Jacobin*, 18 abr. 2018. Disponível em: <http://www.jacobinmag.com/2018/04/teachers-strikes-rank-and-file-union-socialists>.

BRECHT, Bertolt. O alfaiate de Ulm (*Ulm, 1592*). In: *Poemas*: 1913-1956. Sel. e trad. Paulo César de Souza, São Paulo, Editora 34, 2012, p. 163.

BRENNER, Robert. Agrarian Class Structure and Economic Development in Pre-Industrial Europe. *Past & Present*, v. 70, 1976, p. 30-75.

BRICK, Howard; PHELPS, Christopher. *Radicals in America*: The U. S. Left since the Second World War. Nova York, Cambridge University Press, 2015.

BURTENSHAW, Ronan. Connolly at 150. *Jacobin*, 5 jun. 2018. Disponível em: <http://www.jacobinmag.com/2018/06/james-connolly-ireland-socialism-iww-labor>.

CARR, Edward Hallett. *Twilight of the Comintern, 1930-1935*. Nova York, Pantheon, 1982.

CARSON, Richard L. *Comparative Economic Systems*, v. 2. Armonk, NY, M. E. Sharpe, 1990.

CHIBBER, Vivek. Why Do Socialists Talk so much about Workers? In: SUNKARA, Bhaskar (org.). *The ABCs of Socialism*. Londres, Verso, 2016. [Ed. bras.: Por que os socialistas falam tanto sobre trabalhadores? *O Minhocário*, 27 set. 2016. Trad. Everton Lourenço. Disponível em: <https://ominhocario.wordpress.com/2016/09/27/por-que-os-socialistas-falam-tanto-sobre-trabalhadores/>.]

CLIFF, Tony. China: The Hundred Flowers Wilt. *Socialist Review*, v. 9, maio 1959.

CLINTON, Hillary Rodham. *What Happened*. Nova York, Simon & Schuster, 2017.

COHEN, G. A. *Karl Marx's Theory of History*: A Defence. Oxford, Oxford University Press, 1978.

_____. The Structure of Proletarian Unfreedom. *Philosophy & Public Affairs*, v. 12, n. 1, 1983, p. 3-33.

COLOMBO, Yurii. From the Finland Station. *Jacobin*, 16 abr. 2017. Disponível em: <jacobinmag.com/2017/04/april-days-lenin-russia-world-war-one>. [Ed. bras.: Partindo da Estação Finlândia. *Blog da Boitempo/Blog Junho*, 8 maio 2017. Trad. Ângelo Régis e Raphael Boccardo. Disponível em: <https://blogdaboitempo.com.br/2017/05/08/partindo-da-estacao-finlandia-especial-revolucao-russa/>.]

CROSLAND, Anthony. *The Future of Socialism*. Nova York, Macmillan, 1957.

DAHRENDORF, Ralf. *Reflections on the Revolution in Europe*. New Brunswick, NJ, Transaction, 2005.

DASH, Eric; SORKIN, Andrew Ross. Government Seizes WaMu and Sells Some Assets. *New York Times*, 25 set. 2008. Disponível em: <http://www.nytimes.com/2008/09/26/business/26wamu.html>.

DEBS, Eugene V. Eugene V. Debs Predicts a Social Revolution. *St. Louis Chronicle*, 3 set. 1900.

_____. How I Became a Socialist. *New York Comrade*, abr. 1902.

Referências bibliográficas | 269

DEBS, Eugene V. The Day of the People. *Class Struggle*, v. 3, n. 1, fev. 1919.

_____. A Letter to William English Walling from Eugene V. Debs in *Terre Haute*, Indiana, March 5, 1913. In: CONSTANTINE, J. Robert (org.). *Letters of Eugene V. Debs*, v. 2: *1913-1919*. Champaign, IL, University of Illinois Press, 1990.

DESAI, Meghnad. *Marx's Revenge*: The Resurgence of Capitalism and the Death of Statist Socialism. Nova York, Verso, 2002.

DEUTSCHER, Isaac. The Doctrine of a Hundred Flowers. *The Nation*, 29 jun. 1957.

_____. *Marxism, Wars & Revolutions*: Essays from Four Decades. Nova York, Verso, 1985. [Ed. bras.: *Marxismo, guerras e revoluções*. São Paulo, Ática, 1991.]

DEVINE, Thomas W. *Henry Wallace's 1948 Presidential Campaign and the Future of Postwar Liberalism*. Chapel Hill, Carolina do Norte, University of North Carolina Press, 2013.

DRAGUHN, Werner; GOODMAN, David S. G. (orgs.). *China's Communist Revolutions*: Fifty Years of the People's Republic of China. Nova York, Routledge, 2002.

DRAPER, Theodore. *The Roots of American Communism*. Nova York, Viking, 1957.

DRÈZE, Jean; SEN, Amartya. *Hunger and Public Action*. Oxford, Oxford University Press, 1991.

DZERZHINSKY, Felix. *Prison Diary and Letters*. Moscou, Foreign Publishing House, 1959.

ELLIS, Catherine. "The New Messiah of my Life": Anthony Crosland's Reading of Lucien Laurat's *Marxism and Democracy* (1940). *Journal of Political Ideologies*, v. 17, n. 2, 2012, p. 189-205.

ENGELS, Friedrich. Letter to Marx, 17 mar. 1845. In: *Letters of the Young Engels 1838-1845*. Moscou, Progress Publishers, 1976.

_____. *The Condition of the Working Class in England* (1845). [Ed. bras.: *A situação da classe trabalhadora na Inglaterra*: segundo as observações do autor e fontes autênticas. Trad. B. A. Schumann, São Paulo, Boitempo, 2008.]

_____. Speech at the Grave of Karl Marx. Londres, Cemitério Highgate, 17 mar. 1883. [Ed. bras.: O sepultamento de Karl Marx (1883). In: ALBERT, André (org.). *Marx pelos marxistas*. Trad. Claudio Cardinali, São Paulo, Boitempo, 2018.]

FARBER, Samuel. *Before Stalinism*. Londres, Verso, 1990.

FELDMAN, Carole; SWANSON, Emily. More than Half of Americans Support Pay Raises for Teachers, Poll Finds. *PBS News Hour*, 23 abr. 2018. Disponível em: <http://www.pbs.org/newshour/nation/more-than-half-of-americans-support-pay-raises-for-teachers-poll-finds>.

FITCH, Robert. What Is Union Democracy? *New Politics*, inverno 2011.

FOSTER, William Z. *History of the Communist Party of the United States*. Nova York, International Publishers, 1952.

FRASE, Peter. *Four Futures*. Londres, Verso, 2016.

FREEMAN, Jo. The Tyranny of Structurelessness. *Jo Freeman.com*. Disponível em: <http://www.jofreeman.com/joreen/tyranny.htm>.

FU-JEN, Li. After the Fall of Wuhan. *New International*, jan. 1939, p. 22-5.

GAIDO, Daniel. The July Days. *Jacobin*, 27 jul. 2017. [Ed. bras.: As jornadas de julho. *Blog da Boitempo*, 28 ago. 2017. Trad. Nicole Luy e Mozart Pereira. Disponível em: <https://blogda boitempo.com.br/2017/08/28/as-jornadas-de-julho-especial-revolucao-russa/>.]

GELB, Joyce. Sweden: Feminism without Feminists? In: *Feminism and Politics*: A Comparative Perspective, cap. 5. Berkeley, University of California Press, 1989.

GILLESPIE, J. David. *Challengers to Duopoly*: Why Third Parties Matter in American Two-Way Politics. Charleston, University of South Carolina Press, 2012.

GINDIN, Sam. Building a Mass Socialist Party. *Jacobin*, 20 dez. 2016. Disponível em: <http://www.jacobinmag.com/2016/12/socialist-party-bernie-sanders-labor-capitalism>.

GLOVER, Julian. The Party Is Over: This Phrase Has a History. *Guardian*, 29 set. 2008.

GOODWYN, Lawrence. *The Populist Moment*: A Short History of the Agrarian Revolt in America. Oxford, Oxford University Press, 1978.

GORNICK, Vivian. *The Romance of American Communism*. Nova York, Basic Books, 1979.

GORZ, Andre. *Capitalism, Socialism, Ecology*. Nova York, Verso, 1994.

GOTT, Richard. *Cuba*: A New History. New Haven, Yale University Press, 2005.

GOUREVITCH, Alex. Wage-Slavery and Republican Liberty. *Jacobin*, 28 fev. 2013. Disponível em: <http://www.jacobinmag.com/2013/02/wage-slavery-and-republican-liberty>.

_____. *From Slavery to the Cooperative Commonwealth*: Labor and Republican Liberty in the Nineteenth Century. Nova York, Cambridge University Press, 2014.

_____. Our Forgotten Labor Revolution. *Jacobin*, verão 2015.

GOWAN, Peter; VIKTORSSON, Mio Tastas. Revisiting the Meidner Plan. *Jacobin*, 22 ago. 2017. Disponível em: <https://jacobinmag.com/2017/08/sweden-social-democracy-meidner-plan-capital>.

GUETTEL, Jens-Uwe. The Myth of the Pro-Colonialist SPD: German Social Democracy and Imperialism before World War I. *Central European History*, v. 45, n. 3, 2012, p. 452-84.

HAFFNER, Sebastian. *Failure of a Revolution*: Germany 1918-1919. Trad. Georg Rapp, Chicago, Banner, 1986.

HALL, Stuart. Faith, Hope or Clarity. *Marxism Today*, jan. 1985.

HALLAS, Duncan. *The Comintern*. Chicago, Haymarket, 2008.

HALLIDAY, Fred. *Revolution and Foreign Policy*: The Case of South Yemen, 1967-1987. Cambridge, Cambridge University Press, 2002.

_____; MOLYNEUX, Maxine. *The Ethiopian Revolution*. Nova York, Verso, 1981.

HANSEN, Joseph. Bernstein's Challenge to Marx. *Fourth International*, v. 13, n. 4, outono 1954, p. 139-43.

HARRINGTON, Michael. *Socialism*. Nova York, Saturday Review, 1972.

_____. *Socialism*. Nova York, Bantam Books, 1973.

_____. *Fragments of the Century*. Nova York, Simon and Schuster, 1977.

_____. *Socialism*: Past and Future. Nova York, Arcade, 1989.

HARTMAN, Andrew. Marx's America. *Jacobin*, 5 maio 2018. Disponível em: <http://www.jacobinmag.com/2018/05/marx-america-lincoln-slavery-civil-war>.

HECHENG, Tan. *The Killing Wind*: A Chinese County's Descent into Madness during the Cultural Revolution. Oxford, Oxford University Press, 2017.

HEIDEMAN, Paul. The Rise and Fall of the Socialist Party of America. *Jacobin*, outono 2016.

_____. Half the Way with Mao Zedong. *Jacobin*, primavera 2018.

_____; BIRCH, Jonah. In Defense of Political Marxism. *International Socialist Review*, v. 90, jul. 2013.

HILL, Catey. Employees of Now-Defunct WaMu Sang, "I Like Big Bucks and I Cannot Lie" at Company Retreat: Reports. *New York Daily News*, 14 abr. 2010. Disponível em: <http://www.nydailynews.com/news/money/employees-now-failed-wamu-sang-big-bucks-lie-company-retreat-reports-article-1.166709>.

Referências bibliográficas | 271

HOBSBAWM, Eric. The Forward March of Labour Halted? *Marxism Today*, set. 1978, p. 279-86.

_____. *The Age of Revolution*: Europe 1789-1848. Londres, Phoenix, 2000. [Ed. bras.: *A era das revoluções*: Europa 1789-1848. Trad. Maria Tereza Lopes Teixeira e Marcos Penchel, São Paulo, Paz e Terra, 1981.]

HOLSLAG, Jonathan. *China's Coming War with Asia*. Nova York, John Wiley & Sons, 2015.

HONEY, Michael. *Going down Jericho Road*. Nova York, Norton, 2007.

HOWE, Irving. *Trotsky*. Nova York, Viking, 1978.

_____. *Socialism and America*. San Diego, Harvest Books, 1986.

_____. From Sweden to Socialism: A Small Symposium on Big Questions. *Dissent*, inverno 1991.

HU, Qiaomu. *Thirty Years of the Communist Party of China*: An Outline History. Nova York, Hyperion Press, 1951. [Ed. bras.: *Trinta anos do Partido Comunista da China*. São Paulo, Nova Cultura, 2018.]

ISAACS, Harold R. *The Tragedy of the Chinese Revolution*. Stanford, Stanford University Press, 1961.

ISSERMAN, Maurice. *Which Side Were You on?* The American Communist Party during the Second World War. Middletown, CT, Wesleyan University Press, 1982.

_____. *If I Had a Hammer*: The Death of the Old Left and the Birth of the New Left. Nova York, Basic Books, 1987.

JONES, William P. "Nothing Special to Offer the Negro": Revisiting the "Debsian View" of the Negro Question. *International Labor and Working-Class History*, v. 74, 2008, p. 212-24.

KAUTSKY, Karl. Revolution and Counter-Revolution in Germany. *Socialist Review*, v. 23, n. 127, abr. 1924.

_____. *The Labour Revolution*. Londres, Ruskin House, 1924.

KAZIN, Michael. *American Dreamers*: How the Left Changed a Nation. Nova York, Alfred A. Knopf, 2011.

KIPNIS, Ira. *The American Socialist Movement 1897-1912*. Chicago, Haymarket, 2005.

KLOCHKO, Mikhail A. *Soviet Scientist in China*. Londres, Hollis & Carter, 1965.

KOLLONTAI, Alexandra. *Selected Writings of Alexandra Kollontai*. Westport, CT, Lawrence Hill, 1978.

KRISTOF, Nicholas D. Legacy of Mao Called "Great Disaster". *The New York Times*, 7 fev. 1989. Disponível em: <http://www.nytimes.com/1989/02/07/world/legacy-of-mao-called-great-disaster.html>.

KRUSE, Michael. Bernie Sanders Has a Secret. *Politico*, 9 jul. 2015. Disponível em: <http://www.politico.com/magazine/story/2015/07/bernie-sanders-vermont-119927>.

LAZARE, Daniel. *The Velvet Coup*: The Constitution, the Supreme Court, and the Decline of American Democracy. Nova York, Verso, 2001.

LAZIĆ, Branko M.; DRACHKOVITCH, Milorad M. *Lenin and the Comintern*, v. 1. Stanford, Stanford University Press, 1972.

LÊNIN, Vladímir Ilitch. *Lenin Collected Works*. Moscou, Progress, 1964.

_____. *State and Revolution*. Chicago, Haymarket, 2011. [Ed. bras.: *O Estado e a revolução*: a doutrina do marxismo sobre o Estado e as tarefas do proletariado na revolução. Trad. Edições Avante! e Paula Vaz de Almeida, São Paulo, Boitempo, 2017.]

LIDTKE, Vernon L. *The Alternative Culture*: Socialist Labor in Imperial Germany. Oxford, Oxford University Press, 1985.

LIH, Lars. *Lenin Rediscovered*. Chicago, Haymarket, 2008.

LIN, Justin Yifu. Collectivization and China's Agricultural Crisis in 1959-1961. *Journal of Political Economy*, v. 98, n. 6, dez. 1990, p. 1.228-52.

LINDBLOM, Charles. *Política e mercados*: os sistemas políticos e econômicos do mundo. Trad. Ruy Jungman, Rio de Janeiro, Zahar, 1979.

LUXEMBURGO, Rosa. *The National Question*: Selected Writings by Rosa Luxemburg. Nova York, Monthly Review Press, 1976.

MACLEAN, Nancy. The Promise and Failure of Populism. *Socialist Worker*, abr. 1985.

MAGRI, Lucio. *O alfaiate de Ulm*: uma possível história do Partido Comunista Italiano. Trad. Silvia de Bernardis, São Paulo, Boitempo, 2014.

MANNING, Sanchez. Take Me Out? No, Jeremy Liked a Night in Eating Cold Beans with his Cat Called Harold Wilson, Corbyn's First Wife Reveals. *Daily Mail*, 15 ago. 2015.

MARKS, Gary; LIPSET, Seymour Martin. *It Didn't Happen Here*: Why Socialism Failed in the United States. Nova York, Norton, 2001.

MARX, Karl. *The German Ideology* (1846). [Ed. bras.: MARX, Karl; ENGELS, Friedrich. *A ideologia alemã*: crítica da mais recente filosofia alemã em seus representantes Feuerbach, B. Bauer e Stirner, e do socialismo alemão em seus diferentes profetas. Trad. Rubens Enderle, Luciano Cavini Martorano e Nélio Schneider, São Paulo, Boitempo, 2007.]

_____. *The Eighteenth Brumaire of Louis Bonaparte* (1852). [Ed. bras.: *O 18 de brumário de Luís Bonaparte*. Trad. Nélio Schneider, São Paulo, Boitempo, 2011.]

_____. *The Civil War in France* (1871). [Ed. bras.: *A guerra civil na França*. Trad. Rubens Enderle, São Paulo, Boitempo 2011.]

_____. *Capital*, v. 1 (1873). [Ed. bras.: *O capital*: crítica da economia política, Livro I: *O processo de produção do capital*. Trad. Rubens Enderle, São Paulo, Boitempo, 2013, Coleção Marx-Engels.]

_____. *Critique of the Gotha Programme* (1875). [Ed. bras.: *Crítica do programa de Gotha*. Trad. Rubens Enderle, São Paulo, Boitempo, 2012.]

_____. Theses on Feuerbach. In: MARX, Karl; ENGELS, Friedrich. *Selected Works*, v. 1. Moscou, Progress Publishers, 1969. [Ed. bras.: Ad Feuerbach (1845). In: *A ideologia alemã*: crítica da mais recente filosofia alemã em seus representantes Feuerbach, B. Bauer e Stirner, e do socialismo alemão em seus diferentes profetas. Trad. Rubens Enderle, Luciano Cavini Martorano e Nélio Schneider, São Paulo, Boitempo, 2007.]

_____. *Miséria da filosofia*. Trad. José Paulo Netto, São Paulo, Boitempo, 2017.

_____; ENGELS, Friedrich. *Manifesto comunista*. Trad. Álvaro Pina, São Paulo, Boitempo, 1998.

MCGUIRE, Elizabeth. *Red at Heart*: How Chinese Communists Fell in Love with the Russian Revolution. Oxford, Oxford University Press, 2017.

MCNALLY, David. *Monsters of the Market*: Zombies, Vampires and Global Capitalism. Leiden, Brill, 2011.

MEIDNER, Rudolf. Why Did the Swedish Model Fail? *Socialist Register*, v. 29, 18 mar. 1993.

MEYERSON, Harold. The Socialists Who Made the March on Washington. *American Prospect*, 23 ago. 2013.

MIÉVILLE, China. *October*: The Story of the Russian Revolution. Londres, Verso, 2017. [Ed. bras.: *Outubro*: a história da Revolução Russa. São Paulo, Boitempo, 2017.]

MILBANK, Dana. How Schumer and the Democrats Are Preparing to Fight. *Washington Post*, 9 dez. 2016.

MILIBAND, Ralph. The New Revisionism in Britain. *New Left Review*, mar./abr. 1985.

MILIBAND, Ralph. *Socialism for a Sceptical Age*. Londres, Verso, 1995.

MISHEL, Lawrence; GOULD, Elise; BIVENS, Josh. Wage Stagnation in Nine Charts (White Paper). Economic Policy Institute, 6 jan. 2015. Disponível em: <http://www.epi.org/files/2013/wage-stagnation-in-nine-charts.pdf>.

MOBERT, Eva. *Kvinnor och människor*. Estocolmo, Bonnier, 1962.

MOODY, Kim. *An Injury to All*: The Decline of American Unionism. Nova York, Verso, 1988.

_____. The State of American Labor. *Jacobin*, 20 jun. 2016. Disponível em: <http://www.jacobinmag.com/2016/06/precariat-labor-us-workers-uber-walmart-gig-economy>.

NEROTH, Pelle. *The Life and Death of Olof Palme*: A Biography. Publicação independente, 2017.

NEWMAN, Kathe. Post-Industrial Widgets: Capital Flows and the Production of the Urban. *International Journal of Urban and Regional Research*, v. 33, n. 2, 2009.

NORTH, Robert C.; EUDIN, Xenia J. *M. N. Roy's Mission to China*: The Communist Kuomintang Split of 1927. Berkeley, University of California Press, 1963.

NOVE, Alec. *Stalinism and After*. Londres, Routledge, 1988.

_____. *An Economic History of the U. S. S. R.* Londres, Penguin, 1992.

OBAMA, Barack. *The Audacity of Hope*: Thoughts on Reclaiming the American Dream. Nova York, Crown, 2006.

ÖSTBERG, Kjell. The Great Reformer. *Jacobin*, 10 set. 2015.

PARENTI, Christian. Why the State Matters. *Jacobin*, 30 out. 2015. Disponível em: <http://www.jacobinmag.com/2015/10/developmentalism-neoliberalism-climate-change-hamilton>.

PHILLIPS Leigh; ROZWORSKI, Michal. *People's Republic of Wal-Mart*: How the World's Biggest Corporations Are Laying the Foundation for Socialism. Londres, Verso, 2019.

PONTUSSON, Jonas. Radicalization and Retreat in Swedish Social Democracy. *New Left Review*, v. 165, set./out. 1987, p. 5-32.

_____. *The Limits of Social Democracy*: Investment Politics in Sweden. Ithaca, NY, Cornell University Press, 1992.

POST, Charlie. The Popular Front: Rethinking CPUSA History. *Against the Current*, v. 63, jul./ago. 1996.

PRZEWORSKI, Adam. Social Democracy as a Historical Phenomenon. *New Left Review*, v. 1, n. 122, jul./ago. 1980.

_____. *Capitalism and Social Democracy*. Cambridge, Cambridge University Press, 1985.

REED, John. *Ten Days that Shook the World*. Nova York, Boni and Liveright, 1919. [Ed. bras.: *Dez dias que abalaram o mundo*. Trad. Bernardo Ajzenberg, São Paulo, Companhia das Letras, 2010.]

RIAZANOV, David. *Karl Marx and Friedrich Engels*: An Introduction to their Lives and Work. Trad. Joshua Kunitz, Nova York, Monthly Review, 1974 [1927].

RIBAO, Renmin. Chairman Mao Swims in the Yangtse. *Peking Review*, 29 jul. 1966.

RICHARD, Joe. The Legacy of the IWW. *International Socialist Review*, nov. 2012.

_____. Hunters and Dogs. *Jacobin*, 28 out. 2016. Disponível em: <http://www.jacobinmag.com/2016/10/cio-unions-communist-party-socialist-party-afl>.

RIDDEL, John (org.). *Workers of the World and Oppressed Peoples, Unite!*: Proceedings and Documents of the Second Congress, 1920, v. 1. Nova York, Pathfinder, 1991.

ROBIN, Corey. Socialism: Converting Hysterical Misery into Ordinary Unhappiness. *Jacobin*, 10 dez. 2013. Disponível em: <https://www.jacobinmag.com/2013/12/socialism-converting-hysterical-misery-into-ordinary-unhappiness/>.

ROMEI, Valentina. How Wages Fell in the UK While the Economy Grew. *Financial Times*, 2 mar. 2017. Disponível em: <http://www.ft.com/content/83e7e87e-fe64-11e6-96f8-3700c5664d30>.

SAKMYSTER, Thomas. *A Communist Odyssey*: The Life of József Pogány. Budapeste, Central European University Press, 2012.

SALVADORI, Massimo. *Karl Kautsky and the Socialist Revolution 1880-1938*. Londres, Verso, 1978.

SANDERS, Bernie. *Our Revolution*: A Future to Believe in. Nova York, Thomas Dunne Books, 2016.

SANDERS, Symone D. It's Time to End the Myth that Black Voters don't Like Bernie Sanders. *Washington Post*, 12 set. 2017. Disponível em: <http://www.washingtonpost.com/news/post everything/wp/2017/09/12/its-time-to-end-the-myth-that-black-voters-dont-like-bernie-sanders>.

SASSOON, Donald. *One Hundred Years of Socialism*: The West European Left in the Twentieth Century. Nova York, New Press, 1996.

SCHORSKE, Carl E. *German Social Democracy 1905-1917*: The Development of the Great Schism. Cambridge, MA, Harvard University Press, 1955.

SCHWEICKART, David. Is Sustainable Capitalism Possible? Fórum de Pequim, 2008.

_____. *After Capitalism*. 2. ed., Lanham, MD, Rowman & Littlefield, 2011. [1. ed., Boulder, Westview, 1996.]

SELFA, Lance. What's in Store in the Obama Era. *Socialist Worker*, 20 jan. 2009. Disponível em: <http://www.socialistworker.org/2009/01/20/the-obama-era>.

SHAW, Hannah; STONE, Ted. Tax Data Show Richest 1 Percent Took a Hit in 2008, but Income Remained Highly Concentrated at the Top. *Center on Budget and Policy Priorities*, 25 maio 2011. Disponível em: <http://www.cbo.gov/sites/default/files/cbofiles/attachments/10-25-House holdIncome.pdf>.

SHORE, Elliott. *Talkin' Socialism*: J. A. Wayland and the Role of the Press in American Radicalism, 1890-1912. Lawrence, University Press of Kansas, 1988.

SMITH, Adam. *A riqueza das nações*, v. I. São Paulo, Nova Cultural, 1988.

SPARGO, John. Spargo Resigns: Letter to Adolph Germer in Chicago from John Spargo. *Milwaukee Leader*, 9 jun. 1917.

STARGARDT, Nicholas. *The German Idea of Militarism*: Radical and Socialist Critics, 1866-1914. Cambridge, Cambridge University Press, 1994.

STEENSON, Gary P. *Karl Kautsky, 1854-1938*: Marxism in the Classical Years. Pitsburgh, University of Pittsburgh Press, 1991.

STIGLITZ, Joseph E. Of the 1%, by the 1%, for the 1%. *Vanity Fair*, maio 2011. Disponível em: <http://www.vanityfair.com/news/2011/05/top-one-percent-201105>.

STORY, Louise; DASH, Eric. Bankers Reaped Lavish Bonuses during Bailouts. *New York Times*, 30 jul. 2009. Disponível em: <http://www.nytimes.com/2009/07/31/business/31pay.html>.

SUTTON, Donald S. Consuming Counterrevolution: The Ritual and Culture of Cannibalism in Wuxuan, Guangxi, China, May to July 1968. *Comparative Studies in Society and History*, v. 37, n. 1, 1995, p. 136-72.

TAMBO, Oliver. Olof Palme and the Liberation of Southern Africa. In: HADJOR, Kofi Buenor (org.). *New Perspectives in North-South Dialogue*: Essays in Honor of Olof Palme. Londres, I. B. Tauris, 1988.

TAYLOR, Keeanga-Yamahtta. *From #BlackLivesMatter to Black Liberation*. Chicago, Haymarket Books, 2016. [Ed. bras.: *#VidasNegrasImportam e libertação negra*. Trad. Thali Bento, São Paulo, Elefante, 2020.]

TILTON, Tim. *The Political Theory of Swedish Social Democracy*: Through the Welfare State to Socialism. Oxford, Oxford University Press, 1992.

TOLLEFSON, Jeff. Can the World Kick its Fossil-Fuel Addiction Fast Enough. *Nature*, 25 abr. 2018.

TRÓTSKI, Leon. Peasant War in China and the Proletariat (22 set. 1932). *Militant*, 15 e 22 out. 1932. Disponível em: <http://www.marxists.org/archive/trotsky/1932/09/china.htm>.

_____. Karl Kautsky. *New International*, v. 5, n. 2, fev. 1939, p. 50-1.

_____. Manifesto of the Second World Congress: The Proletarian Revolution and the Communist International. In: *The First Five Years of the Communist International*. 2. ed., Nova York, Pathfinder, 2009.

TSÉ-TUNG, Mao. Talk by Mao Zedong at an Enlarged Meeting of the Chinese Communist Party Central Committee Politburo (Excerpts), 25 abr. 1956. In: *Selected Writings of Mao Tse-Tung*, v. 7. Pequim, Renmin Chubanshe, 1999.

_____. *Selected Works of Mao Tse-Tung*. Nova York, Pergamon, 2014 [1965].

VANEK, Jan. *Economics of Workers' Management*: A Yugoslav Case Study, v. 3. Londres, Routledge, 1972, Coleção Routledge Library Editions, Employee Ownership and Economic Democracy, v. 15.

VIVEKANANDAN, B. *Global Visions of Olof Palme, Bruno Kreisky and Willy Brandt*: International Peace and Security, Co-operation, and Development. Londres, Palgrave Macmillan, 2016.

WALZER, Michael. A Day in the Life of a Socialist Citizen. *Dissent*, v. 15, n. 3, maio 1968, p. 243-7.

WEIGEL, Dave. Poll: Occupy Wall Street Twice as Popular as the Tea Party. *Slate*, 13 out. 2011. Disponível em: <http://www.slate.com/blogs/weigel/2011/10/13/poll_occupy_wall_street_is_twice_as_popular_as_the_tea_party.html>.

WEINSTEIN, James. *The Decline of Socialism in America*: 1912-1925. 1. ed., Nova York, Vintage Books, 1967. [2. ed., New Brunswick, Rutgers University Press, 1984.]

WHEEN, Francis. *Karl Marx*. Nova York, Norton, 2000.

WINGET, Larry. *You're Broke because You Want to Be*: How to Stop Getting By and Start Getting Ahead. Nova York, Avery, 2007. [Ed. bras.: *Você está quebrado porque quer*: como deixar de ir levando e passar a prosperar. São Paulo, Komedi, 2010.]

WINTOUR, Patrick; HALL, Sarah. Labour Membership Halved. *Guardian*, 3 ago. 2004. Disponível em: <http://www.theguardian.com/politics/2004/aug/03/uk.labour>.

WOOD, Ellen Meiksins. The Question of Market Dependence. *Journal of Agrarian Change*, v. 2, 2002, p. 50-87.

_____. *The Origins of Capitalism*: A Longer View. Londres, Verso, 2003.

WRIGHT, Erik Olin. *Approaches to Class Analysis*. Cambridge, Cambridge University Press, 2005.

WRIGLEY, Chris. The Fall of the Second MacDonald Government, 1931. In: HEPPELL, Timothy; THEAKSTON, Kevin (orgs.). *How Labour Governments Fall*: From Ramsay MacDonald to Gordon Brown. Londres, Palgrave Macmillan, 2013.

XIANLIN, Ji. *The Cowshed*: Memories of the Chinese Cultural Revolution. Trad. Chenxin Jiang, Nova York, New York Review Books, 2016.

YGLESIAS, Matthew. The Democratic Party Down-Ballot Collapse, Explained. *Vox*, 10 jan. 2017. Disponível em: <http://www.vox.com/policy-and-politics/2017/1/10/14211994/obama-demo crats-downballot>.

YUN, Ji. How China Proceeds with the Task of Industrialization. *People's Daily*, 1953. Disponível em: <http://afe.easia.columbia.edu/ps/cup/jiyun_industrialization.pdf>.

ZACHARIAH, David; NILSSON, Petter. Waiting in the Wings. In: PRINCIPE, Catarina; SUNKARA, Bhaskar (orgs.). *Europe in Revolt*. Londres, Haymarket, 2016.

ZIEGLER, Charles. *Environmental Policy in the USSR*. Amherst, University of Massachusetts Press, 1987.

ZMOLEK, Michael Andrew. *Rethinking the Industrial Revolution*: Five Centuries of Transition from Agrarian to Industrial Capitalism in England. Leiden, Brill, 2013.

ZUMOFF, Jacob. *The Communist International and U. S. Communism, 1919-1929*. Chicago, Haymarket, 2015.

Índice remissivo

"110 proposições para a França", 135

A ideologia alemã (Marx), 56

"A marcha para a frente do Partido Trabalhista cessou?" (The Forward March of Labour Halted?) (Hobsbawm), 220

"A obra-prima ignorada" (Balzac), 53

A riqueza das nações (Smith), 57

A situação da classe trabalhadora na Inglaterra (Engels), 49

aborto, 132

Acordo Básico, 123, 130, 133

Acordos de Matignon, 121

Adbusters (revista), 209

Afeganistão, 163

África do Sul, 161, 166-7

agricultura arrendatária, 45

ajuda externa, 164, 166

Akulov, Ivan, 104

Alemanha, história do socialismo na, 61-90

    burocratização do SPD, 79-81

    debates sobre a guerra, 81-8

    faccionalização, 75-9

    origens marxistas, 61-6

    Primeira Guerra Mundial, 82, 85, 89-90

    Programa de Erfurt, 68-73, 78-9, 82, 93

    reformismo de Bernstein, 71-5

    República de Weimar, 89

Aliança Socialista do Trabalho e Comércio (Socialist Trade and Labor Alliance – STLA), 175-6

Allende, Salvador, 161, 164

Alliluyeva, Nadejda, 111

Alphabet Inc., 217

ambientalismo, 253

anarquismo, 66, 173, 181, 208, 210

anticolonialismo, 84-5, 139-41, 166

Anti-Dühring (Engels), 69

anti-imperialismo, 84-5, 139-41, 144-5, 166

antissemitismo, 104, 232

apartheid, 161, 165-7

Appeal to Reason (Apelo à razão) (jornal), 177-8

Arnold, William A., 178

Associação Geral dos Trabalhadores Alemães (Allgemeiner Deutscher Arbeiterverein – Adav), 33, 64-5

Associação Internacional dos Trabalhadores (AIT), 52, 66

Ato de Vadiagem de 1744 (Inglaterra), 46

aumento populacional, 46

autodeterminação, 104, 139-40

automação, 16, 32, 34, 176, 234.

    Ver também industrialização

autoritarismo, 24-5, 101, 113, 141, 162, 244, 261

bailouts (auxílio financeiro), 205

Bakunin, Mikhail, 52

Balzac, Honoré de, 53

278 | O manifesto socialista

Bannon, Steve, 232
Batalha de Tampere, 128
Batista, Fulgencio, 165
Bebel, August, 61-4, 67, 69-71, 75-6, 78-9, 81,
    84-5, 87, 131
Bellamy, Edward, 175, 178
bem-estar
    creches, 22, 126, 132, 233
    e a campanha de Sanders, 212-3, 214
    em Cuba, 165
    na França, 134-5
    na Inglaterra, 224-5
    na Suécia, 116, 125-6, 134
    no experimento de pensamento sobre a
        social-democracia, 19-20, 22, 26, 28, 30
    nos Estados Unidos, 194, 197, 203-4, 232
    pelo SPD, 71, 81
    Ver também atendimento de saúde
Benn, Tony, 219-25, 232, 263
Berger, Victor, 169-70, 177-9, 182, 184-5
Bernstein, Eduard, 68-77, 84, 88, 90, 93, 127, 140,
    178, 222
Bevan, Nye, 219
Bishop, Maurice, 164
Bismarck, Otto von, 63-5, 67, 186
Blair, Tony, 136, 221-3, 229, 259
Blum, Léon, 117, 120-1, 135, 230-1
bolchevismo
    apoio soviético ao, 102
    estrutura organizacional, 93
    fracassos do, 113
    governo da Rússia, 104-10
    na Revolução de 1917, 91, 98-9, 101-4
    pré-1905, 92-5
    Ver também Rússia, história do socialismo na
Bömelburg, Theodor, 78
Borodin, Mikhail, 144
Branting, Hjalmar, 122
Braun, Otto, 147-8
Brazile, Donna, 216
Brecht, Bertolt, 254-5, 260
Browder, Earl, 189, 191, 193
Brown, Gordon, 222
Brown, Michael, 210-1
Bryan, William Jennings, 174
Bukharin, Nikolai, 100, 106, 110-1, 144, 160

burguesia
    cooperação com o proletariado, 72, 84, 98,
        122-26, 148
    e o SPD, 89
    Kautsky sobre a, 84, 95
    Marx sobre a, 51, 64-5
    no KMT, 144-5
    perseguição na revolução cultural, 158
    revolução democrático-burguesa, 94, 96-7
burocracia, 78-81, 88, 110, 133, 153-4, 180, 215,
    224, 239, 241

Camarilha dos Quatro, 158, 161
Campanha Antidireitista, China, 154, 156
Campanhas das Cem Flores, 158
camponeses
    cooperação com o proletariado, 98, 108-9, 122,
        142-3, 149
    e política econômica, 108-9, 151-3, 154-5
    e revolução, 96-7, 98, 143, 147, 149
    sob feudalismo, 44-5
capitalismo
    capacidade de adaptação do, 57-8, 72-3, 126-7
    como força coercitiva, 45, 222-3, 232
    contradições inerentes do, 37-8, 51-2, 57-8, 74,
        134, 231
    descrição do, 17-9, 53-5
    e democracia, 34, 36-7, 137
    em *O capital*, 52-5
    êxitos do, 57, 127, 201-2
    experimento de pensamento, 13-7
    fuga de capitais, 23, 121, 135-6
    internacionalização do, 233-4
    origem do, 43-6
    tentativas de domar o, 119, 126-7, 206-7, 227
    Ver também economia; mercados
capitalismo predatório, 222
Captain Swing, 49
cartismo, 49, 52
Castro, Fidel, 165
Caucus Congressional Negro (Congressional Black
    Caucus), 215
Cavaleiros do Trabalho (Knights of Labour), 172-3
centralização
    acordos coletivos, 62, 125, 129, 134-5, 207-8
    coletivização agrícola, 111, 152-6

Índice remissivo | 279

da força de trabalho, 46-7
dos partidos, 80, 104-5, 183-4
planificação central, 24-6, 108-9, 112-3, 130,
150-3, 154-5
cercamentos, 46
Chen Duxiu, 142-3, 146-7
Chiang Kai-Shek, 144, 146, 148
Chile, 161, 164
China
capitalismo na, 201-2
e ambientalismo, 253
e o Terceiro Mundo, 156-8
e os Estados Unidos, 160-1
relações com a União Soviética, 144-6, 151-2,
156-7
China, história do socialismo na, 141-63
depois de Mao, 161-2
desestalinização, 156-8
ensaios desenvolvimentistas, 149-56
fundação do Partido Comunista Chinês (PCC),
142-3
governo do KMT, 142-6
liberalização, 153, 201-2
Revolução Cultural, 158-60
revolução, 146-9
classe
como elemento unificador, 66, 220-1
consciência de classe, 52, 74, 76, 85, 171, 237,
240, 258
divisões entre os segmentos rurais russos, 108-9
e crescimento do PCC, 142-4
guerra como ferramenta de classe, 81-2
no Terceiro Mundo, 140-1
propriedade dos meios de produção, 104-5, 131
Ver também burguesia; camponeses; luta de
classes; movimento dos trabalhadores;
proletariado
classe trabalhadora. *Ver* classe; movimento dos
trabalhadores; proletariado
Clinton, Hillary, 213-8, 238-9, 244-5, 262
Colégio Eleitoral (Estados Unidos), 246
coletivização agrária, 111, 151-2, 154-6, 164
colonialismo, 84, 113, 139-40, 155-6, 166
Comintern. *Ver* Internacional Comunista
(Comintern)
Comitê Central dos Bolcheviques, 106

Comitê Nacional Democrata (Democratic National
Committee – DNC), 215-6
Comitê Organizador dos Socialistas Democráticos
(Democratic Socialist Organizing Committee –
DSOC), 196
Comuna de Paris, 56, 64, 69, 95, 173
comunas
coletivização agrícola, 111, 152-6, 164
Comuna de Paris, 56-7, 64-5, 69, 95, 173
comunidades utópicas, 66, 170-1
comunismo
Comuna de Paris, 56-7, 64-5, 69, 95, 173
consequências opressivas do, 111-3, 150-1, 158-63
definição, 51
nos Estados Unidos, 186-8, 190-4
relações com os socialistas, 120
Ver também China, história do socialismo na;
Rússia, história do socialismo na
comunismo de guerra, 108
Confederação Sindical Sueca (Landsorganisationen i
Sverige – LO), 123, 125, 129-31, 133
conferência sindical de Colônia, 78
Congresso de Dresden, 75
Congresso de Erfurt, 61-2
Congresso de Jena, 78, 80
Congresso de Organizações Industriais (Congress of
Industrial Organizations – CIO) (Estados
Unidos), 189-90, 192-3
Congresso de Paris (1889), 67
Congresso de Stuttgart, 75, 83-4
Congresso Nacional Negro (National Negro
Congress), 190
Congressos Internacionais dos Trabalhadores de
Paris, 66
Connolly, James, 176, 179
Conselho de Liderança Democrata (Democratic
Leadership Council – DLC), 136, 215
contra a opressão, 211-4, 220-1, 236, 246-8
Ver também direitos das mulheres; raça
contradições no interior do capitalismo, 35-6, 51,
58, 73-4, 134, 232
cooperação
entre o proletariado e os camponeses, 98, 108,
122, 142-3, 149
entre socialistas e liberais, 84, 98, 122-6, 148-9,
178, 187-8, 192-4

280 | O manifesto socialista

posse dos meios de produção por parte dos
trabalhadores, 27-31, 104-5, 129-30, 225
Ver também comunas; estratégia política
Cooperativas de Produtores Agrícolas (CPAs)
(China), 152-4
Corbyn, Jeremy
e luta de classes, 39, 137-8, 228-30
liderança do Partido Trabalhista britânico,
223-6
creches, 22, 126, 132, 135, 233
cristianismo, 57, 71, 181
Crítica do programa de Gotha (Marx), 64-5
Crosland, Anthony, 126-7, 137, 219, 222
Cuba, 164-5
cultura do cancelamento, 248

Dahrendorf, Ralf, 251
Darwin, Charles, 69
David, Eduard, 86
De Leon, Daniel, 174-7
Debs, Eugene V., 172-3, 177-9, 181-5, 190, 196,
213, 243
Declaração dos Direitos (Estados Unidos), 245-6
Decretos de Espionagem e de Sedição de 1917-1918
(Estados Unidos), 185
democracia
e direitos civis, 163
importância para o socialismo, 56, 161-2, 224-5
marxismo e, 50-1, 55-7
nas instituições estadunidenses, 245-6
no governo sueco, 115-6, 121, 123
no interior dos partidos, 94, 107-8, 109-10,
143-4, 241, 244-5
no local de trabalho, 129-30
Ver também eleições; social-democracia
Democracia no Local de Trabalho (Workplace
Democracy Act), 246
Deng Xiaoping, 158, 160-2, 201-2
descumprimento da lei, 93, 181, 246
desemprego, 19, 32, 118-9, 121, 134-5, 174, 203, 206
desenvolvimento
capitalismo como um entrave para o, 52-3, 57
na China, 142, 150-6, 162
na Rússia, 91-2, 95-6, 107-8, 110-1
na Suécia, 124
no Terceiro Mundo, 141, 160-1, 163-4, 166, 253

desigualdade de renda
e o Movimento Occupy, 208-10
na China, 102
na Suécia, 129-30
nos Estados Unidos, 170, 208-10, 212
desregulamentação, 161, 163-4, 204, 219-20
Die Neue Zeit (O Novo Tempo) (jornal), 70, 73
dinastia Qing, 142, 158
direito de gestão, 105
direitos civis
conquistados na Rússia, 97-8, 104
Declaração dos Direitos dos Estados Unidos,
245-6
direitos políticos, 62, 68, 95
movimento por direitos civis (Estados Unidos),
113, 194, 211-2
necessidade para o socialismo, 38, 68, 247-8
perda de, 107-8, 163
uso feudal da terra, 44-5
direitos das mulheres
na China, 149
na Rússia, 104
na Suécia, 131-2
no futuro do socialismo, 246-8
direitos políticos, 62, 68, 174
Ver também direitos civis
ditadura do proletariado, 56, 64-5, 76, 95, 101, 108,
153
DreamWorks Pictures, 217
Drèze, Jean, 162
dupla opressão, 132
Dzerjinsky, Félix, 91-2, 107, 112

Ebert, Friedrich, 61, 79-81, 87, 89
economia
como força coercitiva, 45, 232
e raça, 210-1, 220-1
intervenções no mercado, 115, 118, 123-6,
129-30, 206-7, 219-20
keynesianismo, 119, 206, 219-20
livre comércio, 118
mercados negros, 108
mista, 105, 108-9, 135-6
na China, 150-6
na Rússia, 105, 108-1, 150
na Suécia, 123-6, 130-1, 134-5

Índice remissivo | 281

neoliberalismo, 11, 134, 202, 214, 217, 221, 224-6
planificação central, 24-6, 108-9, 112-3, 130, 150-3, 154-5
reveses, 117-9, 203, 218-9
Ver também capitalismo; inflação; mercados; nacionalização; redistribuição; salários
economia de comando, 24-5, 109, 112-3, 129-30, 150-7
economia mista, 105, 108-9, 135-6
economia planificada, 24-5, 108-9, 112-3, 129-30, 148-52, 154-5
Economist (revista), 50, 222
Eisner, Kurt, 83
eleições
    disputa presidencial de 2016 nos Estados Unidos, 212-8
    e sistema bipartidário, 243-4
    estratégia de campanha, 216-7, 224-5, 229-30
    práticas estadunidenses, 243-5
    valor das, 67-8, 93, 95, 133-4, 178-9, 230-1
    Ver também eleições, desempenho dos socialistas nas; sufrágio
eleições, desempenho dos socialistas
    na Alemanha, 62, 65, 75, 84, 124
    na Inglaterra, 117-8, 219-25
    na Suécia, 132-3
    nos Estados Unidos, 169-70, 174-5, 178, 182
    pelo Partido Democrata (Estados Unidos), 183, 190-1, 206-7, 217-8
eleições proporcionais, 245-6
embargo, 153, 165, 219
Engels, Friedrich
    A situação da classe trabalhadora na Inglaterra, 49
    Anti-Dühring, 69
    colaboração com Marx, 50-2
    críticas ao Partido Socialista Operário (Socialist Labor Party – SLP) (Estados Unidos), 175
    e Kautsky, 70
    e Lassalle, 63
    e materialismo histórico, 59
    juventude, 48-50
    sobre a guerra, 87
    Ver também marxismo
Erlander, Tage, 126-7, 129
escravidão, 34, 36, 46, 140, 149, 171-2, 206

Estados Unidos
    e China, 161
    estagnação salarial, 203-4
    intervenção no Terceiro Mundo, 163-4
    peculiaridades institucionais, 243-6
    potencial de reforma, 233
    saúde na, 21-2, 178, 207, 212, 230-1, 233
Estados Unidos, história do socialismo nos, 169-97, 204-18
    atividade comunista, 186-8, 190-3
    atividade do SPA, 177-8, 180-6, 190-1
    disputas internas, 174-6, 178-81, 184
    eleição presidencial de 2016, 212-8
    movimento Occupy, 208-11
    Movimento por Vidas Negras (Movement for Black Lives – M4BL), 211-2
    onda grevista dos professores, 238-9
    populismo, 173-4
    primeiras tentativas, 170-3
    recessão de 2008, 203-7
    retrocessos conservadores, 207-8
    tentativas de social-democracia, 193-6, 212, 228-9
estratégia. *Ver* estratégia política
Estratégia Econômica Alternativa, programa, 219
estratégia militar, 147-8
estratégia política, 227-49
    consciência histórica, 248-9
    democratização, 245-6
    e luta de classes, 39, 84-5, 93, 190-1, 228-9, 231, 242
    e sindicatos, 240-1
    em campanhas eleitorais, 216-7, 224-5, 229-30
    envolvimento do governo, 118-20, 230-1
    formação de partidos políticos, 241-2
    mobilização de massa, 235-6
    reformas imediatas, 233-5
    Ver também reformismo
estudantes, 129, 143-4, 154, 158, 160, 195, 212, 217-8, 229
Estudantes para uma Sociedade Democrática (Students for a Democratic Society – SDS), 195
esverdeamento, 253
Etiópia, 163
eurozona ou zona do euro, 136, 233
Evolutionary Socialism (Bernstein), 73

282 | O manifesto socialista

excepcionalismo, 169
execução hipotecária, 204-5
Exército de Libertação do Povo, China, 159
Exército Vermelho (China), 147-9
Exército Vermelho (Rússia), 107, 112
experimentos de pensamento
    capitalismo, 13-7
    social-democracia, 19-22
    Ver também experimento de pensamento sobre o
    socialismo
experimento de pensamento sobre o socialismo,
    22-34
    posse dos meios de produção por parte dos
        trabalhadores, 27-31
    investimento, 32-4
    formação de uma coalizão socialista, 22-4
    mercados na sociedade, 22-7

Factory Act de 1847 (Reino Unido), 55
fake news, 218
Federação Americana do Trabalho (American
    Federation of Labor – AFL), 173, 175, 179-81,
    186-9
Feira Mundial (1939), 202
Ferguson, Missouri, 210-1
feudalismo, 19, 34-5, 43-5, 52, 54, 142, 143, 171
filantropia, 36, 51, 203
Fitzpatrick, John, 188
fome, 31, 47, 111, 149, 156-7, 159, 162
Foot, Michael, 221
Foster, William Z., 179-80, 187-8, 193
Fourier, Charles, 170-1
França, 44, 46, 51, 55, 117, 120-1, 135, 147
Frank, Ludwig, 87
Freeman, Jo, 210
Frente Popular, Estados Unidos, 189-92
Frente Popular, França, 120-1
Fukuyama, Francis, 251

gênero, 220, 248
    Ver também direitos das mulheres
George, Henry, 174-5
golpe
    caso Kornilov, 101-3
    eleição de Trump como um, 216-9
    em Granada, 164

    no Afeganistão, 163
    no Chile, 160-1
    Revolução de Outubro como um, 102-3
    Stálin sobre, 145
Gompers, Samuel, 173, 180, 186, 188
Google, 217
Gorbatchev, Mikhail, 113
Gorz, Andre, 220, 251
Governo Provisório (Rússia), 98-103, 108
Gramsci, Antonio, 142
Granada, 164
Grande Depressão, 117-9, 189, 205
Grande Fome (China), 156-8, 162
Grande Fome (Irlanda), 47
Grande Greve Ferroviária (Estados Unidos), 172-3
grande recessão (2008), 203-7
Grande Salto Adiante, 155
greve de Homestead, 172
greve de massas, 75-8, 144-5, 193
Greve de massas, partido e sindicatos (Luxemburgo),
    76
greve geral, 75-8, 87-8, 144-5
Greve Pullman, 173-4, 177
greves
    ao longo da Europa pós-Primeira Guerra
        Mundial, 117
    como ferramenta de classe, 231
    greves gerais, 75-8, 143-4, 193
    na China, 143-5
    na França, 121
    na Inglaterra, 221
    na Revolução Russa, 97
    na Suécia, 129-30, 133
    nos Estados Unidos, 172, 173-4, 180-1, 193,
        227-8, 238-40
    por capitalistas, 232
guardas vermelhos (China), 159
guerra
    Guerra Civil Finlandesa, 127-8
    guerra civil russa, 107-9
    Guerra da Coreia, 150, 153
    Guerra da Secessão (Estados Unidos), 171-2
    Guerra do Vietnã, 195-6
    Guerra Fria, 92, 124, 149-50, 186, 193, 195,
        203
    no Terceiro Mundo, 163-4

Posição do Partido Comunista dos Estados Unidos sobre, 190-1

posição do SPA sobre, 183-4

posição do SPD sobre, 81-3, 85-8, 94-5

Primeira Guerra Mundial, 82, 85-6, 88-90, 94-5, 97, 117

protestos contra, 10, 85-6

revolução comunista chinesa, 146-9

Segunda Guerra Mundial, 90, 112, 115-6, 194, 202

Guerra Civil Finlandesa, 127-8

Guerra da Coreia, 150, 153

Guerra de Secessão (Estados Unidos), 171-2

Guerra do Vietnã, 195-6

Guerra Franco-Prussiana, 81

Guerra Fria, 92, 124, 149-50, 186, 193, 195, 203

Guilherme II, 87

Haase, Hugo, 87-8

Haeckel, Ernst, 69

Hall, Stuart, 221

Harrington, Michael, 10, 194, 196-7

Hatzfeldt, Sophie von, 63

Haymarket Square, 173

Haywood, Bill, 179-81

hegemonia, 123, 142-3

Hermansson, C.-H., 130

Hillquit, Morris, 177, 181, 183-5

hipotecas, 204-5

história do socialismo. *Ver* Inglaterra, história do socialismo na; China, história do socialismo na; Alemanha, história do socialismo na; Rússia, história do socialismo na; Suécia, história do socialismo na; Terceiro Mundo; Estados Unidos, história do socialismo nos

Hitler, Adolf, 67, 189, 191

Hobsbawm, Eric, 220-1

Howe, Irving, 192

ideologia

como motivação para o socialismo, 38, 244-5, 261

diferenças de, 77, 178, 185, 242

em lugar de incentivos, 155, 160

influência nas políticas públicas, 108, 122, 125, 130, 133, 162

kulaks ideológicos, 111

Ver também marxismo

Iêmen do Sul, 163

imigração, 229

imperialismo, 84-5, 139-44 149, 151, 163, 166

Incidente do 30 de Maio, China, 143-4

incrementalismo, 69

Índia, 15-6, 139-41, 161-2, 201-2

industrialização

na Alemanha, 62

na China, 151-2

na Inglaterra, 46-50, 53

na Rússia, 110-1

na Suécia, 122-3

no terceiro Mundo, 166

inflação

e a social-democracia, 137-8, 202

e keynesianismo, 119

na China, 150-1

na Inglaterra, 118, 219

na Rússia, 97

na Suécia, 134

Inglaterra

crise econômica, 118-9, 219-20

estagnação salarial, 203-4

origem do capitalismo na, 44-6

Revolução Industrial, 46-50, 53

saúde pública na, 218-9, 224-5

Inglaterra, história do socialismo na

corbynismo, 223-5

declínio, 218-22

fabianismo, 73-4

governo MacDonald, 117-20

Ver também Partido Trabalhista britânico

Ingrao, Pietro, 254-5

Internacional Comunista (Comintern)

e a China, 146

e frentes populares, 120-1, 189-90

e os Estados Unidos, 187

formação, 106-7

M. N. Roy sobre, 139

sobre o imperialismo, 140-1

internacionalismo

ajuda externa, 166

do capitalismo, 234

284 | O manifesto socialista

e paz, 82, 252
e revolução, 97, 106-7, 109, 112-3
influência mundial do maoísmo, 160-1
relações Rússia-China, 144-6, 151-2, 157-8
revolução internacional, 97, 106-7, 109, 112
Ver também Internacional Comunista
  (Comintern)
interseccionalidade, 214
Irlanda, 106
IWW. *Ver* Trabalhadores Industriais do Mundo
  (Industrial Workers of the World – IWW)

Jacobin (revista), 243, 265
Japão, 143-4, 148-9
Jaurès, Jean, 85-6, 116-7
Jiang Qing, 158
Jospin, Lionel, 136
JPMorgan, 205, 217
judaico, 10, 120, 169
junker, 62, 67, 82
justiça social, 113, 166, 211-2, 214, 220-1, 237,
  238-40

Kamenev, Lev, 99-100, 102
Kautsky, Karl
  críticas a Bernstein, 73-4
  e a votação sobre a guerra, 89, 94-5
  e Debs, 177
  e Lênin, 93
  e o SPD, 69-70, 84-5
  estabelecimento do Programa de Erfurt, 68-9
  sobre classe, 237
  sobre governança, 116-7
  Trótski sobre, 94-5
Keller, Helen, 179, 181
Kennedy, Ted, 196
Kerensky, Alexander, 99, 101-3
Keynes, John Maynard, 119, 206
keynesiana, 119, 135, 206, 219
King, Martin Luther, Jr., 194-5, 247
Kissinger, Henry, 161
KMT. *Ver* Kuomintang (KMT)
Kollontai, Alexandra, 132
Kornilov, Lavr, 101-3
kulaks, 108, 111, 148

Kuomintang (KMT), 142-9
  durante a Revolução Chinesa, 147-9
  governo da China, 142-6
  repressão do PCC, 145-6

Lassalle, Ferdinand, 62-3, 65
lassallianos, 64, 68, 81, 119, 172-3
Le Péché de M. Antoine (Sand), 69
Ledebour, Georg, 86
Lei das Dez Horas, 253
lei de bronze do salário, 63-4, 119, 172
Lei de Proteção e Cuidado ao Paciente (Patient
  Protection and Affordable Care Act – PPACA),
  207
Lei de Reforma Agrária, Estados Unidos, 150
Lei de Reparo Orçamentário (Budget Repair Bill),
  2011(Wisconsin), 208
Lei Federal das Campanhas Eleitorais (Federal
  Elections Campaign Act), 1971 (Estados
  Unidos), 243
Lênin, Vladímir
  apelo ao Terceiro Mundo, 139-40
  e negociações de paz, 106
  e Stálin, 109-10
  maoísmo, 159-60
  O Estado e a revolução, 101
  O que fazer?, 93
  Revolução de Outubro, 103
  sobre autodeterminação, 140
  sobre o socialismo estadunidense, 175
  sobre os direitos das mulheres, 131-2
  Teses de abril, 100
  trabalhos pré-revolução, 92-5
Lewis, John L., 189
Li Dazhao, 142, 146
liberalismo
  cooperação com os socialistas, 84-5, 98, 122-6,
    148, 178-9, 187-8, 193-4
  críticas ao, 63, 76, 158
  marginalização de vozes radicais, 211-2
  na China, 153, 201-2
  neoliberalismo, 11, 134, 203, 217, 225, 230-1
libertação nacional, 139-40, 246-7
Liebknecht, Karl, 61, 63, 82-3, 85, 87, 89-90
Liebknecht, Wilhelm, 64, 85

Índice remissivo | 285

Liga de Unidade Sindical (Trade Union Unity League – Tuul) (Estados Unidos), 188
Liga dos Comunistas, 50
Liga dos Trabalhadores Americanos (American Workers League), 171
Liga Educacional Sindical (Trade Union Educational League – Tuel) (Estados Unidos), 188
Liga Espartaquista, 89
Liga Sindicalista da América do Norte (Syndicalist League of North America – SLNA), 180
Lin Biao, 156, 158
Lincoln, Abraham, 171, 189
Lindbergh, Charles, 147
lisenkoísmo, 156
Liu Shaoqi, 157-8
locautes (*lockout*), 23, 75, 77
Looking Backward (Bellamy), 175, 178
Lowi, Theodore, 243
luditas, 49
luta de classes
    como estratégia política, 84-5, 93, 190-1, 228-9, 231, 242
    alternativas à, 71-2, 127, 135-6
    e social-democracia, 39, 137-8, 213, 228-9, 231
    necessidade de combater as opressões, 246-7
    Marx sobre a, 52-3
    Ver também movimento dos trabalhadores
Luxemburgo, Rosa
    condenação, 85
    morte, 61, 89
    Greve de massas, partido e sindicatos, 76
    sobre nacionalismo, 140
    sobre reformismo, 74, 81, 137
    "Reforma social ou revolução?", 74
    apoio à greve geral, 75-7
    contra o colonialismo, 84-5
Lvov, Georgy (príncipe), 99

macarthismo, 194
MacDonald, Ramsay, 117-20, 123-4, 136
Madison, James, 245
Magri, Lucio, 254-5
Manifesto comunista (Marx e Engels), 50-1, 57, 64, 66, 68, 72, 128
maoísmo, 149, 159-62, 195
Martin, Trayvon, 210

Martov, Julius, 102-4
Marx, Karl
    colaboração com Engels, 50-2
    críticas ao SPD, 64-5
    e Kautsky, 70
    e Lassalle, 63
    e Lincoln, 171
    legado, 57-9
    sobre a ascensão do capitalismo, 37
    sobre a Lei das Dez Horas, 253
    visões para o futuro, 55-7
    Ver também marxismo
Marx, Karl, obras de
    A ideologia alemã, 56
    Crítica do programa de Gotha, 64-5
    Manifesto comunista, 50-1, 57, 64, 66, 68, 72, 128
    Miséria da filosofia, 52
    O capital, 52-5, 177, 236-7
    "Teses sobre Feuerbach", 53
marxismo, 51-9
    condições para a revolução, 97-8, 140-3, 166
    contradições no interior do capitalismo, 35, 50-1, 58, 74, 134, 232
    críticas ao, 72-4, 127
    descrição do capitalismo, 54-5
    ditadura do proletariado, 56, 64, 76, 95, 101, 108, 153
    e a presidência de Trump, 232
    e raça, 246-8
    e social-democracia, 115, 126-7, 134, 135-6
    importância da classe trabalhadora, 56, 236-7
    materialismo histórico, leis da história, 52-3, 59, 69, 73, 162
    revolução em etapas, 94-5, 96-7
    sobre autodeterminação nacional, 140-1
    sobre os mercados, 45-6, 51, 54-5
    Ver também burguesia; capitalismo; classe; luta de classes; economia; proletariado
marxismo, influências nos socialistas
    ao longo da Europa, 66
    Crosland, 126-7
    De Leon, 174-5
    Frente Popular (França), 120
    Kautsky, 69-70, 85, 94-5
    Lassalle, 63

286 | O manifesto socialista

Lênin, 92-3, 100-1

M. N. Roy, 139

Partido Social-Democrata da Alemanha
(Sozialdemokratische Partei Deutchlands –
SPD), 68, 70-1, 78-9

Partido Socialista Operário (Socialist Labor
Party – SLP) (Estados Unidos), 174-5

Partido Comunista Chinês (PCC), 142-3,
159-63

marxismo-leninismo-maoísmo. *Ver* maoísmo

massacre de Xangai, 161

materialismo histórico, leis da história, 52-3, 59, 69,
73, 162

Medicare for All, 208, 213, 230, 233

Meidner, Rudolf, 125-6, 130-1

mencheviques

crescimento dos, 96-7

e o Movimento Branco, 107

na Revolução Russa (1905), 94

na Revolução Russa (1917), 98-9, 100, 101-4, 113

mercado negro, 108

mercados

apoio de Warren aos, 228-9

diferença em relação ao capitalismo, 17, 43

e marxismo, 45-6, 50, 54

incentivos aos, 32-4, 45, 51, 55

intervenção nos, 115, 118-9, 123-5, 129, 206,
219-20

na sociedade socialista, 24-7

negros, 108-9

retorno aos, 161, 163-4

Ver também capitalismo; economia; salários

Miliband, Ed, 222-3

Miliband, Ralph, 10, 218-20, 222

milícias, 68, 82, 145, 172-3

Minha vida (Trótski), 10

Miséria da filosofia (Marx), 52

Mitterrand, François, 135-6, 231

mobilização de massas, 143-4, 231, 235-6, 239

Möller, Gustav, 124

Morgan Stanley, 217

Morris, William, 237

motivações para o socialismo, 35-6, 251-5

Movimento Branco, 107

movimento dos trabalhadores

conquistas do, 65, 78, 121, 123, 125-6, 251-2

cooperação com os socialistas, 76-9, 122-6,
143-4, 175, 187, 193-5, 238-40

descumprimento da lei, 93, 180-1, 246

mobilização de trabalhadores, 75, 143-4, 227-8,
231, 234-6

transformações da classe trabalhadora, 220-1,
236-8

Ver também luta de classes; Partido Trabalhista
britânico; greves; sindicatos

Movimento New Jewel, 164

Movimento Occupy, 208-11

Movimento Populista (Estados Unidos), 173-4, 182

Movimento por Vidas Negras (Movement for Black
Lives – M4BL), 211-2

mudança climática, 253

Myrdal, Gunnar, 124

nacionalismo

autodeterminação, 139-40

na Alemanha, 81-4

na China, 144, 156-7, 160-1, 163

Ver também internacionalismo

nacionalização

defesa da, 104-5, 117, 174, 224-5, 233

na Alemanha, 65

na China, 150-1

na França, 117, 135-6

na Rússia, 108-9, 151-2

pontos fracos da, 126-7

resistência na Suécia, 123-6

nazismo, 89, 112, 120, 191

negociação setorial, 114–115

negociações coletivas, 62, 129-30, 165, 208, 233, 240

neoliberalismo, 11, 36, 134, 136, 202, 221, 225,
231, 247

New Deal, 190-2, 196, 214

New Harmony, comunidade, 170

New Masses (revista), 193

New York Call (jornal), 181

New York Daily Tribune (jornal), 52

New York Times (jornal), 122

Nicarágua, 164

Nicolau II, 87, 96-7

Nixon, Richard, 161, 212

Noske, Gustav, 61, 83-4, 89

Nova Esquerda, 160, 195, 221

Nova Lei Matrimonial, China, 150
Nova Política Econômica (NEP), 109, 110-1, 150, 152
Novo New Deal, 206
novos movimentos sociais, 196, 220
Nyerere, Julius, 164

O alfaiate de Ulm (Magri), 254-5
O capital (Marx), 52-5, 177, 236
O Estado e a revolução (Lênin), 101
O Federalista (James Madison), 245
O que fazer? (Lênin), 33
Obama, Barack, 206-7
obras públicas, 118, 123, 135, 174
obstrucionismo, 246
Ocasio-Cortez, Alexandria, 218
Olbermann, Keith, 218
opressão, 211-4, 220-1, 236, 246-8
    Ver também raça; direitos das mulheres
Ordem n. 1 (soviete de Petrogrado), 99
Organização dos Países Exportadores de Petróleo
    (Opep), 219
organização política, 89, 186, 237, 240
Owen, Robert, 55, 170

Palme, Olof, 115, 127-38, 166-7, 229
Pânico de 1873, 172
Parliamentary Socialism (Miliband), 218
Parsons, Albert, 173
Partido Agrário, Suécia, 123
Partido Comunista Alemão (Kommunistische Partei
    Deutschlands – KPD), 89
Partido Comunista Chinês (PCC), 142-63
    depois de Mao, 161-2
    desestalinização, 156-8
    ensaios desenvolvimentistas, 150-6
    fundação, 142-3
    liberalização, 153-4, 202
    no interior do KMT, 143-5
    Revolução Cultural, 158-60
    revolução, 147-9
    terror branco, 145-6
Partido Comunista da União Soviética, 107-8,
    109-12
Partido Comunista dos Estados Unidos (Communist
    Party USA – CPUSA), 187-92
Partido Comunista Francês, 120

Partido Comunista Italiano, 254
Partido Comunista Mexicano, 139
Partido Comunista Operário dos Estados Unidos
    (Communist Labor Party of America – CLPA),
    187
Partido da União pela Liberdade (Liberty Union
    Party – LUP), Estados Unidos, 212
Partido Democrata, Estados Unidos
    cooptação de movimentos sociais, 170, 174,
        183, 190-1, 211
    e a eleição presidencial de 2016, 212-9
    e a social-democracia, 193-6
    e seus aliados do setor empresarial, 212, 216-7, 244
    sob Obama, 206-7
Partido dos Trabalhadores dos Estados Unidos. *Ver*
    Partido Socialista Operário (Socialist Labor
    Party – SLP)
Partido Progressista (Estados Unidos), 193
Partido Republicano (Estados Unidos), 171-2,
    193-4, 214-5, 217, 232
Partido Social-Democrata da Áustria
    (Sozialdemokratische Partei Österreichs – SPÖ),
    69
Partido Social-Democrata dos Trabalhadores
    (Sozialdemokratische Arbeiterpartei – Sdap),
    63-4
Partido Social-Democrata Independente da
    Alemanha (Unabhängige Sozialdemokratische
    Partei Deutschlands – USPD), 88
Partido Social-Democrata Independente da
    Alemanha (Unabhängige Sozialdemokratische
    Partei Deutschlands – USPD), 61-90
    como Partido Socialista Operário da Alemanha
        (SAP), 64-5
    controle da Alemanha, 89
    declínio, 83-5
    desempenho eleitoral, 67, 71, 75, 83-5
    Lênin e, 92-5
    posição sobre a guerra, 81-8
    Programa de Erfurt, 68-73, 78-9, 82, 93
    Programa de Godesberg, 127
    reformismo de Bernstein, 71-5
    relação com os sindicatos, 76-9
    revigoramento sob Ebert, 79-81
    serviços comunitários, 70-1
    Ver também Alemanha, história do socialismo na

288 | O manifesto socialista

Partido Social-Democrata Sueco (Sveriges
Socialdemokratiska Arbetareparti – SAP), 121-4
Partido Social-Democrata Sueco (Sveriges
Socialdemokratiska Arbetareparti – SAP)
derrota, 133
desenvolvimento do modelo sueco, 143-4
e Palme, 128-30
e Plano Meidner, 133-4
e Plano Rehn-Meidner, 125-6
formação, 121-4
Ver também Suécia, história do socialismo na
Partido Socialista da América (SPA)
declínio, 185-6, 190
desempenho eleitoral, 169-70, 182-3
divisão, 196
e Sanders, 212-3
posição sobre a guerra, 183-4
primórdios, 177-8
Partido Socialista da Grã Bretanha, 118-9
Partido Socialista Operário (Socialist Labor
Party – SLP) (Estados Unidos), 174-7, 235
Partido Socialista Operário da Alemanha
(Sozialistische Arbeiterpartei Deutschlands –
SAP). *Ver* Partido Social-Democrata (SPD),
Alemanha
Partido Trabalhista britânico
e reformismo, 78-9
governo MacDonald, 117-9
guinada à direita, 218-21
sob Corbyn, 223-5
Partido Trabalhista inglês; Partido Trabalhista no
Reino Unido. *Ver* Partido Trabalhista britânico.
PCC. *Ver* Partido Comunista Chinês (PCC)
Peng Dehuai, 156
Peng Shuzi, 143
Pepper, John (József Pogány), 187-8
Peste Negra, 44
Pieck, Wilhelm, 61
Pivert, Marceau, 121
planilha de compensações, 29
Plano Meidner, 130, 133-5, 233
Plano Quinquenal (China), 151-2, 154
Plano Quinquenal (Rússia), 111-2
Plano Rehn-Meidner, 125-6
Pogány, József (John Pepper), 187-8
polícia secreta, 91, 107, 159

política contracíclica, 119, 123, 219
política identitária, 247-8
Pompidou, Georges, 115
populismo
de direita, 11, 226, 232
e Debs, 177, 181
e estratégia política, 230
posse dos meios de produção por parte dos
trabalhadores, 27-30, 105, 129-30, 224-5
Pravda (jornal), 94
precariado, 237
Primeira Guerra Mundial
e Rússia, 94, 97, 99-100, 102, 105
entrada Alemanha na, 85-8, 94
entrada dos Estados Unidos na, 183-4
negociações de paz, 106
reputação dos socialistas no pós-guerra, 116
Primeira Internacional, 171
Programa de Erfurt, 68-73, 78-9, 82, 93
Programa de Godesberg, 127
Programa de Gotha, 64-6, 68
Progress and Poverty (George), 174
proletariado
condições de vida do, 49
cooperação com camponeses, 98, 108-9, 122,
142-3, 149
ditadura do, 56, 64-5, 76, 95, 101, 108, 153
e Trótski, 97, 106
influência política do, 86, 110-1, 147
migração para as cidades, 46-7
origem do, 45-6, 51
proletariados substitutos, 141
propriedade comum, 27-31, 104-5, 117, 130-1,
224-5
protestos
após os acontecimentos de Ferguson (2014),
210-1
como ferramenta de classe, 231
contra a guerra, 10, 85-6
do PCC, 154
levante de Wisconsin, 207-8
Movimento Occupy, 208-10
na Rússia, 95-7
Revolta de Haymarket, 173
pura oposição, 67, 77, 84, 88

Índice remissivo | 289

raça
 apartheid, 161, 165-7
 apoio dos negros a Sanders, 216
 Comintern sobre, 140-1
 como novo movimento social, 220
 e a eleição de Obama, 206
 e o futuro do socialismo, 246-8
 movimento por direitos civis (Estados Unidos), 194, 211
 Movimento por Vidas Negras (Movement for Black Lives – M4BL), 211-2
 organização política multirracial, 173-4
 racismo testemunhado por Palme nos Estados Unidos, 128
 trabalhadores brancos, 215
Radek, Karl, 187
Randolph, A. Philip, 194
recessão de 2008, 203-7
reconstrução, 106, 109, 120, 126, 146, 150, 171-2, 194, 196, 205, 223-4, 233
redistribuição
 a nível global, 166
 após a revolução, 99-100, 149-50
 importância para o socialismo, 211-2, 247-8
 no programa de Corbyn, 224-5, 229
Reed, John, 187
"Reforma social ou revolução?" (Luxemburgo), 74
reformismo
 considerações estratégicas, 234, 242
 críticas de Lênin ao, 93, 101
 críticas no interior do SPD, 74-5, 81, 83, 88-9, 136
 defensores do, 71-5, 126-7, 173, 178-9
 e o movimento dos trabalhadores, 77-9, 122-6, 187
 intervenção no mercado, 115, 118-9, 123-6, 129-30, 206-7, 220
 keynesianismo, 119, 206, 219
 Ver também Alemanha, história do socialismo na; Suécia, história do socialismo na
Rehn, Gösta, 125-6
Reichstag, 65, 67, 76, 82, 84-6
Reino Unido. *Ver* Inglaterra
remuneração igual para trabalhos iguais, 125, 132
repartição dos lucros, 119–120
repressão política
 contra socialistas, 65, 89, 145, 173, 184-5

na China comunista, 151, 158-60
na Rússia comunista, 103-4, 110-2
República de Weimar, 61, 89
Reuther, Walter, 128
revisionismo. *Ver* reformismo
revogação do direito ao voto, 174
revolução
 condições para, 98-9, 140-4, 166-7
 contra reformismo, 73-4, 83, 88-9
 de 1848 (Europa), 51, 62
 de 1905 (Rússia), 75-6, 94, 95-6
 de 1917 (Rússia), 91, 98-9, 101-4
 e o Partido Comunista dos Estados Unidos, 187
 e Sanders, 228, 238-9
 em Cuba, 165
 em etapas, 96-7
 Guerra da Secessão (Estados Unidos) como, 171-2
 KMT como parlamento revolucionário, 145
 no Terceiro Mundo, 141, 163-4
 Revolução Chinesa, 141, 163
 Revolução Cultural, 158-60
 revolução de cima para baixo, 111, 162, 165
 Revolução Francesa, 57, 66
 Revolução Industrial, 46-50, 53
 revolução internacional, 97, 106-7, 110, 113
 revolução permanente, 96, 99-100, 143, 158
 Ver também marxismo
Revolução Alemã, 89
Revolução Cultural, 158-60
Revolução de 1905 (Rússia), 75-6, 94, 95-6
Revolução de Fevereiro, 91, 94, 98-103, 106, 146, 183
 Ver também Revolução Russa (1917)
Revolução de Outubro, 91, 94, 102-3, 106, 140, 184
 Ver também Revolução Russa (1917)
Revolução Francesa, 57, 66
Revolução Industrial, 46-50, 53
revolução permanente, 96, 99-100, 143, 158
Revolução Xinhai, 142
Revoluções de 1848 (Europa), 50-1, 95, 171
Roosevelt, Franklin D., 190-3, 206
Roy, M. N., 139-41
Rússia
 influência na eleição dos Estados Unidos, 217-8
 relações com a China, 144-6, 151-2, 156-7

290 | O manifesto socialista

Rússia, história do socialismo na, 91-113
  bolchevismo pós-revolução, 92-5
  confusão pós-revolução, 104-7
  e ambientalismo, 252-3
  guerra civil, 107-108
  período do Governo Provisório, 97-102
  Revolução de 1905, 75-6, 94, 95-6
  Revolução de 1917, 91, 98-9, 100, 101-4, 113
  sob Stálin, 109-12
Rússia, Revolução (1905), 75-6, 94, 95-6
Rússia, Revolução (1917), 91, 98-9, 100, 101-4, 113
Rustin, Bayard, 194-6
Ryan, Paul, 232
Rykov, Alexei, 100

Saint-Simon, Henri de, 55
salários
  e Acordos de Matignon, 121
  e keynesianismo, 119
  "escravidão assalariada", 172
  estagnação, 202, 207
  fundos de participação acionária para
    empregados (*löntagarfonder*), 116, 130
  introdução do trabalho assalariado, 45-6
  lei de bronze dos salários, 63, 64, 119, 172
  negociação do, 14-5, 50, 75, 77, 134, 176
  no Plano Rehn-Meidner, 125
  nos experimentos de pensamento, 21-2, 24, 27
  salário mínimo, 27, 52, 135, 213-4, 217-8
  Ver também economia; mercados
Sand, George, 69
Sanders, Bernie
  Democracia no Local de Trabalho (Workplace
    Democracy Act), 246
  e luta de classes, 39, 137-8, 228-9
  efeitos pós-eleição, 217-8, 238-9
  eleição de 2016, 212-7
  início de sua vida política, 212
saúde
  em Cuba, 165
  na Alemanha, 65
  na China, 162
  na Inglaterra, 219, 224-5
  na Suécia, 125-6
  nos Estados Unidos, 22-3, 178-9, 207, 230-1,
    233

Scargill, Arthur, 221
Schumer, Chuck, 217-8
Segunda Guerra Mundial, 90, 112, 115-6, 194, 202
Segunda Internacional, 37-8, 62, 64, 66-7, 70, 73,
  83, 117, 122-3, 140, 187, 221
Segunda Reconstrução, 194
Segundo Congresso dos Sovietes, 103
Sen, Amartya, 162
Serviço Nacional de Saúde (National Health Service)
  (Inglaterra), 219
serviços públicos. *Ver* bem-estar
serviços sociais. *Ver* bem-estar
servidão, 44, 111, 149
sindicalismo de justiça social, 238
sindicalismo industrial, 122, 179, 187-8, 192-3
Sindicato Geral dos Trabalhadores, 145
sindicatos
  ataques a, 207-8, 219-20, 239
  codesenvolvimento com o socialismo sueco, 122
  conquistas dos, 55, 78, 121, 123, 125-6, 251-2
  conservadorismo dos, 52, 83, 88, 194-5
  cooperação com socialistas, 76-9, 122-6, 143-4,
    175-6, 187-8, 193-4, 238-40
  e consciência de classe, 74
  estratégia sindical dupla, 175
  negociação coletiva, 62, 125, 129, 134-5, 207-8
  no experimento de pensamento, 15-6, 21, 23,
    27
  oposição de esquerda aos, 51-2, 172, 187,
    190-1, 240-1
  sindicalismo de justiça social, 238
  sindicalismo industrial, 179-80, 188, 193-4
  Ver também movimento dos trabalhadores;
    greves; sindicatos específicos
Singh, Manmohan, 201-2
Sísifo, 74, 137
sistema bipartidário, 186, 243-5
sistema Jim Crow, 128, 194-5
Sistema Monetário Europeu, 136
Skidmore, Thomas, 170
Smith Act de 1940 (Estados Unidos), 191-2
Smith, Adam, 43, 57
social-democracia
  declínio mundial, 135-6
  e luta de classes, 39, 137-8, 213, 228-9, 231
  e marxismo, 115, 126-7, 134, 136

e neoliberalismo, 134, 230-1
efeitos nos direitos das mulheres, 131-2
experimento de pensamento, 19-22
inadequações da, 35-6, 242
instabilidade inerente, 133, 234
nos Estados Unidos, 193-6, 212, 228-9
ruptura de Lênin com a, 94
Ver também Partido Social-Democrata (SAP),
Suécia; Partido Social-Democrata (SPD),
Alemanha; Suécia, história do socialismo na
socialismo democrático
contra a social-democracia, 38-9, 233-5
e Martin Luther King Jr., 194
e Sanders, 212
motivação para, 35-6, 251-5
Ver também Inglaterra, história do socialismo na;
China, história do socialismo na;
Alemanha, história do socialismo na;
estratégia política; Rússia, história do
socialismo na; experimento de pensamento
sobre o socialismo; Estados Unidos, história
do socialismo nos
socialismo funcional, 126, 131
socialismo utópico, 37, 51, 55-6, 66, 126, 170-1,
175
socialismo, experimento de pensamento. Ver
experimento de pensamento sobre o socialismo
Socialist Standard (jornal), 118-20
Socialist Worker (revista), 206
Socialistas Democráticos da América (Democratic
Socialists of America – DSA), 194, 196, 235,
261
socialistas revolucionários (SRs), 94, 99-100, 102-3,
107
Sociedade Democrática (Students for a Democratic
Society – SDS), 195
Sombart, Werner, 169, 176, 197
Soviete de Jiangxi, 147-8
sovietes (conselhos), 89, 95-6, 98-3, 105-6, 144-5
Sozialistengesetz (leis antissocialistas), 65
SPA. Ver Partido Socialista da América (SPA)
Spargo, John, 183-4
SPD. Ver Partido Social-Democrata da Alemanha
(SPD)
Stálin, Josef, 99-100, 107-12, 115, 120-1, 144-6,
151-62, 188, 191, 201

Stiglitz, Joseph, 206, 209
substitucionismo, 141
Suécia, 19-22, 26, 35, 115-6, 121-2, 124, 126-8,
132-5, 166-7, 233, 236
Suécia, história do socialismo na, 121-35
ascensão do SAP ao poder, 121-4
desenvolvimento da social-democracia, 123-7
e direitos das mulheres, 131-2
governo Palme, 127-31
refluxo do esquerdismo, 133-5
sufrágio
ausência nos territórios estadunidenses, 245
conquista do, 56-7
na Suécia, 122
oposição do IWW ao, 180-1
universal, 49, 68, 75
Sul Global, 34, 253
Ver também Terceiro Mundo
Sun Yat-Sen, 142-4, 148-9
supressão de eleitores, 174
Svenska Arbetsgivareföreningen – SAF, 123, 125, 129,
133

Tambo, Oliver, 166-7
Tanzânia, 160, 164
Tcheka (polícia secreta da Rússia), 91, 107
Tea Party, 207, 209
Teoria geral do emprego, do juro e da moeda (Keynes),
119
Terceira Via, 136-7, 206, 258
Terceiro Mundo, 38, 138, 139-67
Terceiro Período, 112, 120, 188-9
Terror Branco, 107, 145-6
Terror Vermelho, 107
Teses de abril, Lênin, 99-100
"Teses sobre Feuerbach" (Marx), 53
Thälmann, Ernst, 145
Thatcher, Margaret, 220-1
The Coming Nation (A Nação Vindoura) (jornal),
178
The Future of Socialism (Crosland), 126-7, 137, 222
Thomas, Norman, 190-1, 193
Time (revista), 120, 206
Time Warner, 217
Tocqueville, Alexis de, 47, 113

292 | O manifesto socialista

totalitarismo, autoritarismo, 112, 113, 141, 151, 161-4, 170, 191, 244, 248-9, 261

Trabalhadores Industriais do Mundo (Industrial Workers of the World – IWW), 176, 179-82, 187

trabalho de Sísifo, 74, 137

Tratado de Brest-Litovsk, 106

troca desigual, 109, 150

Trótski, Leon

    comentários pós-Primeira Guerra Mundial, 106

    e Stálin, 110

    Minha vida, 10

    no Segundo Congresso dos Sovietes, 104

    sobre a revolução permanente, 97-8, 100

    sobre a votação de guerra do SPD, 87-8

    sobre autoritarismo, 151

    sobre Chiang Kai-Shek, 144

    sobre Kautsky, 94-5

Trump, Donald, 215-7, 229, 232, 235, 245, 261-2

Tsé-Tung, Mao

    apoio internacional a, 160

    ascensão ao poder, 147-9

    e a Revolução Cultural, 158-60

    e marxismo, 159-60, 161-3

    e os primórdios do PCC, 142

    e políticas liberais, 153-4

    e Stálin, 145-6

    sobre a coletivização agrária, 152

ujamaa (projeto coletivista), 164

União Estudantil Americana (American Student Union), 190

União Soviética. *Ver* Rússia

U. R. S. S. *Ver* Rússia

urbanização, 46-7, 66

    Ver também industrialização

Vale do Silício, 203

Vallat, Xavier, 120

Vanity Fair (revista), 209

vazamentos de *e-mails*, 215-6

violência

    por parte de empresas privadas, 173, 174, 176-7

    por parte de Estados não comunistas, 89, 145, 210

    por parte de governos comunistas, 103-4, 110-2, 151, 158-60

    Ver também guerra

Walker, Scott, 207-8

Wallace, Henry A., 193

Warren, Elizabeth, 228, 261

Warum gibt es in den Vereinigten Staaten keinen Sozialismus? (Por que não há socialismo nos Estados Unidos?) (Sombart), 169

Washington Mutual (Seattle), 205

Wasserman Schultz, Debbie, 216

Watson, Tom, 174

Wayland, J. A., 177-9, 181-2

Weydemeyer, Joseph, 171

What Happened (Clinton), 214

Wigforss, Ernst, 124, 126

Wilson, Darren, 210

Wilson, Woodrow, 182-4

Wisconsin, 182, 207-10, 217

Yudin, Pavel, 156-7

Zhang Zuolin, 146

Zhou Enlai, 147-8, 154-5, 157, 160

Zimmerman, George, 210

Zinoviev, Gregory, 100, 102

Zuckerberg, Mark, 203

Sobre o autor

Bhaskar Sunkara nasceu poucos meses antes da queda do muro de Berlim, em 1989. Quinto filho de uma família de imigrantes de Trinidad y Tobago, foi o único a nascer nos Estados Unidos. Na adolescência, tornou-se socialista ao acaso, por curiosidade intelectual, absorvendo literatura marxista na biblioteca pública do bairro. Mais tarde, sob a influência de Vivek Chibber e Adolph Reed, se tornaria uma das vozes mais destacadas na esquerda norte-americana de sua geração, sendo o responsável pela criação, e surpreendente sucesso, da revista *Jacobin*. É também editor de *Catalyst: A Journal of Theory & Strategy* e da revista inglesa *Tribune*.

OUTRAS PUBLICAÇÕES DA BOITEMPO

Antonio Gramsci, o homem filósofo
GIANNI FRESU
Tradução de **Rita Matos Coitinho**
Prefácio de **Marcos Del Roio**
Posfácio de **Stefano G. Azzarà**
Orelha de **Luciana Aliaga**

Gênero, neoconservadorismo e democracia
FLÁVIA BIROLI, MARIA DAS DORES CAMPOS
MACHADO E JUAN VAGGIONE
Orelha de **Sonia Corrêa**
Qrta capa de **Maria José Rosado-Nunes**

ARSENAL LÊNIN

Conselho editorial: Antonio Carlos Mazzeo,
Antonio Rago, Ivana Jinkings, Marly Vianna,
Milton Pinheiro e Slavoj Žižek

O que fazer?
VLADÍMIR ILITCH LÊNIN
Tradução de **Edições Avante!**
Revisão da tradução de **Paula Vaz de Almeida**
Prefácio de **Valério Arcary**
Orelha de **Virgínia Fontes**

BIBLIOTECA LUKÁCS

Coordenação de José Paulo Netto

*Essenciais são os livros não escritos: últimas
entrevistas (1966-1971)*
GYÖRGY LUKÁCS
Organização, tradução, notas e apresentação de
Ronaldo Vielmi Fortes
Revisão técnica e apresentação de **Alexandre
Aranha Arbia**
Orelha de **Anderson Deo**

ESCRITOS GRAMSCIANOS

Conselho editorial: Alvaro Bianchi, Daniela
Mussi, Gianni Fresu, Guido Liguori, Marcos del
Roio e Virginia Fontes

Odeio os indiferentes: escritos de 1917
ANTONIO GRAMSCI
Seleção, tradução e aparato crítico de **Daniela
Mussi e Alvaro Bianchi**
Orelha de **Guido Liguori**

ESTADO DE SÍTIO

Coordenação de Paulo Arantes

A escola não é uma empresa
CHRISTIAN LAVAL
Tradução de **Mariana Echalar**
Orelha de **Afrânio Catani**

MARX-ENGELS

Dialética da natureza
FRIEDRICH ENGELS
Tradução e notas de **Nélio Schneider**
Apresentação de **Ricardo Musse**
Orelha de **Laura Luedy**

MUNDO DO TRABALHO

Coordenação de Ricardo Antunes

Uberização, trabalho digital e Indústria 4.0
RICARDO ANTUNES (ORG.)
Textos de **Arnaldo Mazzei Nogueira,
Cílson César Fagiani, Clarissa Ribeiro
Schinestsck, Claudia Mazzei Nogueira,
Fabiane Santana Previtali, Geraldo Augusto
Pinto, Isabel Roque, Iuri Tonelo, Jamie
Woodcock, Luci Praun, Ludmila Costhek Abílio,
Marco Gonsales, Mark Graham, Mohammad
Amir Anwar, Patrícia Rocha Lemos, Rafael
Grohmann, Ricardo Antunes, Ricardo Festi,
Sávio Cavalcante, Thiago Trindade de Aguiar** e
Vitor Filgueiras

PANDEMIA CAPITAL

*Pandemia: covid-19 e a reinvenção do
comunismo*
SLAVOJ ŽIŽEK
Tradução de **Artur Renzo**
Prefácio de **Christian Ingo Lenz Dunker**

CLÁSSICOS BOITEMPO

Estrela vermelha
ALEKSANDR BOGDÁNOV
Tradução e prefácio de **Paula Vaz de Almeida e
Ekaterina Vólkova Américo**
Orelha de **Pedro Ramos de Toledo**

LITERATURA

Água por todos os lados
LEONARDO PADURA
Seleção e edição dos textos de **Lucía López Coll**
Tradução de **Monica Stahel**
Orelha de **Carlos Marcelo**
Quarta capa de **Wagner Moura**

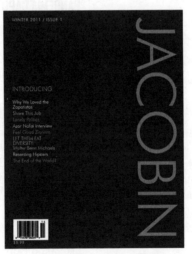

Capa da primeira edição impressa da
revista *Jacobin*, jan. 2011.

Publicado em janeiro de 2021, no aniversário de dez anos da primeira edição impressa da *Jacobin*, revista fundada e editada por Bhaskar Sunkara, este livro foi composto em Adobe Garamond Pro, corpo 11/14,3, e impresso em papel Avena 80 g/m² na gráfica Lis, para a Boitempo, com tiragem de 4 mil exemplares.